リノベーションからみる西洋建築史

歴史の継承と創造性

伊藤喜彦・頴原澄子・岡北一孝・加藤耕一・黒田泰介・中島智章・松本裕・横手義洋

彰国社

執筆分担

第1章
本文／黒田泰介
章末事例／クリプタ・バルビ：黒田泰介　パルテノン神殿（アテネ）、メゾン・カレ（ニーム）、
ポルタ・ニグラ（トリア）、ディオクレティアヌス宮殿（スプリト）：中島智章

第2章
本文、章末事例／伊藤喜彦

第3章
本文／加藤耕一
章末事例／サンタ・コスタンツァとサンタニェーゼ・フオーリ・レ・ムーラ教会堂、
モン・サン゠ミシェル：加藤耕一　レ・ムラーテの再生計画：黒田泰介

第4章
本文、章末事例／岡北一孝

第5章
本文／中島智章
章末事例／パリのパンテオン：中島智章
フランス国立図書館（リシュリュー地区）：加藤耕一

第6章
本文、章末事例／松本裕

第7章
本文、章末事例／頴原澄子

第8章
本文、章末事例／横手義洋

デザイン＝水野哲也（Watermark）

まえがき　　リノベーション時代における建築の創造性

　21世紀も20年が経過した。建築界はリノベーション時代とも呼ぶべき新たなフェーズに突入したように思われる。建築の議論において、リノベーションは目新しくもないが、決して無視することのできないテーマである。

　しかしリノベーションと新築は、何が異なるのだろう？　設計課題の講評会で、リノベを用いた学生の設計案に対して教員が「面白い既存建物を見つけてきたが、あなた自身は何も作っていないではないか」と批判するシーンを、ときどき見かけることがある。既存の面白さを継承しつつ、創造的にリノベーションすることは可能なのだろうか？

　おそらくリノベーションの創造性は、形の面白さだけに起因するものではない。時間性や記憶の継承といった側面が重要な一方で、既存空間からの変化の側面にも特有の面白さがあるという、相矛盾するような両義性にこそ、その魅力の根源がある。

　この複雑さと矛盾ゆえに、リノベーションの設計論や方法論を確立することは困難である。形の操作にとどまるものではないから、形態論や手法論を駆使しても、その真の魅力に迫ることは難しい。むしろ大事なことは、使い手や作り手が何を考えたのか、どのような背景や要因によって、その驚くべき変化が生じたのかを深く考えることであろう。

西洋建築史の新たな役割

　本書は、リノベーションの観点から、西洋建築史の豊潤なる魅力を解き明かそうという試みである。

　大学における西洋建築史の役割を、単なる教養だと言う人もいるだろう。カタカナの羅列や建設年代を覚えなければならない暗記科目としての西洋建築史は、テスト前の学生たちを絶望の淵に叩き込んできた。そんな学生たちからすると、建築史研究はもっとたちが悪い。「歴史の実証性」という題目のもとに、歴史的資料の深淵から建築を語ろうとするからだ。

　だが実は、資料の実証性から見えてくるものこそ、リノベーションの背景である。歴史上の建築家とクライアントは、何を考え何のためにそのリノベーションを行ったのか？　幾つもの事例を対象に、その背景を丁寧に解き明かすことを試みた本書は、現代の建築家がリノベーションに取り組む上で、最も重要な思考の糸口を与えてくれることだろう。

　本書の企画の発端は2014年11月に開催したシンポジウム「時間のなかの建築：リノベーション時代の西洋建築史」にあった。このとき、シンポジストに伊藤、岡北、中島、松本、黒田、加藤が集合し、総括に三宅理一、コメンテーターには宮部浩幸、島原万丈とともに横手がいた。ここに頴原が加わって、本書の執筆陣が勢揃いしたのだった。この時点で、本書は完成したも同然のはずだった。まさかそこから刊行までに5年もかかるとは……。この遅れは、ひとえに執筆陣の怠慢によるものである。定年退職を迎えた後も最後まで面倒を見てくれた編集者の鷹村暢子さんと彰国社には、感謝の言葉しかない。

2020年2月

著者代表　加藤耕一

目　次

第 1 章 # 都市組織の中に生き続ける古代建築 8

リノベーションの手法 9

1）オーセンティシティ　2）介入：インターヴェンション　3）エレメント保存　4）ファサード保存

5）ボリューム保存　6）維持・保全　7）建築的介入　8）総合的介入

古代神殿のリノベーション 13

1）パンテオン（ローマ）　2）アテネ神殿（シラクーザ）

3）ミネルヴァ神殿（アッシジ）　4）アウグストゥス神殿（ポッツォーリ）

ディオクレティアヌス浴場のリノベーション 16

1）ミケランジェロによるリノベーション　2）周辺都市組織への影響　3）修道院から博物館へ

古代劇場のリノベーション 18

1）マルケルス劇場　2）ナヴォーナ広場

古代ローマ円形闘技場のリノベーション 20

1）遺構の住居化　2）ルッカのアンフィテアトロ広場

章末事例 24

　都市組織をつくるリノベーション／クリプタ・バルビ

　主要な古代建築のリノベーション事例／パルテノン神殿（アテネ）、メゾン・カレ（ニーム）、

　ポルタ・ニグラ（トリア）、ディオクレティアヌス宮殿（スプリト）

第 2 章 # 再利用による創造、改変がもたらした保全 28

リサイクルから生まれたローコスト建築 29

1）コルドバ大モスク創建（785/786−786/787）　2）再利用の創造性

保全と継承から生まれた柔軟性と創造性 32

1）第一期拡幅（833−48年）　2）第二期拡幅（962−71年）　3）第三期拡幅（990年頃）

大聖堂になった大モスク（1236年）37

1）主廊のない教会堂　2）インフィルとしての礼拝室群　3）中世における変化と保全

変容する世界と建築 40

1）保守派 vs 開発派（1523年）　2）それでもモスクは残った　3）変わり続けることで、生き続ける

章末事例 44

リノベーション作品としてのイスラーム建築／ダマスカスの大モスク、

ルクソール神殿のアブー・イル・ハッガーグ・モスク、エスファハーンの金曜モスク、グラナダのアルハンブラ宮殿

［第 3 章］ 古代末期から中世へ 48

古代末期：キリスト教建築の誕生 49　**古代から中世への橋渡し** 50　**紀元千年の建築** 51

クリュニー大修道院の拡張工事 53　**最初のゴシック建築** 54　**ロマネスクからゴシックへ** 57

章末事例 60

長い時間をかけて変化していく中世建築／

サンタ・コスタンツァとサンタニェーゼ・フオーリ・レ・ムーラ教会堂、モン・サン＝ミシェル

都市組織をつくるリノベーション／レ・ムラーテの再生計画

［第 4 章］ 歴史的建築の再利用と 建築家の創造性 64

テンピオ・マラテスティアーノにおける新と旧、聖堂と霊廟の融合という実践 65

1）アルベルティの『建築論』と建築作品

2）テンピオ・マラテスティアーノの建設小史：創建からアルベルティまで、アウグストゥスの凱旋門の引用とその意味

3）天使の柱頭　4）ラヴェンナの石材の再利用とその意図：スポリアとテンピオ・マラテスティア ノ

5）外部と内部の対峙、歴史的重層性：霊廟と教会堂の融合

初期近代のサン・ピエトロ大聖堂再建における旧大聖堂の役割 72

1）旧聖堂が壊されるまで：教皇ニコラウス5世からパウルス5世まで　2）なぜ旧大聖堂は壊されたのか

章末事例 76

ルネサンスの建築家によるリノベーション／パラッツォ・ドゥカーレ（ウルビーノ）、ピエンツァ、バシリカ・パラディアーナ、

サンティッシマ・アンヌンツィアータ広場、ペルッツィと古代建築のリノベーション、

セルリオの『第七書』とリノベーション、サンタ・マリア・デリ・アンジェリ・エ・デイ・マルティーリ教会堂とミケランジェロ

第5章 近世ヨーロッパ宮殿建築の新築更新と建築再生 80

近世貴族住宅の様式と建築計画の特徴 81
1) 近世貴族住宅の主な様式　2) 近世貴族住宅の半面形式

ルーヴル宮殿におけるスクラップ・アンド・ビルドと建築再生 83
1) ルーヴル城塞略史　2) 17世紀半ばまでのルーヴル宮殿略史
3) ローマの巨匠ベルニーニの計画案に対するフランス人建築家たちの反対の意味

ヴェルサイユ新城館建設をめぐる小城館の「保存問題」 88
1) ヴェルサイユ城館略史　2) ル・ヴォーによる「修景」—厩舎とサーヴィス棟の増築—
3) 新城館建設をめぐる小城館の「保存問題」　4) 「ヴェルサイユ宮殿：概論」に示されたコルベールの建築観

建築物による王朝の記憶の継承 92

章末事例 95
| 新古典主義王室建築のリノベーション事例／パリのパンテオン、フランス国立図書館（リシュリュー地区）

第6章 線的な開発と面的な継承の都市再生 98

オスマンによる近代都市大改造の基盤となる中世都市パリの形成 99
1) 都市拡張と市壁／城壁の構築・解体　2) 市壁の跡地利用
3) 境界壁　4) 都市組織の変遷に見る線的開発と面的保存

パリ大改造を通じた都市組織の再編 103
1) ナポレオン3世とセーヌ県知事オスマンによる道路開設事業（オスマニザシオン）の基本構造
2) 道路開設事業——新設道路と既存建築との縫合：
オスマンの都市リノベーターとしての側面、ポスト・オスマン期のレオミュール通り

章末事例 110
| パリ大改造の波及：「オスマニザシオン」と「ファサディズム」

第7章 「過修復」から「保全」・「保護」へ 112

イギリスにおける国家、宗教、建築 113
1) イングランド国教会の樹立　2) ゴシック・リヴァイヴァル　3) 教会堂不足に伴う修復事業の進行

修復をめぐる議論 116

1）ジョン・ラスキン　2）ジョージ・ギルバート・スコット

セント・オルバンズ大聖堂 118

1）設立から修道院解体まで　2）教区教会堂時代　3）19世紀初頭から半ば　4）スコットの修復建築家就任

5）大聖堂への昇格とグリムソープ卿の修復　6）屋根論争　7）セント・オルバンズ、その後

古建築保護協会 124

章末事例 126

ジェイムズ・ワイヤットの大聖堂修復／リッチフィールド大聖堂、
ソールズベリー大聖堂、ヘレフォード大聖堂、ダラム大聖堂

第8章 建築が紡ぐ人々の意志 130

記念的建造物のサバイバル 131

1）装飾の象徴性　2）建築の重層性　3）都市の持続性

継承すること、創造すること 134　拡大・成長する文化施設 136　建築遺産の拡大と多様性 137

章末事例 139

あらゆる建築は過去と対話する／
外観を保持する：プンタ・デラ・ドガーナ、国立西洋美術館
悼みの表象：カイザー・ヴィルヘルム記念教会堂、広島ピースセンターと原爆ドーム
機能の存続：ドイツ国会議事堂、アルテ・ピナコテーク
産業遺産の活用：ファン・ネレ工場、フォンダツィオーネ・プラダ
化粧直し：ロイヤル・パヴィリオン、ジョン・ソーン自邸
歴史的由緒への信頼：クロイスターズ、ヴァルハラ神殿
都市街路の記念化：ガレリア・ヴィットーリオ・エマヌエーレ2世、リンク・シュトラーセ沿いの建築群
継承される作家の意志：サグラダ・ファミリア教会堂、フィレンツェ大聖堂ファサード
同一の作家による更新：ゲーテアヌム、代官山ヒルサイドテラス
モニュメントの移築：アブシンベル神殿、帝国ホテル
万博建築の復元：バルセロナ・パヴィリオン、レスプリ・ヌーヴォー館

まえがき 3
図版出典・引用文献 145
参考文献 148

目　次

テキストおよび図版の※番号は、p.145以降に掲載の出典原本を示す

第 1 章

古代建築

都市組織の中に生き続ける

リノベーションの概念と手法

　老朽化した既存建築物を有益な文化的ストックとして捉え、その有効活用を図るリノベーションは、今やわが国でも市民権を得つつある。リノベーションという語は本来「更新」という意味を持っている。たとえば、運転免許の更新も「リノベーション」だ。建設業界では、この語は今日、内装の改修から建物全体の構造補強や設備の刷新まで、幅広い範囲で使われている。対して「変換」を意味する「コンバージョン」も建物の再生でよく使われる言葉だが、こちらは当初の用途を変更して異なる使い方をすることを指している。日本国内でいえば、廃校となった小中学校の校舎を改修して美術館やオフィス、工場等へと転用した事例が、これに当たる。

　なかには保存が叶わず、残念ながら取壊しとなる建物もある。魅力的な装飾や材料の一部をストックしておき、古材として同種の建築を再生する際にリユース（再利用）することも、古くから行われてきた。特に木造建築の世界では、式年遷宮の際に解体された伊勢神宮の木材が、神宮内や末社をはじめとして全国各地の神社の造営等に使われてきたことはよく知られている。

　図1は建築再生にまつわる三つのキーワード、「リノベーション」「コンバージョン」「リユース・リサイクル」の関係性を示す。図中の三つの輪が交わる地点＝既存建物をリノベーションして使い続けていこうとする際、同時代の古材をリユースすることで建物固有の雰囲気を保持しながら、適切な改修作業によって今日求められる新たな機能へとコンバージョンすることは、建築再生における一つの模範解答といえよう。

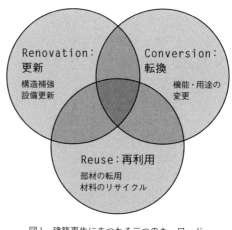

図1　建築再生にまつわる三つのキーワード

既存建物の再生・利活用すなわちリノベーションは、
あらゆる地域や時代で広く行われてきた、普遍的な建築行為である。
本章では始めに、歴史的建造物のリノベーションを考える際に重要となる概念と基本的な手法を概説する。
これを踏まえて、西洋の都市と建築における再生・利活用の原点ともいえる、
古代の建築物が再利用され、都市の中で生き続けているユニークな事例を検証していきたい。
美しい建築装飾や部材が転用されたり、柱や壁などの構造要素が
後世の建設活動に利用されるなど、過去の痕跡は都市の中でさまざまな姿を見せる。
重層する都市組織が物語る、都市の歴史に耳を傾けてみよう。

リノベーションの手法

1）オーセンティシティ

　図2は歴史的建造物のリノベーション手法を、活用方法や利用形態に従って分類したものだ。歴史的・文化的に高い価値を持つにもかかわらず、老朽化などの理由によって不具合が生じ、当初の機能を果たせなくなった建物に対して、その保存の要求がある場合、有効利用を図るべくリノベーション計画が検討される。計画では「オーセンティシティ」と呼ばれる概念が重要となる。建設当初の姿を復元したり、新たな要素を付け足す際は、建物本来の価値や尊厳を損なわないように配慮することが不可欠だ。

　ユネスコの「ヴェニス憲章[*1]」では世界遺産登録の評価基準として、歴史的建造物を形づくる「意匠」「材料」「技法」「周辺環境」の四つのオーセンティシティの保存を挙げている。「真正性」と訳されるオーセンティシティとは、歴史的建造物の固有の性質を示す概念であり、建物の保存・再生を図る際には、その保持が評価の基準となる。このオーセンティシティ、あえてわかりやすく表現するならば、建物の「魂」や「本性」とでもなるだろうか。対象建物が備えるオーセンティシティへの最大限の尊重は、リノベーション計画にとって必須の姿勢であり、それはまた新築の空間には求め得ない、リノベーションならではの魅力を生み出す原動力となっている。

*1　ヴェニス憲章
1964年にイタリアのヴェネツィアにて開催された「第2回歴史記念建造物関係建築家技術者国際会議」で採択された国際憲章。歴史的記念物の概念や、その保存や復元等に関する基本的理念がまとめられた。

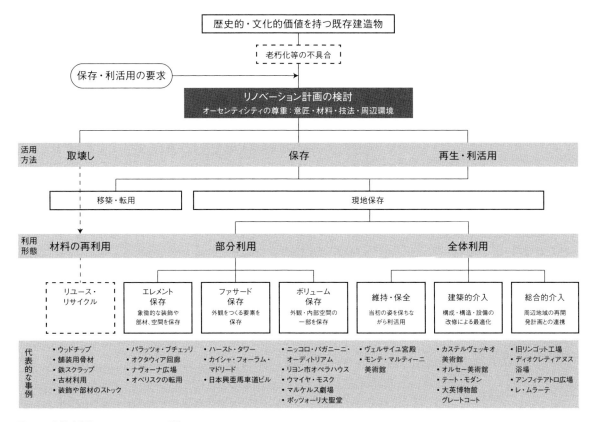

図2　歴史的建造物のリノベーション手法

図3　カステルヴェッキオ美術館（ヴェローナ）
半円アーチの開口が連続する展示室内部

図4　カステルヴェッキオ美術館
建物端部に集中した現代的な展示空間

＊2　Carlo Scarpa
1906-78年。オリベッティ社ショールーム（ヴェネツィア、1958年）、クェリーニ・スタンパーリア財団（1963年）など、職人の技術を活かした精緻なディテールから生み出された、優れたリノベーション作品を多数残している。

図5　パラッツォ・ブチェッリ（モンテプルチャーノ）
古代の墓碑彫刻でつくられた腰壁

図6　オクタウィア回廊跡（ローマ）
個人住宅の中庭に表出する古代神殿の円柱

　北イタリアの古都、ヴェローナ。シェークスピアの名作「ロミオとジュリエット」の舞台となった街の西側には、14世紀に建設された中世の古城カステルヴェッキオが建つ。城跡は今日、ヴェローナ市立美術博物館（カステルヴェッキオ美術館）として使われており、歴史的建造物のリノベーションを考える際、忘れてはならない名作の一つである。

　この改修を手がけたのは、ヴェネツィアの建築家、カルロ・スカルパ＊2だ。1958〜74年の長期にわたって行われた改修は、1920年代に行われた修復工事の内容を見直しつつ、積み重なった建築的堆積を整理する、入念かつ細やかな作業の積み重ねであった。中庭に面した小ぶりな入り口から入る美術館の内部には、建物を支える厚い壁が幾枚も連なる。壁面中央に開口する半円アーチの連続は、遠近感が強調された透視画法的な効果を生み出す（図3）。大理石で縁取られた艶やかなコンクリートの床面は、荒々しい表面を見せる中世の壁体と明確に分離されている。繊細にデザインされた窓枠や展示台といったディテールとともに、新旧の要素は穏やかな調和を見せる。

　フランス軍駐留時代に増築された外部階段は撤去され、その背後からは建設当初の城壁や堀が発掘された。美術館の至宝、カンデグランデ1世騎馬像は、あらわとなった城壁の前に、L字形の片持ち梁によって空中高く掲げられている（図4）。スカルパは古城のオーセンティシティを担保しつつ、後世の増補部分を削除することによって生まれた裂け目、建物の端部に注目し、ここに現代的な要素を集中させることで、過去と現在が対話する場をつくり出した。

2）介入：インターヴェンション

　再生の現場では、しばしば改修のあり方を示す「介入」という用語が使われる。この言葉はまた、「外科手術」という意味も併せ持つ。古い建物を適切な計画と技術をもって改修し、現役の空間へと再生させることは、

あたかも有能な外科医が見事な手術によって患者の生命を救うのにも似ている。手術の方法が病気の種類や患者の状態によって異なるように、建築の再生においてもオーセンティシティを正しく見極め、適切な介入によって再生を成功させることが求められる。スカルパによる中世の古城、特に建物端部への鮮やかな建築的介入は、創造的なデザイン行為としてのリノベーションの可能性を示している。

3) エレメント保存

既存建物を現地で保存・再生する場合、その利用形態は「部分利用」と「全体利用」に分けることができる（図2、中段）。部分利用とは建物の一部を残して活用を図るもので、その内の一つ「エレメント保存」は象徴的な建築装飾や部材、また既存空間の一部分を保存するものだ。

イタリア・ルネサンス期の邸宅、パラッツォ・ブチェッリは、ファサード下部を賑やかに彩る古代ローマの墓碑彫刻で知られている（図5）。腰壁として貼り付けられた古代のエレメント群は、都市と建築の連続性を物語る。

永遠の都ローマには、古代の遺構を転用した数多くの興味深い事例が見られる。テヴェレ川近くのオクタウィア回廊（紀元前1世紀）は、列柱廊に囲まれた聖域の内部にユノー、ユピテルの2柱を祀る神殿が設けられていた。今なお残る回廊前門（プロピレオ）の内部では19世紀まで、ローマ最古といわれる魚市場が開かれていた。回廊跡地に立つ住宅の内部には、ユノー神殿の円柱2本が今なお残存している。街区の中庭、今日の生活のすぐ隣に古代のエレメントが顔を覗かせる姿は、いかにもローマらしい（図6）。

4) ファサード保存

都市景観に配慮して、歴史的建物の外壁のみが残されたものを「ファサード保存」と呼ぶ。保存されたファサードの裏側には、まったく新しい構造を持つ空間が新規に設けられる。旧発電所の外壁上にコールテン鋼の幾何学的なボリュームを載せたカイシャ・フォーラム・マドリード（図7）、ニューヨーク市の歴史的ランドマークに指定されたオフィスビルの外壁のみを残しながら、その上に幾何学的なガラスの高層棟を立ち上げたハースト・タワー（図8）など、ファサード保存の事例は、当初建物のイメージを足元に残しながら高層化を図った、大胆なデザインが見られる。日本国内の同種の事例としては、横浜・馬車道に面した旧川崎銀行の石造ファサードを保存しつつ、背後にミラーガラスの高層棟を設けた日本興亜馬車道ビル（図9）が代表格だ。

5) ボリューム保存

建物の外観のみならず、その内部空間の一部も含めて保存されたものを「ボリューム保存」と呼んでいる。内部に大空間を持つ建物を改修したものは、こうした事例としてイメージしやすい。リヨン市のオペラハウス（図10）は、19世紀に建設された旧劇場のファサードとともにホワイエの室内

※1
図7　カイシャ・フォーラム・マドリード
煉瓦の外壁を残しつつ、上部に幾何学的なボリュームを増設。メディオディア電気公社、1899年／ヘルツォーク＆ド・ムーロン、2008年

※2
図8　ハースト・タワー（ニューヨーク）
当初の外壁のみを残して立ち上げられた高層棟。ジョセフ・アーバン、1928年／ノーマン・フォスター、2006年

図9　日本興亜馬車道ビル（横浜）
旧川崎銀行の石造ファサードを保存。矢部又吉、1922年／日建設計、1989年

※3
図10　リヨン市オペラハウス
新古典様式のファサードとホワイエを残しつつ、ヴォールト状の屋根を増設。G.J.スフロ、1831年／ジャン・ヌーヴェル、1993年

11

図11　ニッコロ・パガニーニ・オーデ
ィトリアム（パルマ）
公園の軸線との連続を意識した、旧砂糖
工場の再生。エリディアニア社、1899
年／レンゾ・ピアノ、2001年

※4

図12　ウマイヤ・モスク（ダマスカス）
モスク内部に残る、バシリカ教会堂の列
柱群（4世紀）。第2章p.44参照

図13　モンテ・マルティーニ美術館（ロ
ーマ）
20世紀の機械群を背景とした、古代彫刻
の展示。E.トージ社、1912年／A.M.ベ
ルテレほか、2005年

＊3　オルセー美術館（パリ）
第8章p.137参照

＊4　テート・モダン（ロンドン）
第8章p.137参照

図14　大英博物館グレートコート（ロ
ンドン）
第8章p.136参照

空間を保存しながらも、屋上にはバシリカ（図15）を思わせるダンス練習場
を収めた半円筒ヴォールトの大屋根が増築された。既存ファサードの背後
には、完全に近代的な劇場空間が設けられている。

　パルマ市のニッコロ・パガニーニ・オーディトリアム（図11）は、長大な
ファサードを持つ旧砂糖工場の内部にコンサートホールを挿入したもの
だ。取り払われた妻側の壁は透明ガラスに置き換えられ、内部空間と周囲
の公園のプロムナードとの連続性が強調されている。ボリューム保存の歴
史的な事例としては、シリアの首都ダマスカスに残る世界最古のイスラー
ム教礼拝堂の一つ、ウマイヤ・モスク（図12）が挙げられるだろう。聖ヨハ
ネに捧げられた初期キリスト教の教会堂（4世紀）は、8世紀前半にモスク
へと改修された。三廊式のバシリカを形づくっていた列柱群は、モスク内
部で完璧に残されている。

6）維持・保全

　既存建造物のリノベーションは建物内部・外部を含む全体を保存しつつ、
適切な方法によって再生・利活用を図るのが理想的だ。このような全体利
用の場合、その手法は三つに分けることができる。「維持・保全」は建設
当初の姿を保ち、構造や空間構成を大きく変えることなく、必要最小限の
改修で利活用を図るものだ。たとえばヴェルサイユ宮殿など文化財として
大切に保存され、建物自体が博物館として公開されているものは、この分
類に当てはまる。20世紀初頭につくられた発電所の空間と発電設備をそ
のままに残し、あたかも現代アートのインスタレーションのごとく、古代
ローマ彫刻を展示する背景として活用しているモンテ・マルティーニ美術
館（図13）は、維持・保全レベルの好例だ。

7）建築的介入

　これに対して構造の補強や設備の更新、用途や空間構成の変更を効果的
に加えて建物の再生・利活用を図る「建築的介入」には、先に挙げたカス
テルヴェッキオ美術館をはじめとして、多くの再生事例が存在する。セー
ヌ河畔の旧鉄道駅を印象派の美術館へと改修したオルセー美術館＊3（パ
リ）、中央に円形の図書室を持つ四角い中庭をガラスの大屋根で覆った大
英博物館グレートコート（図14）、発電所跡のタービンホールの大空間を多
目的展示ホールへとコンバージョンしたテート・モダン＊4（ロンドン）な
どは、優れた建築的介入の代表例だ。

　リノベーションは現代の話ばかりではない。ルネサンス期の建築家アン
ドレア・パラーディオの代表作の一つであるバシリカは、既存の裁判所（15
世紀）の外周に、新たに2層のアーケードを廻らせている（図15）。芯となっ
た中世の建物は不整形な平面を持つにもかかわらず、柱間を調整して端正
な半円アーチをすっきりと連続させている。既存建物の構造補強とファサ
ードの刷新を両立させた手法は、現代の視点から見ても優れたリノベーシ
ョンといえよう。

8）総合的介入

　「総合的介入」とは、建物単体の再生と併せて、周辺の都市組織[*5]全体の活性化を図る手法である。都市組織とは、建物を構成する個々の単位空間から街区、地区の構成までを一体的に捉えた概念だ。1件の建物は複数の部屋で構成される、合目的な構造体である。西洋の都市では複数の建物が構造壁を共有して隙間なく集合し、街区を構成する。広場や街路等の外部空間を介して、複数の街区が相互に関連づけられて地区、そして都市を形づくる。こうした姿は有機体のごとく、細胞が集まって組織を、複数の組織が器官を形成し、器官群が連携して有機体の生命を維持する様とよく似ている。高密度・複合化した歴史的都市の都市組織において、建築再生は都市の生命の維持に繋がるのだ。

　フィアット社の旧自動車工場リンゴットはル・コルビュジエに絶賛された、屋上テストコースを備える長さ500m、5階建ての長大な建物である。1923年に建設された工場は80年代に操業を停止した後、2003年に国際展示場やホテル、コンサートホール、商業施設等を含む複合文化施設として生まれ変わった。かつて場内で生産された車が屋上コースへと駆け上がった螺旋状のランプは、この建物の象徴だ（図16）。2006年トリノ・オリンピックの会場ともなった旧リンゴット工場は、優れたリノベーションが周辺地区の振興と活性化の核となった、総合的介入の代表的な事例だ。

古代神殿のリノベーション

　ここからは「西洋建築史をリノベーションという観点から読み直す」という本書の趣旨に従って、古代ギリシャ・ローマ建築の遺跡がさまざまなかたちで再利用され、都市組織の一部となっている事例を検証していこう。既存建物の利用形態としては部分利用に当たるこうした現象は、美術史、建築史の中ではスポリア[*6]と呼ばれてきた。イデオロギー的なスポリアは斃した敵や宗教的思想的対抗者へ優越支配を示す戦利品としての性格を持つのに対して、経費削減と工期短縮を目的とする実践的なスポリアは、再生・利活用の原点ともいうべきものだ。まずは都市の建築の中でも重要な地位を占める宗教建築、古代神殿の再利用に注目したい。

　人類ははるか昔より、自然の中に聖なるものを見出し、建築的な作業を加えることで、その聖性を固定しようとしてきた。神の地上の住まいである神殿は時代が変わり、祀られた神が忘れ去られた後も、聖なる場所として都市の中で特別な地位を保ち続けた。異教の神殿がキリスト教の教会堂として再利用された姿は、古代からの都市空間が連続するイタリア都市では、しばしば見られる光景だ。

1）パンテオン（ローマ）

　建造当初の空間を今なお奇跡的に保ち続けるパンテオンは、古代ローマの神々を祀る万神殿として建設された。将軍アグリッパが建立し、大火の

※5

図15　バシリカ（ヴィチェンツァ）
A.パラーディオ、1614年。既存建物外周に設けられたアーケード（第4章p.77参照）

*5　都市組織
urban tissue、urban texture とも呼ばれる。後者の場合、都市の平面は、縦糸と横糸が複雑に織り込まれたタペストリに例えられる。

図16　旧リンゴット工場（トリノ）
屋上のテストコースへ続く螺旋状のランプ。マッテオ・トゥルッコ、1930年／レンゾ・ピアノ、2003年

*6　スポリア
動物から剥いだ皮を意味するラテン語、spolium に由来する。今日では、広く過去の引用や異なるコンテクストに組み込まれた人工物一般を表す概念として、拡大解釈されている。

図17　パンテオン（ローマ）内部

図18　パンテオン（18世紀の版画）
キリスト教の教会堂として三角破風の両側に鐘楼が増設された姿

後にハドリアヌス帝によって紀元後126年に再建された神殿は、直径43.3mの円形平面を同径のドームが覆う、感動的な大空間だ。キリスト教の時代になってもパンテオンは破壊を免れ、7世紀より今日までサンタ・マリア・アド・マルティレス教会として使われ続けている。巨大なドームの頂部に開いたオクルス（眼）からスポットライトのように差し込む光は、イタリア国王ヴィットーリオ・エマヌエーレ2世や画家ラファエッロの墓を照らす（図17）。約1,900年前の建物が今日まで完全な姿で生き残り得た背景には、パンテオンが備えるオーセンティシティへの尊敬の念があったに違いない。建物前面のロトンダ広場にはオベリスクを立てた噴水が設けられ、周辺一帯がキリスト教の聖地として意味づけられた。18世紀の版画に描かれたパンテオンには、三角破風の両側に鐘楼が増築されている（図18）。バロック期に付け加えられた鐘楼は「ベルニーニのロバの耳」と揶揄され、不評のために取り除かれた。

2）アテネ神殿（シラクーザ）

　かつてマグナ・グエラキア（大ギリシャ）と呼ばれ、古代ギリシャ人の植民地として栄えた南イタリアには、数多くの古代遺跡が残る。マグナ・グエラキアの中心都市の一つであり、科学者アルキメデスの出身地、シラクーザの歴史的中心地区には、壮麗なバロック様式の大聖堂がそびえる。ファサードの脇へ回ると、建物の外壁にはドリス式の円柱が並ぶ。この大聖堂は、紀元前5世紀に建てられたアテネ神殿を転用したものだ。

　古代ギリシャ神殿は7世紀半ば、円柱の間を封鎖し、中央の神室（ナオス）を開口し内部を一体化して、キリスト教の教会堂として改修された。18世紀の地震によって大きな被害を受けた大聖堂には、バロック様式のファサードが付け加えられた。建物内外に表出する円柱群は、大聖堂の出自を明確に物語る（図19）。古代の聖域アクロポリス*7だったこの場所は、市庁舎をはじめとする華麗なバロック建築が立ち並ぶ、今なお活気ある都市の心臓部である。

図19　シラクーザ大聖堂
建物内部に表出するアテネ神殿の円柱

＊7　アクロポリス
古代ギリシャ語で「高い場所」を意味する、古代都市の中核となる丘。都市国家の象徴として神殿や劇場がつくられた。

3）ミネルヴァ神殿（アッシジ）

　聖フランチェスコゆかりの街アッシジは、古代ローマ植民都市に起源を持つ。アクロポリスの跡地であるコムーネ広場には、カピターノ・デル・ポポロ（人民の長）館のかたわらに、ローマ神殿のファサードが完全な姿で残されている（図20）。伝説では女神ミネルヴァに捧げられた古代神殿（紀元前1世紀）の姿は、画家ジョットーの筆といわれるサン・フランチェスコ教会堂上院のフレスコ画、聖フランチェスコ伝の背景にも登場する。都市コムーネの本部として使われていた建物は、ローマ教皇パオロ3世の命により、16世紀にサンタ・マリア・ソープラ・ミネルヴァ教会堂としてリノベーションされた。17世紀にバロック様式へと改装されたため、堂内にはローマ神殿の面影は残されていない。

図20　サンタ・マリア・ソープラ・ミネルヴァ教会（アッシジ）
都市中心部に残る古代神殿のファサード

4）アウグストゥス神殿（ポッツォーリ）

　ナポリの西、約10kmに位置するポッツォーリの歴史的中心地区リオーネ・テッラは、無人のゴーストタウンとなって久しい。多発する火山性の地震と地盤変動による危険が指摘されたリオーネ・テッラの住民は1970年3月2日、一斉立退きを命じられた。建物の修復は遅遅として進まず、同地区は今なお立ち入り禁止状態が続いている。

　古代ギリシャ植民地を起源とするポッツォーリは、古代ローマ期も海上輸送の中継港として栄えた。岬の頂のアクロポリスに立つ総大理石の白亜の建築、アウグストゥス神殿（紀元前1世紀）は、6世紀初めに街の守護聖人、聖プロコロを祀るキリスト教の教会堂へと転用される。16世紀半ばの地震で被害を受けた後、バロック様式へ改装された大聖堂は、1964年に起きた火災によって完全に焼け落ちた。火事の4年後に開始された修復では、焼け落ちた聖堂の中から大理石の円柱や基壇など、ローマ神殿の構造体が発掘され、その保存が図られる。しかし財政危機から修復工事は中止され、さらに地盤沈下の進行によって大聖堂の再建は長らく中断されることとなった。

　2003年7月、カンパーニャ州はリオーネ・テッラ復興のため、大聖堂再生の国際設計競技を開催する。再生計画では大聖堂の機能回復とともに、必要最小限の建築的介入と、複雑な歴史を持つ建物のオーセンティシティの尊重が求められた。最優秀賞を獲得したマルコ・デッツィ・バルデスキ案に従い、2005年から工事が開始される。バロック様式のファサード背後、当初は古代神殿の玄関廊があった位置には、乳白ガラス製の三角破風と、透明ガラスのファサード上にサンドブラストで描かれた円柱によって、アウグストゥス神殿のファサードがイメージ復元された（図21）。建物内部はローマ神殿とバロック期の教会堂とを明快に分離しつつ、かつ一体の空間として再構成している（図22）。SS.サクラメント礼拝堂の背後に埋もれていた神殿の円柱は、この希有な建物の形成史を示す象徴として、あえて露わしとされた（図23）。バルデスキによる繊細なリノベーションは、完璧に保存された歴史的要素と、軽やかで現代的な新規要素とが、美しい対比を見せている。

図21　ポッツォーリ大聖堂ファサード
ガラスの壁面上に再現されたアウグストゥス神殿の円柱

図22　ポッツォーリ大聖堂内部
ローマ神殿とバロックの教会堂のコンポジション

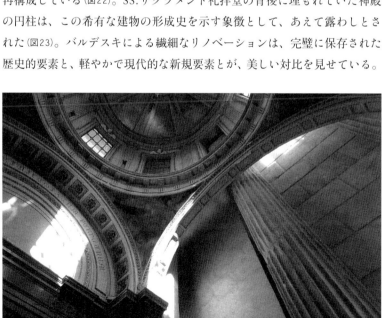

図23　SS．サクラメント礼拝堂内部
表出するアウグストゥス神殿の円柱

ディオクレティアヌス浴場のリノベーション

　ローマ・テルミニ駅の北西には、ローマ帝国最大といわれたディオクレティアヌス浴場(4世紀)の遺跡が残る。380×365mの外壁に囲まれた約14haの巨大な公共浴場テルマエは、3,000人が同時に入浴できる浴室に加えて、庭園や図書館、体育館等を備えた一大複合娯楽施設だった。同浴場は西ローマ帝国の滅亡後も、イタリア半島へ侵入したゴート族が給水施設であるローマ水道を破壊した576年まで使われていたという。

1)ミケランジェロによるリノベーション

　16世紀半ばから遺構の再利用が始まる。教皇ピウス4世の命により、浴場跡はミケランジェロの手によってサンタ・マリア・デリ・アンジェリ・エ・デイ・マルティーリ教会とカルトジオ会修道院へと改修された。

　サンタ・マリア・デリ・アンジェリ・エ・デイ・マルティーリ教会は、古代浴場の内部空間をほぼそのまま転用している(図24)。ミケランジェロは冷浴室フリギダリウムの天井に架かるダイナミックな交差ヴォールト、ヴォールト下の半円を3分割した特徴的な「浴場窓」、ヴォールト基部を支える8本の巨大な赤色花崗岩の円柱など、冷浴室を構成する当初の要素を保存しながら、必要最小限の介入によってキリスト教の教会堂へのコンバージョンを果たした。

　冷浴室の両端には既存の構造体を利用して矩形の礼拝堂を設けるとともに、南西側の楕円形平面を持つ温浴室テピダリウムと対になるように、北東側の水泳場ナタティオ側に大きく張り出した内陣部を設けて、ギリシャ十字形の平面をつくり上げた。古代ローマの煉瓦とコンクリートがむき出しとなった外観に対して、教会堂内部は一見、よくあるバロック様式の建物に見える。しかしその背景には、実に長い時間の堆積が複雑に交差しているのだ。

図25　サンタ・マリア・デリ・アンジェリ・エ・デイ・マルティーリ教会
カルダリウムの湾曲した壁面を使った教会堂入り口

図26　レプッブリカ広場
エクセドラの半円形平面を継承する都市空間

図27　サン・ベルナルド・アッレ・テルメ教会
浴場外壁のロトンダの再利用

図24　サンタ・マリア・デリ・アンジェリ・エ・デイ・マルティーリ教会内部
ミケランジェロによる古代浴場跡のリノベーション

図28　サン・ベルナルド・アッレ・テルメ教会内部
堂内を覆うパンテオン風のドーム

2) 周辺都市組織への影響

　南西側にある現在の教会堂入り口は18世紀に、ルイージ・ヴァンヴィテッリによる改修で設けられたものだ。大きく湾曲した壁面は熱浴室カルダリウムの壁体を転用している（図25）。入り口前に広がる、当初は「エセドラ広場」と呼ばれたレプッブリカ広場は、大きく弧を描く列柱廊（1887–98年）を持つ。そのカーブは、ローマ浴場のエクセドラ（半円形平面の小広場）の形状を引き継いでいる（図26）。

　浴場の外壁も、部分的ながら各所に残されている。北西の隅に設けられていた円形の部屋ロトンダは、1598年にサン・ベルナルド・アッレ・テルメ教会堂として改修された（図27）。シトー修道会によって建設されたバロック様式の教会堂内部には直径22mの円形平面をすっぽりと覆う、パンテオンを思わせるドームが架かる（図28）。既存空間の特色を活かしたリノベーションには、古代ローマ建築への深い敬意が感じられる。

　ジョバンニ・バッティスタ・ノッリはローマ都市図（1748年）の中で、サンタ・マリア・デリ・アンジェリ・エ・デイ・マルティーリ教会およびカルトジオ会修道院を描いている（図29）。同図からはもととなったディオクレティアヌス浴場の空間構成を、はっきりと読み取ることができる。浴場前に広がるテルミニ広場を挟んだ南西側には、当時は菜園として使われていた半円形のエクセドラと、円形平面のサン・ベルナルド・アッレ・テルメ教会が描かれている。ノッリの都市図からは、広大な浴場遺跡の存在が、周辺地区の都市組織形成に多大な影響を与えたことがよくわかる。

3) 修道院から博物館へ

　カルトジオ会修道院が1870年に廃止された後、その跡地は1889年より国立古代ローマ文明博物館（現ローマ国立博物館）となった。「ミケランジェロの回廊」やリノベーションされた旧修道院の室内には、数多くの古代彫刻や葬送品、碑文等が展示されている。博物館では展示施設として、浴場の一部が使われている。南東の隅にある脱衣室アポディテリウムの前室に見る、ローマン・コンクリート造の交差ヴォールトが架かる大空間は、ミケランジェロによるリノベーション以前の遺構の姿を彷彿とさせる（図30）。

　サンタ・マリア・デリ・アンジェリ教会堂入り口の北西側に位置するアウラ・オッタゴナ（図31）には、建設当初の八角形ドームが良好に残されている。1928年には古代のドーム空間を利用して、当時ヨーロッパで最大のプラネタリウムが設けられた。アウラ・オッタゴナは現在、ローマ国立博物館の展示施設の一つとして、市内の各古代浴場から発掘された彫像を展示している。1991年にジョバンニ・ブリアンによって行われたリノベーションでは、ローマで古くから使われているペペリーノ石（火山性砕屑岩）で舗装された床面の下に、発掘された地下構造の見学ルートが設けられた。新たに挿入された網状の円蓋越しに見る古代の八角ドームは、プラネタリウム時代に星降る夜空が投影された仮想の天空を想起させる（図32）。

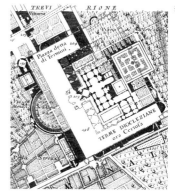
※7
図29　ディオクレティアヌス浴場跡
G.B.ノッリによるローマ都市図（1748年）

図30　脱衣室（アポディテリウム）の前室
古代ローマの交差ヴォールト天井

図31　アウラ・オッタゴナ
プラネタリウム時代の門扉が残る。

図32　アウラ・オッタゴナ内部
八角形ドームの頂部に開口するオクルス（眼）

※8

図34　マルケルス劇場（右下）とオクタウィア回廊
R.ランチャーニによる復元平面図、1901年

※9

図35　住居化したマルケルス劇場
G.B.ピラネージによる版画、1757年

※10

図36　修復工事以前のアーケード　既存開口部内につくられた店舗と住居、1875年撮影

図37　発掘された劇場のアーケードとローマ期の地表面

＊8　トラバーチン
古代ローマで好まれた多孔質な石灰岩の一種。ローマ近郊の街ティヴォリで産出したことからこの名称がついた。

古代劇場のリノベーション

1）マルケルス劇場

　ローマ・テヴェレ川の河畔、カンピドーリオの丘のふもとに広がるカンプス・マルティウス（軍神マルスの野）と呼ばれた地域には、帝政期より数多くの記念建造物が建設された。先に触れたオクタウィア回廊の南側に残るマルケルス劇場（紀元前1世紀）の遺構は、積み重なった建築的堆積が都市の歴史を雄弁に物語っている（図33・34）。

　カエサルが起工し、初代皇帝アウグストゥスが完成させたマルケルス劇場は、15,000人を収容する半円形平面のローマ劇場だった。西ローマ帝国の滅亡後、その遺構は石材の採掘場と化したが、ローマン・コンクリートでつくられた強固な建築物はテヴェレ川岸一帯における戦略的価値もあって、有力氏族の要塞兼住居として転用されてきた。12世紀よりファッフィ家、後にはピエルレオーネ家のものとなった遺構は、14世紀にはサヴェッリ家の所有地となる。そびえ立つ要塞化された姿から、ローマ劇場の遺構は当時、モンテ・サヴェッロ（サヴェッリ家の山）と呼ばれていた。

　1527年にはバルダッサーレ・ペルッツィによって、湾曲したアーケードの上にルネサンス様式のパラッツォが建設される。パラッツォは18世紀にオルシーニ家の手に渡り、テヴェレ川に面した側が増築された。劇場の2層のアーケードは、中世初期より開口部が閉鎖されて、店舗や工房、一般市民の住居へと改造されていった。居住空間へとコンバージョンされた古代劇場の姿は、建築家ジョバンニ・バッティスタ・ピラネージが描く版画（図35）や古写真（図36）などに、今も見ることができる。

　1926〜32年に行われた修復工事では、数多くの店舗や住居を撤去してアーケード全体を開放するとともに、劇場周囲を約4m掘り下げて、ローマ期の地表レベルが発掘された。地上階の柱には、長年にわたる川の氾濫

図33　マルケルス劇場（ローマ）　観客席上に増築されたサヴェッリ家のパラッツォ（16世紀）

で上昇した、修復前の地表面の痕跡がくっきりと残されている（図37）。アーケード北側の端部には、ドリス式とコリント式の建築オーダーを上下に重ねた当初のアーケードの姿が復元された。復元部分は褐色のスペローネ石（凝灰岩の一種）が用いられ、トラバーチン*8によるオリジナルの白いアーケードと明確に区別されている（図38）。

図38　復元された2層の建築オーダー
オリジナルとは異なる褐色の石材を用いて区別している。

2）ナヴォーナ広場

ローマを代表するバロック様式の都市空間、ナヴォーナ広場。細長い馬蹄形をした広場は、ドミティアヌス帝が建設したローマ初の戦車競技場（1世紀）の跡地に建設された（図39）。長さ265m、幅106m、かつて3万人を収容した観客席は、広場を取り巻く街区の平面形に引き継がれている。広場北側の地下には、発掘された戦車競技場の構造壁が展示されており、広場の起源を直に見ることができる（図40）。

図40　ナヴォーナ広場地下
ドミティアヌス戦車競技場（1世紀）の構造壁

ナヴォーナ広場の南側には、大きく湾曲した壁面を持つ二つの特徴的な街区がある。これらは戦車競技場と同じくドミティアヌス帝によって建てられたオデオン（音楽堂、1世紀）と、ポンペイウス劇場（紀元前1世紀）の遺構が再利用されたものだ（図41）。マルケルス劇場よりも若干小規模なオデオンと、執政官ポンペイウスが建てた古代ローマ初のコンクリート造劇場の半円形平面は、街区平面にはっきりと残されている。

中世初期より遺構は建築資材の採掘場と化していたが、放射状に配置された構造壁に挟まれた細長い空間クネオは住宅や店舗、礼拝堂などさまざまに転用されていった。B.ペルッツィによるパラッツォ・マッシモ・アッレ・コロンネ（1532年）の湾曲したファサードは、オデオンのアーケードの形状に由来している。ポンペイウス劇場跡に建つ街区の一角にあるホテルの地下では、観客席を支えていた半円筒ヴォールトの空間がラウンジとして使われている（図42）。

※12
図41　ナヴォーナ広場周辺の変遷
上：グレゴリオ地籍図（1819年）
中：ローマ期の建物との重ね合わせ
下：現代の都市組織に見るポンペイウス劇場（左）とオデオン（中央）、ドミティアヌス戦車競技場（右）の痕跡

※11
図39　ナヴォーナ広場（ローマ）

図42　ポンペイウス劇場のヴォールト
街区内のホテル地下ラウンジ内部

古代ローマ円形闘技場のリノベーション

1）遺構の住居化

図43　円形闘技場遺構（アンコーナ）
観客席上部への住宅群の増築

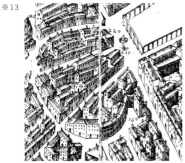

図44　円形闘技場遺構（アッシジ）
住宅の庭園として残るアレーナの空間

※13

図45　円形闘技場遺構（フィレンツェ）
ブオンシニョーリによる都市図（16世紀）に見る高密度な住宅化

　古代ローマ社会において、楕円形平面の巨大な円形闘技場アンフィテアトロで繰り広げられる剣闘士たちの戦いや猛獣狩りは、市民に最も人気のある競技だった。中規模以上の都市はどこも円形闘技場を備え、地元の名士による出資のもと、盛んに興業が行われた。ローマ滅亡後、放棄された建物は他の遺構と同様に建築資材の採掘場と化し、美しい装飾や大理石の板材、円柱等は持ち去られた。しかしローマン・コンクリートでつくられた円形闘技場の強固な構造体は、その後も長期にわたって残存していった。

　円形闘技場の構造的特徴は、要塞化や住居化、宗教施設化や公共施設化といったさまざまな再利用の機能を生み出すに至った。劇場建築の構造上の単位であり、放射状に配置される構造壁に挟まれた、くさび形平面の空間は「クネオ」と呼ばれる。幅4〜5m、長さ15mほどのクネオは、住居として利用するのに好都合だったのだ。観客席の上部にも住宅群が増築されたアンコーナ（図43）、競技の場である中央広場アレーナが住宅の中庭として残されたアッシジ（図44）、逆にアレーナは建物で埋め尽くされ、高密度・複合化した街区と化したフィレンツェ（図45）など、古代ローマに起源を持つ都市において、クネオの転用による円形闘技場遺構の住居化は、ほぼ普遍的に見られる現象である。

2）ルッカのアンフィテアトロ広場

　イタリア・トスカーナ州の都市、ルッカの歴史的中心地区には、「アンフィテアトロ広場」と呼ばれる楕円形平面の広場がある（図46）。広場を囲む建物は、ひとつながりの円環上の街区を形づくる。滑らかな曲線を描く

※11

図46　住居化した古代ローマ円形闘技場遺構（ルッカ）
フィッルンゴ通りを隔てて、向かい側にはサン・フレディアーノ教会（右上）が見える。

壁面は家ごとに色とりどりに塗られ、地上階に並ぶ半円アーチは広場にリズミカルな連続感を与えている。連なるアーチは土産物店やブティック、食料品店など多種多様な店舗の入り口で、カフェの前に並べられた客席ではひと休み中の観光客が談笑している。頭上には丸く切り取られた青い空が開け、狭い中世の道を歩いてきた後に、清々しい開放感をもたらしてくれる（図47）。その名の通り、この楕円形の広場と街区も、古代ローマ円形闘技場に起源を持つ都市空間なのだ。

ルッカの街は、紀元前180年に建設されたローマ植民都市を起源とする。円形闘技場は2世紀初め頃、アッピア街道に続く都市外道路のかたわらに建設された。円形闘技場が市壁の外側に建設された理由は、東西南北の方位に沿った直交グリッドを基本としてつくられたローマ都市の中に、楕円形の大規模建物を挿入することの難しさに加えて、市内外から競技を見に集まる大勢の観客をスムーズに受け入れるための都市計画的配慮からだった。円形闘技場の規模は外部寸法107×79m（長軸×短軸）、アレーナは67×39mで、これを取り囲むすりばち状の観客席は2万人弱の観客を収容したといわれる。

西ローマ帝国滅亡後、イタリア半島はゲルマン系のランゴバルド族により支配される。ルッカはランゴバルド族のトスカーナ地方支配の本拠地と定められ、円形闘技場の遺構内には占領軍の本部が置かれた（7〜8世紀）。遺構は強固な構造体を活かした要塞として用いられ、内部のアレーナでは部族の集会が開かれた。中世初期における遺構の呼称「パルラッショ」は、討議（イタリア語でパルラーレ）の場としての機能に由来している。

その後ルッカは、中世イタリアの主要街道となった、ローマからアルプスを越えてフランスへと続くフランチージェナ街道沿いの都市として大きく繁栄する。半島を南下してきたランゴバルド族による同市の占領も、街

図48　円形闘技場街区　北東部（ルッカ）
壁面に残る2層のアーケード

図49　円形闘技場街区（ルッカ）の壁面詳細

図47　アンフィテアトロ広場（ルッカ）　円形闘技場街区の中央に位置する楕円形平面の広場は、かつてのアレーナの空間に相当する。

※14

図50　円形闘技場街区（18世紀の銅版画）　店舗や倉庫としての利用が描かれた2層のアーケード

図51　円形闘技場街区内の一室　住宅内部に表出するローマン・コンクリート造のヴォールト

道上という地の利を活かしてのことだった。ローマ期の都市外道路は街のメインストリート、フィッルンゴ通りへと変わり、道路沿いの地域は市街地化が進む。遺構の住居化は、周辺の都市化と併せて急速に進行していった。9世紀の史料によれば、遺構周辺の中心教会だったサン・フレディアーノ教会の司教は、アレーナを分割して設けた菜園と一緒に、「グロッタ」内の住宅を市民向けに賃貸していた。半円アーチのアーケードが外周を廻る円形闘技場の遺構は、その姿から、いつしかグロッタ（洞窟）と呼ばれるようになった。都市のモニュメントとしての記憶は徐々に忘れ去られ、遺構はもはや、都市周辺を取り巻く地形の一種として認識されていたのだ。

　住居化した遺構周囲には、環状のアンフィテアトロ通りが形成された。通りに面した外壁に表出する、洞窟にも似た2層のアーケードは、円形闘技場街区の出自を雄弁に物語る（図48・49）。

　フィッルンゴ通りに面した円形闘技場街区の前には、スカルペッリーニ広場が広がる。「石工」を意味する広場の名称は他の都市と同じく、遺構が建築資材の採掘場として使われていたことを示している。12世紀に再建されたサン・フレディアーノ教会では、身廊の円柱18本とファサードを覆う白い大理石は、円形闘技場から運ばれた転用材と考えられている。

　先に述べたマルケルス劇場と同じく、遺構の地上階は店舗や工房等に、上階は住宅や倉庫として使われた（図50）。円形闘技場街区内には、室内に古代のヴォールト構造を残す住宅が数件存在する。荒々しい表面をしたローマン・コンクリート造のヴォールトがつくる空間は、まさしくグロッタの名にふさわしい（図51）。円形闘技場のアーケードを塞ぐ中世の壁面に開く窓辺には、植木鉢の花や色とりどりの洗濯物が並ぶ。そこには都市の1,800年

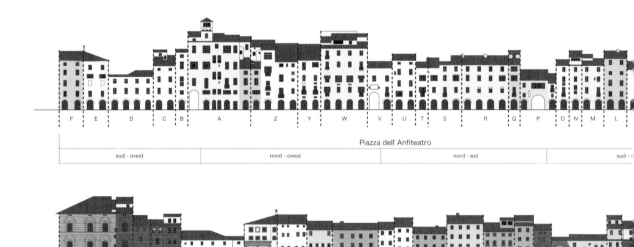

図53　円形闘技場街区　連続立面図　アンフィテアトロ広場側（上、街区内部）とアンフィテアトロ通り側（下、街区周囲）

余りの歴史が、幾重にも積み重ねられた姿を見ることができる（図52）。

　19世紀前半、ルッカの領主カルロ・ルドヴィーコ・ディ・ボルボーネは、ローマ期からの都市の中心広場、フォルム跡地から円形闘技場遺構内部への食料品市場の移転を決定する。この公共事業を任された宮廷建築家ロレンツォ・ノットリーニは、かつてのアレーナ内部を占拠していた建物や庭園を完全に撤去し、長軸・短軸上に計四つの入り口を持つ楕円形平面の広場を設けた（図53・54）。クネオの転用により形成された中世の住宅群が持つ豊かな多様性を残しつつ、ノットリーニは長年にわたる建築行為の堆積を、一つの美しい円環としてまとめ上げた（図55）。

　1838年の開設当時はメルカート（市場）と呼ばれた広場は、市場の移転後にアンフィテアトロ広場と改名された。同広場は街区住民の共用中庭であると同時に、ルッカを代表する都市空間として親しまれている。古代建築に起源を持つ都市組織である円形闘技場街区は、優れた都市的介入によって理想的な組織の再編と再活性化が促された、希有な事例なのだ。

図52　円形闘技場街区の壁面
壁面に表出する都市生活の営み

※15

図55　メルカート広場（19世紀の銅版画より）
開設当初の広場の眺め

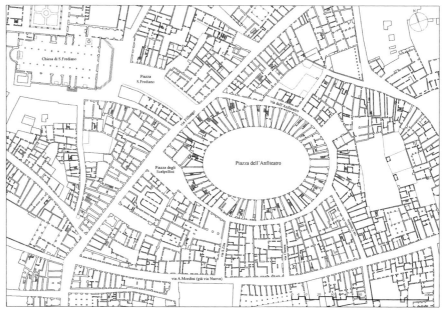

図54　円形闘技場街区および周辺地区　連続平面図

都市組織をつくるリノベーション

紀元前からの古代の建築が堆積する都市、ローマ。
そこでは建築物単体のみならず、街区そのものを対象としたリノベーションも行われている。

クリプタ・バルビ

図1　クリプタ・バルビ考古学博物館（ローマ）内部

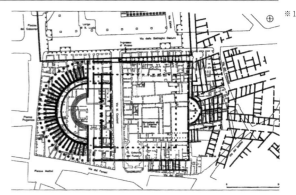

図2　現在の街区と古代の劇場複合施設の平面との重ね合わせ

ローマの中心部、ナヴォーナ広場から南東へ、カンピドーリオ広場に向かう途中には、野良猫たちの聖地となっているトッレ・アルジェンティーナ広場がある。共和制時代の神殿の遺構が立ち並ぶ広場のかたわらを通り過ぎると、一見、ごく普通の建物の壁面に「クリプタ・バルビ考古学博物館」の看板が掲げられている。かつては店舗のショーウィンドウだったと思われる目立たない入り口を入ると、そこには壁の仕上げ材や床を撤去して露出された、古代ローマの建築物の力強い構造体が現れる（図1）。

共和制末期の政治家・軍人であったルキウス・コルネリウス・バルブスが建てた半円形平面のローマ劇場（紀元前1世紀）の東、舞台の裏側には付属施設として回廊（クリプタ）が設けられ、小規模ながら充実した劇場複合施設を構成していた。中世になると、劇場や回廊の遺構を転用しつつ、商店や教会堂が立ち並ぶようになる。博物館前の通りの名称ボッテーゲ・オスクーレ通り（暗い店舗群の意味）は当時の状況を示している。この街区全体が、バルボ劇場・回廊（クリプタ）・神殿の複合施設の上に長年にわたって形成された建築的堆積そのものなのだ（図2）。

二つの教会と修道院、住宅等を含む約7,000㎡の街区は、1981年に国によって買収された後、20年余りにわたって考古学的調査が行われてきた。その成果と

して、発掘現場自体がローマ国立博物館の分館となって、2013年より一般公開されている。今なお発掘調査が続く街区内部では、回廊の東側には劇場と対になっていた、エクセドラが発見されている。建設当初は半円形平面の小広場だったエクセドラは、後のハドリアヌス帝の時代に、観客用の公衆便所へと改造された（図3）。ベンチ状の便座は壁面に合わせた緩やかなカーブを描いている。ローマ滅亡後、エクセドラの壁龕（へきがん）はガラス工芸用の溶融炉に改造され、半円形の空間は墓所として、後にはゴミ捨て場として使われた。複雑な都市組織の中から掘り出された古代の空間は、積み重なった都市の歴史を深く湛えている。

図3　公衆便所に改造されたエクセドラ

主要な古代建築のリノベーション事例

> さまざまな手法でリノベーションされながら中世以降も使用され続けた古代建築の中でも、
> 西洋建築史上、主要な4作例について概観してみよう。

パルテノン神殿（アテネ）

　現在のパルテノン神殿は、紀元前447〜438年にかけてアテネのアクロポリス（高所に位置する神域）に建立された。それ以前の神殿は紀元前5世紀初めのペルシャ戦争で焼失していたのである。パルテノン神殿の祭神は女神アテナだ。ドリス式[*1]の八柱式の神殿であり、壁体で囲まれた神室（ナオス）の四方に円柱が並べられた周翼式（ペリプテロス）の平面である[*2]。神室の後ろには「パルテノン」と呼ばれる後室があり、これが神殿名の由来だ。「パルテノン」とは「処女」を意味する「パルテノス」からきており、この場合は「処女神の間」というくらいの意味になるだろう。

　ギリシャにローマ帝国の支配が及ぶようになってもアテネの神殿として尊重されたが、3世紀の混乱の時代の最中、267年に異民族の襲撃で小屋組などが焼失した。その後、長らく屋根は再建されず、313年にいわゆるミラノ勅令によりキリスト教が公認され、帝国のキリスト教化は進んでいくが、363年、キリスト教に対する反動政策を採ったユリアヌス帝によって再建される。それでも5世紀には、聖ソフィア教会堂として、ついにキリスト教の教会堂に転用されることになった。その後、パナギア（万聖）教会堂と改称されている。

　395年以降、ローマ帝国が東西に分割されて継承されると、ギリシャは東ローマ帝国（ビザンツ帝国）領

となった。帝国は1453年にオスマン帝国に滅ぼされる。その後の1458年にパナギア教会堂はイスラム教のモスクに転用された。1600年頃になるとアクロポリス内にオスマン帝国軍の宿営地が設けられるようになり、1687年、ヴェネツィア軍の攻撃によって旧パルテノン神殿は爆破され廃墟となった。1700年頃にはこの廃墟の中に小規模なモスクが再建されている。

　その後、1802年にイギリスのエルギン伯によってエンタブレチャーのレリーフ類が収容され、やがて、大英博物館で展示されるようになった。これはギリシャ側から見るとパルテノン神殿の破壊活動という面もあった。現在もギリシャ政府はイギリス政府に対してエルギン・コレクションの返還を要求している。もっとも、当時のアテネはオスマン帝国領であり、ギリシャが独立したのは1832年のことだった。

　初の近代的な修復事業が開始されたのはギリシャ独立後の1845年からである。

*1　ドリス式
古代ギリシャ・ローマ神殿建築の円柱（コラム）と横架材（エンタブレチャー）からなる比例と装飾の体系は、16世紀半ば以降、「オーダー」と称されるようになる。古代ギリシャに由来する3種の様式、ドリス式、イオニア式、コリント式、および古代ローマに由来すると16世紀の建築家たちが考えていた2種の様式、トスカーナ式、コンポジット式がある。通常、コラムのプロポーションが太いほうから細いほうへ、トスカーナ式、ドリス式、イオニア式、コリント式、コンポジット式の順で言及される。コラムは下から柱礎（ベース）、柱身（シャフト）、柱頭（キャピタル）、エンタブレチャーは下からアーキトレーヴ、フリーズ、コーニスからなる。様式は柱頭の装飾で見分けられるが、本質的な違いはプロポーションにある。

*2　神殿の平面形式
古代ギリシャ・ローマ神殿建築の平面は、神像を収める神室（ナオス）と円柱（コラム）が列柱をなして形成する開放的な柱廊（ポルティコ）からなる。両者の関係の違いにより次の6種の平面形式がある。すなわち、イン・アンティス、前柱式（プロステュロス）、両前柱式（アンフィプロステュロス）、周翼式（ペリプテロス）、二重周翼式（ディプテロス）、擬二重周翼式（プセウドディプテロス）である。

メゾン・カレ（ニーム）

　フランスのプロヴァンス地方は紀元前2世紀以来、ローマ支配下に入った古い属州（プローウィンキア）だった。現在でもオランジュやアルル、エクサン・プロヴァンスなど古代ローマ時代以来の都市が散らばる。ニーム（コロニア・アウグスタ・ネマウスス）もその一つであり、その中心部にある「メゾン・カレ」は郊外にあるガール水道橋と並んで代表的な古代ローマの遺物だ。「メゾン・カレ」とは「方形平面の家」という意味で、帝政初期の紀元前20年頃にアグリッパによって建設された神殿である。祭神は、死後に神格化されたアウグストゥス帝の後継者候補ガイウス・カエサル（同帝の孫）とルキウス・カエサル（同帝の養子）だ。これはほぼ完全な形で現存する古代ローマ神殿建築の代表作の一つで、コリント式の六柱式神殿であり、平面形式は前柱式である。全30本のコラムの内、真の独立円柱は前方の10本のみで、残りの20本

はハーフ・コラム、すなわち、壁体の一部をなす装飾要素である。このハーフ・コラムも勘案するなら平面形式はプセウドペリプテロス（擬周翼式）ということになろう。正面に付いた15段の高い階段を備えた基壇（ポディウム）上に建つ。主要な古代ギリシャ神殿建築がアクロポリスに建立されるのに対して、古代ローマ神殿建築は大規模なものもフォルム（広場）や道路に面して建立される。高い階段を備えた前柱式平面という形式になるのはそのような事情もあるだろう。

　メゾン・カレは古代ローマ神殿建築の中でもかなり原形を残している。それは近代に至るまで何らかのかたちで使用され続けてきたからだ。確実ではないが、帝政末期から中世にかけて市庁舎として使われていた可能性があるという。12世紀の史料には、ニームのノートル＝ダム司教座聖堂参事会員ポンスの邸宅だったとの記述がある。その後、1360年に邸宅の機能を保ったまま囲壁に取り込まれ、15世紀末に新たな囲壁が建設されると邸館として拡張された。1546年の税務史料によると3階建とされ、1階に厩舎が設けられていたようだ。1626年の絵図によるとハーフ・コラムの間の壁面にゴシック様式の尖頭アーチをいただいた開口部が3層にわたって穿たれていた。17世紀末からフランス革命期にかけてはアウグスティヌス会小修道院付属教会堂に転用されていた。革命後に囲壁と小修道院が取り壊されて史料館となるなどして現在に至る。

ポルタ・ニグラ（トリア）

　紀元後170年頃、トリア（アウグスタ・トレウェロールム）の北の市門として建立された。「ポルタ・ニグラ」とは「黒の門」という意味で、中世以降の呼び名だ。地元で採れる赤色砂岩で建設されたこの門は、創建当初は赤かったはずである。当時のトリアはアルプスの北側のローマ帝国領土において最大の都市であり、293年以降の帝国四分統治（テトラルキア）下においては西帝国の北側の事実上の首都でもあった。古代ローマ時代の囲壁は中世の歴史的市街地をはるかに上

ディオクレティアヌス宮殿 (スプリト)

　ディオクレティアヌス帝は、244年、ローマの属州ダルマティアのスパラトゥス付近で出生した軍人で、284年、ニコメディアで皇帝に推戴された。293年に四分統治を開始し、自らは東方正帝 (アウグストゥス) となる。305年にかねてからの宣言通り退位し、出身地に近いスプリト (現クロアチア) の宮殿に退き、311年に当地で崩じた。宮殿というよりは皇帝の邸宅を中心とした軍事小都市、古代ローマの野営地 (カストルム) に近い計画がなされた。すなわち、カルドー (南北の幹線道路) とデクマヌス (東西の幹線道路) のような通路が設けられ、これらの通路が交わるあたりにフォルム (中央広場) に当たる玄関前広場が設けられた。この広場はペリステューリウム (列柱付き中庭) であり、その東側にディオクレティアヌス帝廟堂、西側にユピテル神殿とその神域が設けられ、南側に皇帝の邸宅の玄関があった。皇帝の邸宅は当時は海に直接

面しており、2階に海を望む壮大なバルコニー空間が展開していた。1階にはヴォールト架構された広大な空間があって貯蔵庫などだったと思われる。宮殿全体は二百数十メートル四方の長方形平面であり、東にポルタ・アルゲンテア (銀門、現在の門は1932-34年に再建、左図)、西にポルタ・フェッレア (鉄門)、北にポルタ・アウレア (金門) が設けられていた。

　中世前期には放棄されていたが、付近の中心都市サロナが639年にアヴァール人とスラヴ人に掠奪されて住民が沖合の諸島に避難した後、伝承によれば、大セウェルスによってこの築城宮殿跡地が新たな居住地として選ばれたという。ここに城壁内の宮殿の遺構が都市として再利用されることになった。皇帝の墓所は聖ドミヌス大司教座聖堂となり (647年に大司教座がサロナからスプリトに移された)、ポルタ・アウレア西側にゴシック様式のアグビオ宮殿、東側に15世紀ゴシックの別の宮殿が建設された。中世都市としては13〜14世紀に繁栄し、14世紀には西側に旧市街と同じくらいの面積の新市街が開発された。1420年にヴェネツィア共和国領に編入され、ヴェネツィア人によって築城強化がなされていき、17世紀にバスティオンを備えた近世都市築城が築かれた。18世期半ばには、イギリスの建築家ロバート・アダム (1728-92年) によって調査され、1764年に『ダルマティアのスパラトロにおけるディオクレティアヌス帝の宮殿の廃墟』が出版された。

回る面積を囲っていて、東西南北に築城化された市門が設けられていたが、中世前期に都市としては消滅し、ポルタ・ニグラ以外の市門と囲壁は残存しなかった。ポルタ・ニグラは3階建の本棟に4階建の塔が左右に付いた双塔形式であり、本棟には中庭があって、その前後に扉が設けられていた。つまり、二重の防御が施されていた。その後、ローマ人が去り、中世半ばには1階部分が土に埋まったかたちで放棄されていたが、1028年、ギリシャの隠棲者シメオンが東塔に隠棲す

るようになり、1035年に彼が没してここに墓所が設けられると、当時のトリア大司教ポポ・フォン・バーデンベルクにより2階と3階に教会堂が二重に設置された。その際、中庭に屋根が架けられて屋内化され、各教会堂の身廊とされた。中庭を見下ろすかたちで前後の扉の直上に設けられていたトリビューン (2階廊と3階廊) は側廊となり、東端にアプスが増築された。だが、フランス皇帝ナポレオン1世により教会堂が廃され (1804-09年)、その後、市門の状態へと復元された。

第 2 章

再利用による創造、改変がもたらした保全

始まりも終わりもない建築、コルドバ大モスク

　スペイン南部アンダルシア州第三の都市コルドバは、8世紀から11世紀にかけて後ウマイヤ朝の首都として繁栄した。後ウマイヤ朝の開祖アブダッラフマーン1世によって創建されたコルドバの大モスクは、グラナダのアルハンブラ宮殿と双璧をなす、スペイン・イスラーム建築の代名詞的存在として知られている。

　イベリア半島における初期イスラーム建築の最高傑作として名高いコルドバ大モスクであるが、その独創的な建築がいつ、どのように成立したのか、一言で言い表すのは難しい。その主要部は、8世紀末から10世紀末までの約200年間に繰り返された増改築の集積であり、そもそも創建モスクを構成する無数の円柱はすべて再利用されたものである。さらに、1236年にコルドバがキリスト教徒の支配下に入ると、大モスクはキリスト教の大聖堂として転用され、以降、長年にわたって断続的な改修を受ける。特に16世紀前半から始まった巨大な新身廊部の建設は、旧モスクの形状を大きく変えた。19世紀以降は、イスラーム期の建築意匠の復元が目指されるようになり、今日に至る。

　このようにコルドバ大モスク＝大聖堂は、8世紀から10世紀にかけてのイスラーム建築にとって決定的な瞬間を写し取った貴重なモニュメントであると同時に、1,200年以上の長きにわたってさまざまなかたちで行われてきた建築的介入の痕跡を刻み込んだ、唯一無二の建築なのである。また、異教徒から引き継がれた宗教施設が、改修を受けながらも丁寧に修繕され、大切に保全されてきたユニークな事例でもある。

　コルドバ大モスクで連綿と続けられてきたリノベーションは、いずれも既存の建築の存在を大前提とすることから始まっているが、前身建物の扱いの丁寧さや介入度合いの強弱は実に多様である。興味深いのは、一部のリノベーションに見られるデザイン密度の薄さやある種の雑さ、いい加減さが、逆説的に、この建築を生き残らせることに繋がっている点である。再利用から創造され、使い続けるための改変によって保全されてきたコルドバ大モスクは、既存の建築の全体または一部を、物理的・造形的・観念的に再利用する行為のモデルケースとしても捉えることができるだろう。

本章では、再利用から生まれ、度重なる増改築によってその姿を徐々に変えながら、
結果として "世界に一つしかないもの" と評される独自性をまとうに至った
ユニークな建築を取り上げ、その変遷過程を丁寧に追ってみたい。
スペイン・コルドバの「メスキータ」として親しまれるその建築は、
中世イスラーム建築の傑作として知られるが、
13世紀以降はキリスト教の大聖堂として使用されるようになり、現在に至る。
使い続けるために連綿とリノベーションが繰り返されたコルドバの大モスク（＝現大聖堂）からは、
時間軸に開かれた体系としての建築のあり方が見出せるだろう。

リサイクルから生まれたローコスト建築

1) コルドバ大モスク創建（785/786-786/787）

　最初に、コルドバ大モスク（＝大聖堂）[*1]になされた主な建築的介入を表1に示す。現存するコルドバ大モスクの建築（図1・2）は、シリアのウマイヤ家出身のアブダッラフマーン1世によって785〜86年（ヒジュラ[*2]169年）に着工し、翌786〜87年にモスクとして使用が開始されたとされる。アブダッラフマーン1世が後ウマイヤ朝[*3]を建国したのが756年、コルドバがイスラーム勢力下に入ったのはそのさらに40年以上前のことだが、伝承によれば、当初イスラーム教徒はサン・ビセンテ教会の施設の一部をキリスト教徒から接収し、大モスクとして転用していたという。政権安定のため晩年まで内憂外患の処理に追われたアブダッラフマーン1世は、その治世末期に至り、ようやく国の政治的・宗教的シンボルとなるコルドバ大モスクの建設に

＊1　コルドバ大モスク
「コルドバのメスキータ」ともいわれる。「メスキータ」はスペイン語でモスクの意。13世紀半ばから現在までキリスト教の大聖堂であるが、本稿では特定の時期や用途に限定しない場合、「コルドバ大モスク」で統一する。

＊2　ヒジュラ
イスラーム暦。ムハンマド（570頃-632年）がメディナに移った西暦622年を元年とする太陰暦。

＊3　後ウマイヤ朝
スペインにあったイスラーム国家（756-1031年）。巨大なイスラーム帝国であったシリアのウマイヤ朝（661-750年）が滅亡した際、ウマイヤ家の生き残りであるアブダッラフマーン1世がイベリア半島に逃れ、コルドバを首都として建国。10世紀半ばに繁栄の頂点に達したが、その後急速に衰退した。

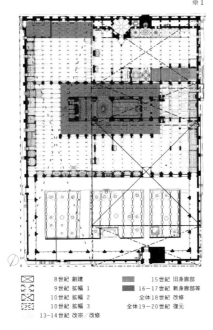

※1

▨	8世紀 創建	15世紀 旧身廊部
▨	9世紀 拡幅 1	16-17世紀 新身廊部等
▨	10世紀 拡幅 2	全体18世紀 改修
▨	10世紀 拡幅 3	全体19-20世紀 復元
▨	13-14世紀 改宗/改修	

図1　コルドバ大モスク現状平面図

※2

図2　現況の鳥瞰

表1　コルドバ大モスク年表

	古代末期の遺構（サン・ビセンテ教会か）
8世紀前半	モスクに転用される（半分はキリスト教徒が継続使用?）
785/6	アブダッラフマーン1世による創建モスク着工
848	アブダッラフマーン2世による第一期拡幅後、最初の礼拝
958	アブダッラフマーン3世によるパティオ側ファサード補強
962-71	アル・ハカム2世による第二期拡幅着工
987	アルマンソールによる第三期拡幅着工（991年説も）
1146	アルフォンソ7世によりコルドバ一時的制圧
1236	カスティーリャ王フェルナンド3世がコルドバ制圧、オスマ司教フアンによる聖別（6/29）
13世紀以降	前庭側の開口部が閉じられ、周縁部が貴族や高位聖職者の墓所や礼拝堂に変わっていく
1368	ミフラーブがエンリーケ2世の寄進を受け礼拝室として整備される （条件として「ムーア人の祈祷室を尊重すること」）
1371	エンリーケ2世が主祭壇東側に王室礼拝室建設
1489	主祭壇付近、アル・ハカム2世増築部分の5ベイを改築、高窓付きの東西壁面、尖頭アーチ型断面の木造天井
1523	司教アロンソ・マンリーケの指示を受け、カール5世の許可を得て改築開始（市民の反対運動）
1547	エルナン・ルイス（子）が大聖堂工事引き継ぐ（-1583）
1583	エルナン・ルイス（孫）が大聖堂工事引き継ぐ。鐘塔の改築も（下部を覆う）
1586	アルマンソール増築部分南東隅部に3廊4アーチのサグラリオ礼拝室建設
1607	9/12、新身廊部（クルセーロ）と新主祭室竣工
1703-05	ミフラーブ東側にサラサール枢機卿の礼拝室（大聖堂参事会の聖具室兼サラサール自身の墓廟）
1748-66	聖歌隊席建造
18世紀	木造天井を漆喰の擬ヴォールトに変更
1887	リカルド・ベラスケス・ボスコが修復建築家となる
1919-	中央廊の木造天井復元

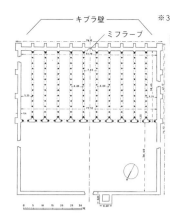

図3　コルドバ大モスク創建時の推定平面図

＊4　キブラ壁
モスクにおいて、礼拝する方角（キブラ）に設けられた壁。ムハンマドが受けた啓示に従って、イスラーム教徒はメッカのカーバ神殿の方角に向かって礼拝するよう定められ、モスクの方角もそれと一致するように指定された。このキブラの目印として、礼拝室の最奥の壁に設けられるのがミフラーブ（後出＊10）である。

＊5　メリダのローマ水道橋
メリダは現在のスペイン西部エストレマドゥーラ州に紀元前25年に創設された古代ローマ都市で、ここに水を供給する通称「奇跡の水道橋」も同時期の建設と考えられる。地上25mほどの高さにある水路を支持するために赤煉瓦と花崗岩の切石を交互に積んだ橋脚の一部が残る。

着手することができた。たった1年間の工期で、大モスクとして最低限の機能を果たせる程度まで完成したとされる創建モスクだが、後世の増改築の際にかかった時間を鑑みると、実際の工事はアブダッラフマーン1世没後、最初のミナレットが建造された息子ヒシャーム1世の治世（在位788-96年）まで続いていたと考えるべきであろう。

　一般に認められている創建モスクの姿は、以下のようなものである（図3）。外壁を含めてほぼ正方形（約77×76m）の敷地を南北半分に分け、南側に屋根を架けて礼拝堂とし、北側を屋外とする。キブラ壁＊4は南南西に向いており、メッカの方角とずれているが、その理由としてはウマイヤ朝期シリアのモスクに倣ったためとする説が妥当だろう。円柱を林立させて木造屋根を架ける「多柱式モスク」の形式を採る礼拝堂は、キブラ壁に対して直交方向に棟を並べた11廊で構成されており、各廊に切妻の屋根を架け、全体では連続M形屋根となっている。

　各廊を隔てるのは、円柱列によって支えられた上下2段重ねにされた連続アーチで、上段の半円アーチは屋根の荷重を下方に伝えるが、下段の馬蹄形アーチ（半円よりも円弧が長く閉じたアーチ）は上部に何も載せず、軽やかに宙を飛んでいる（図4・5）。一説にはメリダのローマ水道橋＊5にインスパイアされたとされるこの下段アーチは、華奢な円柱の上に切石を積んだ不安定な構造を補強する役割を果たしていると考えられる。柱同士を水平的に繋ぎ固めるだけなら、引っ張りに強い木材を用いることもできたはずだが、構造的安定よりアーチが上下左右に連なる内観が重視されたことで、後世に残る類い稀なる内部空間が生まれた。アーチは迫石＊6に石と煉瓦を交互に用い、紅白の色彩が堂内全体に規則正しく隅々まで施されていた。馬蹄形アーチも、煉瓦と石など異なった色彩の材料を交互に重ねてアーチに縞模様をつくり出す手法も、コルドバ大モスク以前にすでに存在していたものの、これ以降、後ウマイヤ朝建築やその後の西方イスラーム建築で繰り返し用いられるようになった。

図4　現存する創建時部分

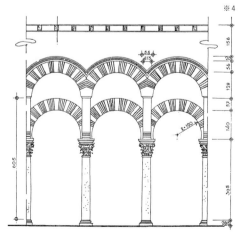

図5　創建時モスク内部アーチ立面図

2) 再利用の創造性

　多柱式の創建コルドバ大モスクには、10列12スパンの円柱群が用いられたが、それらは、1本の例外もなく、古代ローマ時代から西ゴート王国[*7]時代までのさまざまな既存建築から採集されたスポリアであった（図6）。「新築」の建造物における建築部材の再利用自体は、古代末期から中世にかけての地中海世界ではきわめて一般的な現象であり、特に円柱は、簡単に転用できるレディーメイドの垂直構造材としてだけでなく、高度の象徴性を備えた建築部材として尊重された。とはいえ、8世紀末のコルドバにおけるスポリア利用を、均質で大型の円柱がごろごろ転がっていた4世紀の帝都ローマにおけるそれと同じレベルで論じることはできない。創建部分において現在でも見ることのできるスポリアの円柱群は、比較的小ぶりで多種多様であり、低コストの手っ取り早い建材として「かき集められた」ものであった。

　雑多な、しかし同時に貴重なスポリアの円柱という主要な建材の大量使用が、コルドバ大モスクの内部空間に決定的な影響を及ぼしたのは明らかである。2,700㎡ほどの室内空間を覆う天井を支えるために、創建モスクの建築家は高さ4.2mの円柱上に切石積みのピア[*8]を載せて8.6mの天井高を確保し、2層アーチを張り巡らせた。スポリアの円柱という前提があったからこその発想である。もし2倍の大きさの柱が入手できていたなら、あるいはもし床面から石を積んだピアを用いていたなら、このような奇想は成立しなかったであろう。コルドバ大モスクの創造性は、リサイクルによってもたらされたのである。

　再利用された円柱が「新築」にどのように組み込まれているか検討してみたい。スポリアの円柱群の高さは、柱礎、柱身、柱頭の自由な組合せと、柱の下端と上端で整えられた。下端では、各円柱の柱礎が載る基礎の高さが微調整され、その上に載る柱礎よりも高い位置に床面が張られ、柱礎が隠された。柱頭より上の部分はインポスト[*9]の切石の高さで調整された（図7）。

＊6　迫石（せりいし）
アーチを構成する石や煉瓦などの建材。

＊7　西ゴート王国
ゲルマン系諸部族の一つ、西ゴート族が建てた王国。6世紀初頭から8世紀初頭までトレドを首都にイベリア半島のほぼ全域を治めたが、イスラーム教徒軍の侵攻により滅亡した。

＊8　ピア
切石や煉瓦などの建材を積み重ねてつくられた柱体。断面は長方形や円形など比較的単純なものから、ゴシック建築に見られるように複雑な形状のものもある。

＊9　インポスト
柱の頂部（柱頭など）とその上部構造（アーチなど）との間に置かれる繰形やブロック状の部材。

※5

図6　コルドバ大モスク創建時部分に見られるスポリアの柱頭

図7　再利用材の各円柱の高さを調整する機能を持ったインポスト

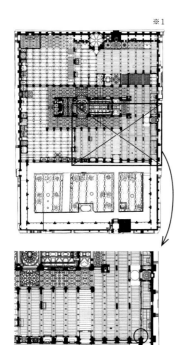

※1

図8　創建時部分の現状平面図
図1で示した平面図の一部

※6

図9　上図8のA部の納まり
右側の二重アーチの下にある円柱が礼拝
室端部のもの。再利用材であるこの円柱
は、天井を支えるアーチとその応力を受
け止める周壁の躯体に添えられるように
配置され、基礎とインポストで高さを調
整されていることが見てとれる。

柱頭や柱身の配置の規則性についてあまりに無関心であったことには驚か
されるが、林立する円柱と連続する紅白アーチの反復が生み出す内部空間
の規則性は、イレギュラーな部材を用いたとは思えないほどである。

　次に、円柱列が外周壁と接する部分がどう処理されているか見てみた
い。考古学調査によって創建当時の状態が保たれていると確認された部分
の一つが、前庭側の壁の西端部である（図8のA部）。この部分でスポリアの
円柱と壁面の接し方を見ると、柱頭頂部が壁に接するように配され、柱頭
下部から柱身にかけて壁体との間に隙間が生じている様子が観察できる
（図9）。柱頭上に載る同じく再利用材の繰形は壁体にわずかに挿し込まれ
ているが、これも壁体と完全に一体化されているわけではない。さらに、
繰形の上に載るアーチ起拱石（きょういし）もちょうど円柱の直上に載るかたちとなっ
ており、壁の石積部分に挿し込まれてはいない。このように、スポリアの
円柱は堂内の視覚的効果の連続性のために端部にも配されているだけで、
構造的な一体性は重視されていなかったことがわかる。

　以後200年の間に3度行われる増改築に際して、スポリアは新材に置き
換わっていくが、円柱自体はコルドバ大モスクの基本単位となっていく。
再利用された円柱は8世紀末の独創的な建築を生み出したのみならず、そ
の後数百年間にわたる独創的なリノベーションの規範を生んだのである。

保全と継承から生まれた柔軟性と創造性

　コルドバ大モスクは、9世紀前半から10世紀末にかけての後ウマイヤ朝
発展に合わせて幾度も増改築されてゆく。その結果生み出された建築史上
に残る傑作が、アル・ハカム2世による第二期拡幅部分（962-71年）で、
緻密に設計された絢爛な装いでキリスト教徒たちをも驚嘆させた。これに
対し、宰相アルマンソールによる最後の拡幅は、個別の建築として見れば
冗長で模倣的な凡作といえるかもしれない。しかし長期的に見れば、既存
建築をほとんど破壊することなく、創建モスク以来の延々と連なる円柱の
森という印象を飛躍的に強め、ニュートラルな建築空間に回帰することで、
解釈と介入の素地を残したと捉えることもできる。

1）第一期拡幅（833-48年）

　アブダッラフマーン1世没後の混乱を経て、後ウマイヤ朝の安定を再び
確保するのは同名の曾孫アブダッラフマーン2世（在位822-52年）であ
る。アブダッラフマーン2世とその息子ムハンマド1世（在位852-86年）
により、コルドバ大モスク最初の増改築が行われた。その内容は、礼拝室
の幅をそのままに奥行きを南側に8アーチ分24.5m伸ばすというものであ
る（図10）。既存建造物をほぼ完全に保存するだけでなく、増築部分におい
ても創建モスクが半世紀前に編み出した基本システムをそのまま踏襲する
という保守的な計画であった。増築部分は16〜17世紀の大聖堂新身廊部
建設によりその大半が失われてしまったが、スポリアの円柱が引き続き用

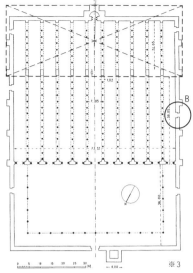

アブダッラフマーン2世とムハンマド1世
による第一期拡幅部分

※3

図10 第一期拡幅後の推定平面図

図11 サン・セバスティアン門
左図10のB部

図12 アブダッラフマーン2世のミフラー
ブを飾っていた円柱群
その後アル・ハカム2世の増築によって建造
された新ミフラーブ（図14）に移され、現
在に至る。

いられたほか、十数基の柱頭が初めて新造されたことがわかっている。ま
た、創建モスク礼拝室の西側の入り口に当たる「サン・セバスティアン門」
ファサードが再整備された。

　855年の銘が刻まれたサン・セバスティアン門（図10のB部・図11）は、馬
蹄形アーチをアルフィスと呼ばれる枠で囲ったシンプルで幾何学的な構成
と、実際の構造と見かけ上の構造との差を利用した巧みな意匠によって、
以後のスペイン・イスラーム建築における馬蹄形アーチの一つの定式を確
立した。これが、ゼロから自由にデザインされたのではなく、建造から半
世紀と経たず老朽化していた既存建造物のいわばリノベーション事業の一
環として行われたことは注目されてよいだろう。

　内部に関しても、残されたわずかな部分や発掘調査から明らかになるの
は、アブダッラフマーン2世の建築が創建モスクを忠実に踏襲しながら、
その完全なコピーではなく、意識的・無意識的な改良点や新機軸を導入し
ていたことである。とりわけ重要なのがミフラーブ[*10]の発達であり、発
掘調査からは、単なるニッチではなくキブラ壁から突出した部屋がつくら
れていたことがわかっている。また、このミフラーブの開口部両脇には2
本ずつ計4本の小ぶりの円柱が設置されたが、これらの円柱はスポリアの
柱身に合わせて柱頭が新造されたものと考えられている（図12）。4本の円
柱は第二期拡幅の際にアル・ハカム2世のミフラーブに移設されることと
なる。既存の要素（スポリアの柱身）に合わせて新たな造形（新造の柱頭）
が誕生し、さらにそれらが一体となって、この建築の権威と伝統を象徴す
る装置とみなされるようになったのである。

*10　ミフラーブ
モスクにおいて礼拝の方向を示すキブラ
壁（前出[*4]）の焦点として設けられる窪
み。

2）第二期拡幅（962-71年）

　コルドバ大モスク創建以来、最大のハイライトとなるのが、アル・ハカム2世（在位961-76年）による礼拝室第二期拡幅である。王朝始まって以来初めてカリフを僭称（せんしょう）（929年）した父アブダッラフマーン3世（在位912-61年）とその息子アル・ハカム2世は、イベリア半島北部のキリスト教徒を牽制しながらアッバース朝やファーティマ朝に対抗し、ビザンチン帝国と外交的・文化的交流を深めた。コルドバ郊外の宮廷都市マディーナ・アッザフラー*11の建設、貴重な材料でつくられた精巧な工芸品の数々、質・量ともに比類なき蔵書を誇ったカリフの図書館などから明らかなように、10世紀中葉は後ウマイヤ朝文化の頂点をなす。コルドバ大モスクも、偶発的要因や慣習によるところの大きかったそれまでと比べると、はるかに緻密で意図的なデザインがなされている。内部空間に中心性を生み出す新しい全体構成から、絢爛たるモザイク、装飾であると同時に政治的・宗教的メッセージを伝える銘文といった細部まで、ありとあらゆる要素がカリフの権威と正当性を主張する役割を担う、巨大な象徴芸術作品、それがアル・ハカム2世の増築である（図13のC部）。

　第一期拡幅に続き第二期拡幅（ただしこの少し前にアブダッラフマーン3世による前庭拡幅、ミナレット*12再建がなされた）においても、キブラ壁を南側にとった創建モスクの方角が尊重された。このことは、既存建造物を保存することが前提と考えればそれほど不思議ではない。しかし、モスクの方角はイスラーム教徒にとっては重大な問題であり、原則としてメッカの方角を向いているべきキブラ壁の向きが異なっていることが判明した際、場合によってはモスク全体の再建が行われることもある。アル・ハカム2世はわざわざイスラーム法学者アブー・イブラーヒームの意見を仰ぎ、キブラ壁の誤った方角も祖先から受け継がれてきた伝統として尊重することを決定している。

＊11　マディーナ・アッザフラー
アブダッラフマーン3世によって936年頃からコルドバの西約9kmの南側斜面に建設された宮廷都市。981年頃に放棄された。10世紀の西方イスラーム都市のあり方を示す貴重な遺構で、現在も発掘調査が続けられている。

＊12　ミナレット
モスクに設けられる塔。イスラームの五行の一つである1日5回の礼拝の呼びかけ（アザーン）をする場所として建設されるようになったが、やがてモスクの外観を形成するのに不可欠な要素となった。北アフリカやイベリア半島では方形平面のものが多い。

図14　アル・ハカム2世のミフラーブ
ミフラーブのファサードは、大きな馬蹄形アーチとそれを囲うアルフィスと呼ばれる矩形のフレームで構成され、その表面はビザンチン帝国から招かれた職人によるガラスモザイクで飾り立てられた。アーチの大きさに比して小ぶりな4本の円柱は、増築前のミフラーブから移設したもの（図12参照）。

図15　アル・ハカム2世のミフラーブ前のドーム
平天井で覆われた堂内を突き抜け、正方形ベイの上部に連続交差アーチによって八角形のリブが形成され、その中心にドーム状の頂部が載る。リブの間に設けられた高窓から入る光がモザイクで覆われたドームやリブに反射し、薄暗い堂内の深部を神秘的な光で満たす。

既存部分については増築部分に繋げるためにキブラ壁を解体したことを除き、ほとんど手を触れずに保存している点も第一期拡幅と同様で、増築部分においても、二重アーチや紅白のカラースキームといった創建モスクの規範が踏襲された。しかし、このように原則と既存部分を最大限尊重しながら、創造性と芸術的成熟の機運、そして潤沢な人的・経済的リソースを有するアル・ハカム2世は、第一期拡幅とは比べものにならないほどの大胆な解釈を試みた。創建モスクに備わっていたメカニカルな単純さと拡張可能性は2世紀弱の時を経て再解釈され、それまで存在していなかった精妙な視覚効果、豊かな装飾、ヒエラルキーが強調された多様な内部空間、緻密な意味性を手に入れたのである。

ここで第二期拡幅の特徴について細かく述べることはしないが、アル・ハカム2世がコルドバ大モスクに初めて導入した建築要素を幾つか挙げておきたい。大型化し豊かに装飾されたミフラーブ（図14）とその両脇のアーチ開口部、八芒星を描く交差リブアーチを架け採光窓を備えた中央廊周辺の四つの石造ドーム（図15）、ドームを支え空間を分節する交差アーチ（図16）、モザイク、様式化された柱頭などである。これらの新要素が集中した場所の一つが、拡幅部の起点であり、後にキリスト教徒により大聖堂の主祭壇が設けられた「ビリャビシオーサ礼拝室」である（図17）。

石造ドームを架けた複雑な建造物を支えるのに、それまで木造天井を支えているだけだった円柱と2層アーチの形式はあまりにも脆弱であった。この問題を解決するためにアル・ハカム2世の建築家が編み出したのは、円柱を束ね、アーチを交錯させることで壁体を強化するという手法であった。より堅牢な構造やまったく異なった意匠形式より、伝統的建築言語との連続性が優先された結果、独特の空間と視覚体験が生み出された。キブラ壁の手前に不自然な納まりを持つ東西方向のアーチ列が挿入されたのも、ミフラーブ前方の三つのドームをあくまでもアーチと円柱の組合せで支持するためだったと考えられる。物理的にも観念的にも既存の建築のあり方を保つという前提条件があったがために、逆に、革新的な建築的構想が生み出されたのだ。

3）第三期拡幅（990年頃）

アル・ハカム2世が没すると、侍従であったアルマンソールが後ウマイヤ朝の実権を握り、幼年のカリフ・ヒシャーム2世を傀儡化した。アルマンソールは毎夏、北部キリスト教勢力に対する遠征を繰り返して甚大な被害をもたらしたが、度重なる軍事活動は後ウマイヤ朝の体力も奪い去ることになり、その滅亡を準備する。

アルマンソールによる最後にして最大のコルドバ大モスク拡幅工事は、年代記によって記述がバラバラだが、990年前後に数年間かけて行われた。アルマンソールが拡幅を実施した理由として、ベルベル人などの流入によりイスラーム教徒人口が増加し、礼拝空間が狭隘化したため、と文献には記されている。コルドバの人口が急速に増加していたのは都市面積な

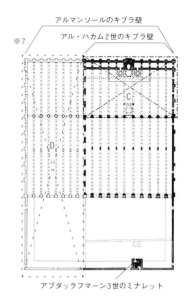

図13　第二期および第三期拡幅の復元平面図
C：アル・ハカム2世による第二期拡幅部分
D：アルマンソールによる第三期拡幅部分

図16　ミフラーブ前のドームを支える交差アーチ

図17　ビリャビシオーサ礼拝室
アル・ハカム2世拡幅部の中央廊起点となるベイ。四辺が交錯する多弁アーチで囲われ、その上部に八角形を描く交差リブドームが架けられた。

どからも明白だが、アル・ハカム2世の拡幅工事が完了してわずか20年ほどでの再拡幅が、篡奪者であるアルマンソールのあからさまな権力誇示行為であったことは否定できないだろう。

アル・ハカム2世による第二期拡幅が既存条件を最も創造的に解釈したリノベーションであったとすれば、アルマンソールのそれは、多くの研究者によって、模倣的で、安易で、雑で、冗長な操作だとされてきた。確かにそのデザイン密度はアル・ハカム2世のものと比較にはならないが、アルマンソールのやや場当たり的な増築が生み出した不規則性と隙が、長期的に見ればコルドバ大モスクの柔軟性やサステイナビリティを高めたと考えることもできなくはない。

それまで2度、ミフラーブのある南側のキブラ壁をさらに南側に伸張するというパターンで拡幅がされてきたが、3度目の拡幅では、前庭と礼拝室を含む既存構造全体の東側に8廊分が追加された。礼拝堂の面積で5,300㎡、前庭を含めると8,167㎡の増加であった（図13のD部）。大モスクの西側には街道とアルカサル（王城）が、南側にはグアダルキビル川が迫っており、アル・ハカム2世による増築部分を尊重する意味でも、南方向への増築は不可能であった。アルマンソールの建築家は、それまでの基本構成をコピーし、アーケードや扉口だけでなく、過去の増築時に残されたキブラ壁跡のピアまで再現した。しかし、図式的に見るときわめて単純明快な第三期拡幅も、決して既存建築の引き伸ばしにはならなかった。そもそも創建以来増改築を繰り返してきた既存建築自体が均質ではなかったし、そうした不均質性が独特なかたちで解釈されたからだ。

たとえば、既存部分と増築部分とは壁に穿たれた大きなアーチによって繋げられているが、このアーチの開け方は信じられないほど雑であり、アル・ハカム2世期の扉口が完全に無視されている（図18）。かと思えば、開口部の抱きやアーケード端部に円柱は欠かさず配するなど注意を払っている。端部の不規則な部分は円柱間のピッチを狭めて三葉形アーチで調整する（図19）などしているのに、ところどころで円柱の配置が既存部分と完全にずれてしまっている。第三期拡幅においては、本来煉瓦と石の迫石を交互に配していたアーチをすべて石造とし、迫石に赤い漆喰を塗って紅白が再現された（図20）。また、簡略化されたコリント式とコンポジット式の柱頭ならびに柱身がこの増築部分のために新造された。

後ウマイヤ朝期、創建モスクを物理的に保全することに疑いの余地はまったくなく、また、その建築システムを各時期の解釈で踏襲することも基本条件となっていたように見受けられる。にもかかわらず、それぞれの資質や思惑の差異からさまざまなヴァリエーションが生まれ、コルドバ大モスクは200年かけて、ゆっくりと、一見均質に見える不均質な空間を生み出していった。アル・ハカム2世の緻密な建築は、コルドバ大モスクの最高傑作だが、それがキリスト教化以降も生き残ることを可能にしたのは、創建モスクの単純さに回帰しながら、建物全体に大きな余裕を与え、未来の再改築にも含みを残したアルマンソール増築部分なのかもしれない。

図18　アル・ハカム2世増築部分の東側ファサード
現在堂内となっているアルマンソール増築部分側からの眺め。アーチの左側がえぐられた扉口の痕跡は、かつては塗り込められており、20世紀になって発見された。

図20　煉瓦を擬して赤く彩色した石造アーチ
創建時と第一期拡幅時、アーチの紅白の縞模様は煉瓦と切石を交互に配してつくり出されていた。アル・ハカム2世の増築になると、2層アーチの下側では引き続き煉瓦が使用されたが、上側は化粧タイルに置き換えられた。アルマンソール期になると煉瓦は用いられず、石造アーチの表面に赤い塗装が施されて紅白の縞模様がつくり出された。

図19　創建時部分からアルマンソール増築部分を望む
円柱列の位置を創建時に合わせているが、前庭側の壁の厚みが異なるため端部だけピッチが短くなっている。アーチの幅を狭めて三葉形にすることで収めている（写真奥側）。

大聖堂になった大モスク（1236年）

> 「これはスペインのムーア人たちのモスクの中で、もっとも完成度が高く、もっとも気品のある最良のものでした」
> （ドン・フアン・マヌエル『ルカノール伯爵』1330 - 35年）

　アルマンソールによる拡幅から240年ほどが経過した1236年6月29日、カスティーリャ王フェルナンド3世の手に落ちたコルドバの大モスクは、聖母マリアに奉献されたキリスト教会堂となった。以降、キリスト教徒の手によって無数の改変が加えられることになるものの、コルドバ大モスクは取り壊されることなく今日まで保全されてきた。建築保存論や文化遺産の概念が生まれるずっと前から、その建築は賞揚され、維持修理が行われていた。

1）主廊のない教会堂

　キリスト教徒は、第二期拡幅部分で中央廊の起点を示していたドームのあるベイに主祭壇を配置した。後のビリャビシオーサ礼拝室である（図21・図17参照）。1607年に完成を見た新身廊部（クルセーロ）に移設されるまで主祭壇はこの位置にあり、その西側が身廊部と見立てられた。南側に

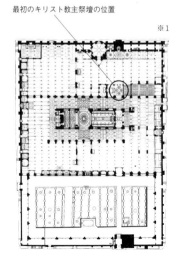

最初のキリスト教主祭壇の位置

※1

図21　現状平面における、当初のキリスト教主祭壇の位置（後のビリャビシオーサ礼拝室）

あるミフラーブとその前方の空間がそのまま主空間に見立てられるのではなく、広大な内部空間の中から内陣にふさわしい場所が東側にくるような区画が確保されることで、モスクからキリスト教会堂への読み替えが行われたのは興味深い。身廊部といっても東西方向に開けた空間は存在せず、キリスト教徒は2層アーチが連なるアル・ハカム2世増築部分を単に横向きに用いていたにすぎない。

　そうこうする内に、大モスクが大聖堂となってからさらに240年はどが経過する。巨大な旧大モスク＝大聖堂の各所で徐々に変化が起こってはいたが、いまだ教会堂の中心をなす身廊部は、単に横断方向に用いられた

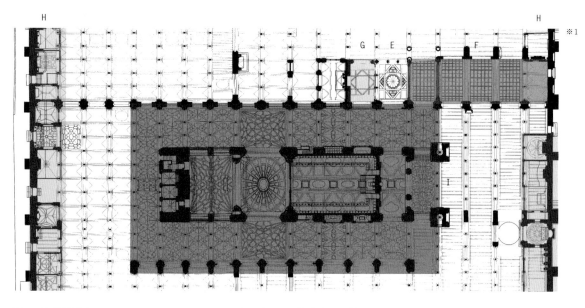

図22　現状平面図における、
大聖堂への改築概要

E：ビリャビシオーサ礼拝室（960年代）
F：身廊（1489年）
G：王室礼拝室（1371年）

H：周壁の内側に礼拝室を設ける（13-14世紀以降）
I：新身廊部（クルセーロ、1523-1607年）

図23　15世紀末建設の身廊部（図22のF部）からビリャビシオーサ礼拝室（図22のE部）を望む
従来の天井の向きに対して横断方向に、1段高くヴォールト状の木造天井が架けられた。

図24　周壁の内側につくられた礼拝室群（図22のH部（右側）の一部）

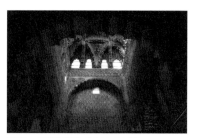

図25　王室礼拝室（図22のG部）
八芒星を編み出す交差リブなど隣接するビリャビシオーサ礼拝室と構成がよく似ているが、スタッコなどの技法や細かい文様で室内の表面を埋め尽くす装飾スタイルは、アルハンブラ宮殿に代表される14世紀ナスル朝建築の特徴である。

10世紀のモスクの一部であった。しかし、15世紀末のコルドバ司教イニゴ・マンリーケがもっと開放的で連続性のある主祭室の建設を決断する。1489年、ビリャビシオーサ礼拝室と同程度の高さの木造天井を架け、高窓を備えた身廊部が、同礼拝室の西側に建造された。円柱とアーチが取り除かれ、礼拝室西側の交差アーチ・スクリーンは撤去、ゴシックの横断アーチが建設され、西小壁には小ぶりのバラ窓が配された（図23）。いわば単廊式のゴシック教会堂がコルドバ大モスクの構造を突き抜けて突然現れたようなもので、モスクのモジュールを考えてつくったわけではなく、そのため一部不規則に歪んでいる（図22のF部参照）。これは、コルドバ大モスクの構造を部分的ながら根本的に破壊することでつくられた最初の介入事例であった。

2) インフィルとしての礼拝室群

　大モスクが大聖堂となりまず起こったことは、モスク時代の多くの開口部が塞がれると同時に、周壁の内側が有用なスペースと認識されたことである。カスティーリャ貴族の菩提寺として機能したコルドバ大聖堂には無数の礼拝室が設置されていくが、その大半はこうした周壁の内側を占有するかたちであった。ミフラーブも1368年に一貴族の礼拝室となった。家具あるいは建具レベルで起こったこうした占拠は、大モスクの建築構造を破壊するというより、その空間にそれまでとは異なった有用性を見出したにすぎない。礼拝室は大モスクの構造という骨組みをほとんど改変することなく、骨組みと骨組みの間に収まる形で増殖していった（図24）。

　こうした中世後期の礼拝室の一つが、1371年に建設された王室礼拝室である。主祭壇があるビリャビシオーサ礼拝室の東隣、つまり内陣の奥という絶好の場所に、ビリャビシオーサ礼拝室と同じく廊一つアーチ3スパン分のスペースが、カスティーリャ王室のために確保された。南北に長い長方形平面の中央部が高く持ち上げられて、採光窓を備えた正方形平面のドーム状天井となっており、入り組んだ断面の交差リブアーチやムカルナス*13 などイスラーム風建築装飾で全体が覆われている（図25）。様式的には当時のイスラーム建築の直輸入で、構成もビリャビシオーサ礼拝室のそれを応用したものではあったが、閉鎖的で自立した空間は、モスクの連続的で流動的な内部空間を分断することになった。その後続いていく大きな変化の前兆を、この王室礼拝室の建設に見ることができる。

3) 中世における変化と保全

　14世紀後半に王室礼拝室、15世紀末に身廊部（図22のF部）といったように、ビリャビシオーサ礼拝室周辺で重要な改築がなされてはいたが、16世紀初頭までのコルドバ大聖堂は、建築的にはほとんど大モスク時代と変化はなかった。広い堂内のあちこちで礼拝室の建設が行われていたが、内部空間全体への影響はわずかであった。むしろキリスト教徒がコルドバ「大モスク」の姿を維持することに関心を持っていたらしいことは、修理のため

*13　ムカルナス
アルハンブラ宮殿やイランのエスファハーンなど、イスラーム建築に広く見られる凹曲面形の小部品からなる階段状の装飾。ドームの内殻などに用いられる。

の労役を命じた王令などの記録が物語る。1263年12月13日には、アルフォンソ10世がコルドバ在住のイスラーム教徒の建設業従事者に対し、コルドバ大聖堂維持修理のための年2日の労役を命じている。

変容する世界と建築

　16世紀、コルドバ大モスク＝大聖堂の命運が大きく転回する。変化をもたらしたのは、スペインの新たな支配者となったハプスブルク家の皇帝カール5世（スペイン国王カルロス1世）である。新しい王朝は、新しい時代の到来を喧伝する格好のメディアとして建築を積極的に活用した。このような流れのなか、グラナダのアルハンブラ城内にイタリア・ルネサンス様式の宮殿が計画され（図26）、コルドバ大聖堂においても、それまでのマイナーチェンジとは比較にならない大改築計画が浮上した。コルドバでは、旧大モスクの中心部に明るく広々としたルネサンス建築が建設され、堂内の印象は一変し、外観も様変わりした。

　しかし、16世紀の大改築プロジェクトでさえ、かつての大モスクの一部分を破壊したにすぎない。18世紀末、スペイン・イスラーム建築に対する再評価が始まり、19世紀に「修復」の概念がもたらされると、残されていたコルドバ大モスクは保存修復されるべき国家レベルの文化遺産とみなされるようになり、華々しく復権した。19世紀の時点で1,000年間の増改築が集積されていた大モスク＝大聖堂であったが、当初は10世紀のイスラーム建築こそが修復すべき理想の状態だと考えられたため、バロック期の改変箇所が次々と取り除かれ、イスラーム風デザインの部位が新たに付加された。

1）保存派 vs 開発派（1523年）

　1523年春、コルドバ市民にとって寝耳に水の大事件が起きた。大聖堂

図26　グラナダ・アルハンブラ宮殿内のカール5世宮
16世紀初頭にカール5世の命で建設されたイタリア・ルネサンス様式の建築。円形の中庭を囲う2層のファサードは下階がトスカーナ式、上階がイオニア式の列柱となっている（章末事例参照）。

表2　保存派と開発派の対立経緯（1523年）

4/14	大聖堂参事会が、新身廊部（クルセーロ）で働いている棟梁の宿泊施設として、空き家になっていた近傍の旧病院施設を提供
4/26	大量の石灰と切石の発注がかかる（7/25に納品のこと）
4/29	大聖堂＝旧大モスクの改築を聞きつけた市議会が大聖堂参事会に対し抗議。理由は以下の通り （1）礼拝室や墓地を有している貴族に不利益 （2）世界に一つしかない建築である （3）王室礼拝室にも不利益がある可能性があり、王の許可が必要
5/2	市が大聖堂参事会に対して改築差止めの要求、大聖堂参事会はこれを市の管轄外だと拒否
5/4	市の有力者が、王の許可が出る前に工事に参加する職人は死刑にして財産を差し押さえると市民に告知。「壊されそうになっている建築は非常によいものであり、一度壊してしまったらその素晴らしい姿をもとに戻すことは不可能」（市民には貴族の礼拝室うんぬんは伏せる）
5/8	大聖堂参事会、工事の邪魔をする者を破門にすると宣言
6/6	市がカール5世に上訴（建築美については触れず、礼拝室の問題を述べる）
6/15	石灰購入の再契約が結ばれる（死刑の脅し効かず）
7/9	王立大審問院が破門の取下げを命ずる
7/14	カール5世が大審問院の書類にサイン。工事差止めには触れず
8/31	司教アロンソ・マンリーケがセビーリャ大司教に昇格
9/7	取壊しが終わり、新身廊部建設始まる

参事会が、突如、大聖堂の大規模改築工事を始めたのである。驚いた市民は、市議会を通じて大聖堂参事会に猛抗議し、保存運動を展開した。参事会に指示を与えていたのは、1516年にコルドバ司教に任命されたカール5世の側近アロンソ・マンリーケであった。マンリーケは、聖歌隊席が教会堂の端にあるのはおかしいので修正すべきであるとして、大聖堂参事会にコルドバ大聖堂の改築を提案していたのである。1523年の春から秋にかけての半年間、保存派と開発派の対立は表2に示すようにヒートアップした。

　このタイムラインに見られるように、大モスク保存運動は不発に終わった。市民に騒がれないよう、解体工事が始まるまで改築計画を隠蔽した参事会の計略が功を奏したともいえるが、そもそも施主側の最高責任者であるマンリーケ司教がカール5世の側近であり、工事の途中で昇格までしている。王に直訴するという最終手段も無効化された市議会側に勝ち目はなかったのかもしれない。改築工事を止めなかったカール5世は、後に実際の工事状況を見て失望したというが、覆水盆に返らず。大モスク＝大聖堂の姿は500年ぶりに大きく変貌した。

　1523年秋に着工し、1607年に竣工した新身廊部（クルセーロ＝交差部）の設計は、エルナン・ルイスという同名の親・子・孫の3代によってなされた。後期ゴシックからルネサンス、ルネサンスからマニエリスムへと、様式は徐々に変化したが、装飾的な作風は3世代にわたって一貫性を保っている（図27）。一方、創建モスクの南東部分6廊3アーチ分とその周辺、第一期拡幅部分の東側7廊全体、そして第三期拡幅部分の中央部分4廊分を犠牲にして建設された16世紀の増築部と、その周囲に残された8〜10世紀の後ウマイヤ朝建築との様式的なギャップはいちじるしい（図28）。巨大

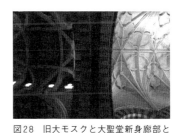

図28　旧大モスクと大聖堂新身廊部との境目
薄暗い、「円柱の森」に忽然と現れる光に満たされた空間

図27　新身廊部（クルセーロ）
旧大モスクの中央部分につくられたルネサンス様式の建築（図22の1部）。白を基調とし、広々とした堂内は高窓から差し込む光で満たされ、薄暗闇の中を円柱が林立する大モスクの内部では異質の開放的な空間となっている。

な異物に堂内のちょうど中央部分を占有されたコルドバ大モスクの内部空間は激変した。貴重な初期イスラーム建築の破壊と変質をもたらした新身廊部の建設は、文化遺産としての大モスクにネガティブな効果をもたらしたというのが、一般的な見解であろう。

これに対し、建築家A.カピテールは、この改築プロジェクトが実は一般に考えられているほど乱暴な行為ではないと指摘する。たとえば、新身廊部の平面は、もともとの大モスクの壁の位置や、規則的に並ぶ円柱列のモデュールに合わせて決定されている（図22のI部）。大モスク時代の木造小屋組よりもはるかに重い上部構造を支えるためには分厚い壁が必要だが、そのために大モスクの歴代の周壁の名残が最大限活用されている。既存のアーチが3連を1組として側廊の空間に組み込まれ、旧大モスク部分とのバッファゾーンとされている（図29）、といった具合である。外観（図30）を見てみると、シルエットは大きく変わってしまったが、飛梁を用いることで応力を効率よくピアに伝え、補強による内部空間の変化を抑えていることがわかる。ルネサンスの建築家たちは、既存の構成を読み取って、それを効率よく活かす戦略に徹していたのである。8世紀の創建モスクや10世紀のアル・ハカム2世増築部分の大半が今日まで伝えられたのは、一見暴力的な新身廊部のリノベーションが、このようなかたちで建設されたおかげだと言ったら、言いすぎだろうか。

2）それでもモスクは残った

1586年、新身廊部と新主祭室の建設が進むなか、アルマンソール増築部分の南東隅部3廊4アーチを閉じた礼拝室としたサグラリオ礼拝室（図31）が完成している。天井を交差リブヴォールトに変更し、イタリア人画家の手でアーチをマニエリスム様式の壁画で覆い尽くしたものであったが、大規模な建築の破壊を伴った新身廊部とは異なり、こちらは既存のアーチや柱がすべてそのまま保存された（図32）。旧大モスクの広大な内部空間で持て余され気味の周縁部では、このような礼拝室の設置や改修がバロック期を通じて繰り返された。18世紀にはまた、堂内各所で10世紀の木造天井が白漆喰の擬ヴォールトに変更され、一部のベイには採光窓が設置された（図33）。

図29　既存のアーチを組み込んだ新身廊部
旧大モスクのアーチ三つが1組として組み込まれている。

図30　コルドバ大モスク外観
モスク時代にはアル・ハカム2世期のドームなどがわずかに突出するだけで、単純な形状の屋根が広がっていたが、新身廊部はこの屋根の中央部分に市内遠方からもよく見える巨大な量塊を生み出し、建築のシルエットを大きく変えた。

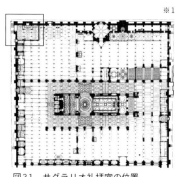

図31　サグラリオ礼拝室の位置

図32　サグラリオ礼拝室内観

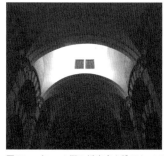

図33　バロック期の採光窓を設けたベイ

このように、その時々のニーズに応じた部分的改修を受けながら使われていた17〜18世紀のコルドバ大聖堂の扱いが、18世紀末に大きく転換する。サン・フェルナンド王立芸術アカデミーによる『スペインのアラブ古遺物』の出版（1787-1804年）などを契機に、国内外でスペイン・イスラーム建築の再評価が始まったのである。コルドバ「大聖堂」は、再びコルドバ「大モスク」として称賛されるようになり、調査研究が開始され、過去の姿の復元が試みられるようになった。もっとも、当初コルドバ大モスクにおいて行われた「修復」は専門家によるものではなく、1815〜19年に行われたミフラーブの修復責任者パトリシオ・フリエールは、大聖堂のオルガン奏者だった。公式の修復事業がスタートしたのは同じイスラーム建築遺産であるアルハンブラ宮殿と比べても遅く、ベラスケス・ボスコが修復建築家となった19世紀末のことである。

　1887年から没年までコルドバ大モスク＝大聖堂の保存修復事業を率いた建築家リカルド・ベラスケス・ボスコ（1843-1923年）は、木造天井や扉口を後ウマイヤ朝期のスタイルで復元した。その修復は、厳密な考証に基づかない創作が多いと後には批判も受けたが、現在の大モスク＝大聖堂の維持保全体制を確立し、後世の付加物で把握が困難になっていた大モスクのイメージを復権した立役者である。

　ベラスケス・ボスコ没後、保存修復事業は歴代の建築家や考古学者に脈々と引き継がれ、今日に至る。歴史芸術遺産としての評価が確立したコルドバ大モスク＝大聖堂は、その各部を構成する様式名や建設年代でラベリングされ、以後ほぼ変化していないという前提で語られる。だが、保存修復事業の指針は徐々に変化し、現在では、大モスク建設以前の教会堂遺構から、ベラスケス・ボスコが導入した鉄骨造の屋根架構（図34）までが、保存修復の対象となっている。ある意味、コルドバ大モスク＝大聖堂は19世紀以降も変化を続けているのである。

図34　鉄骨造の屋根架構
19世紀末から20世紀初頭にかけてコルドバ大モスクの修復を担当したベラスケス・ボスコは、傷んだ屋根の一部を修理する際、小屋組に鉄骨を用いた。現在ではこうした最初期の修復箇所も保存の対象となっている。

3）変わり続けることで、生き続ける

　コルドバ大モスクが、世界的にも類例のない、稀有な建築であることは疑いようがない。しかし、再利用から創造されたこと、増改築によって保全されてきたこと、イスラーム教とキリスト教という二つの宗教の痕跡が共存していること自体は、実はそれほど稀有なことでもない。たとえば、いつ竣工したか、という問いに答えることができないという点は、実はほとんどの歴史的建造物にも多かれ少なかれ当てはまることではないだろうか。

　建築家ラファエル・モネオは「建物の一生」と題したエッセイの中で、ある一瞬の姿で建物を凍結保存することに疑問を呈し、コルドバ大モスクのように変わり続けて生き続けることこそ、建築の自然な姿であると主張した。どんな建物でも、何かしらの既存要素を再利用することから誕生し、何かしらの改変を被りながら、コルドバ大モスクのように時間の中を生き続けるものなのではないだろうか。われわれは建築を、そのような時間軸に開かれた体系として捉え直すべきではないだろうか。

リノベーション作品としてのイスラーム建築

7世紀にアラビアの砂漠に興ったイスラームは、わずか1世紀後にはイベリア半島から中央アジアまでの広大なエリアを版図に収めていた。各地の豊かな建築遺産を基本としながら独自の発展を遂げたイスラーム建築を、リノベーションという視点から検討してみよう。

ダマスカスの大モスク

　イスラーム勢力は、征服地の既存建築を積極的に活用した。最初期の政治と文化の中心シリアでも、ヘレニズム、ローマ、ビザンチン期の建築遺産がイスラームの到来によって新たな役割を与えられた。661年にウマイヤ朝の首都となったダマスカスで、大モスクの敷地として選ばれたのは古代ローマ時代のユピテル神殿の跡地だった。征服時は神殿の周壁が残っており、その内部にキリスト教の聖ヨハネ教会が建っていた。当初、イスラーム教徒はキリスト教徒と敷地を共有し、一説には教会堂はキリスト教徒に使わせたまま、礼拝には周壁南側の柱廊を用いたという。706年に第6代カリフのワリード1世が教会堂を含む全敷地を買い上げて大モスクを全面的に再建したが、四隅の塔や門を含む古代ローマ期の周壁がほぼそのまま残り、堂内外で古代ローマやビザンチンのスポリアが用いられた（図1）。

図1　ダマスカス大モスク内観
上：2007年の様子
下：1893年の火災以前の様子。
19世紀末の火災で焼失した後に復元された礼拝室の列柱（上）は、スポリアらしき不揃いの円柱が並ぶ火災前の状態を描いた版画（下）と比べると均質に揃えられている。

※9

ルクソール神殿のアブー・イル・ハッガーグ・モスク

　シリア以外でもイスラーム以前の建築遺産がイスラーム教徒によって転用された事例は枚挙に暇がないが、建築遺産の質・量ともに他の追随を許さないのはエジプトであろう。古代エジプト文明が築いた数多くの建造物群が文化財とみなされるようになったのは19世紀以降のことで、それまでは社会のニーズに合わせて特にその部材が再利用されていた（図1）。

　上エジプトの古都テーベ（現在のルクソール）にある新王国時代を代表する建築であるルクソール神殿も、この例外ではない。1.5kmほど北方にある古寺カルナック神殿の主神と同じアメンに捧げられたこの神殿は、紀元前1390年頃、アメンホテプ3世によって創建された。現在のメインゲートである巨大なパイロン（塔門）とその手前にそびえるオベリスク（図2）、大中庭などがラムセス2世によって増築されたのは創建から約100年後、その後さらに1,000年近く経ってアレクサンダー大王によって聖舟を祀る御堂のリノベーションがなされている。

　古代エジプト王朝滅亡後、4世紀頃にルクソールがキリスト教化すると、この神殿の内外には複数のキリスト教会堂が建設され、アメンホテプ3世の列柱ホールも教会堂に転用された。ラムセス2世の大中庭内部、13世紀にアブー・イル・ハッガーグと呼ばれる高名なイスラーム聖者が修行を行った道場の付近にも、このような教会堂が存在したようだ。1244年に没したこの聖者が自身の道場に埋葬されると、その場所はすぐに崇敬の対象となり、1257年に同じ場所に墓廟が建てられ、その脇にモスクが建設された。同モスクは19世紀半ばに増築されたが、キブラ側の半分が13世紀の建設と考えられている。モスクの構造にはラムセス2世の中庭を囲っている列柱がほぼそのまま用いられているが、発掘が始まる1884年までルクソール神殿は砂に埋もれていたので、モスクの床面は古代神殿の床面より9mも高く、モスクの内部には古

代の巨大な列柱の頂部だけが並ぶ不思議な光景が広がる（図3）。ミンバル右側の窪みはこうした柱の一つをくり抜いたもので、もともと教会堂のアプスとしてつくられ、イスラーム化以後にミフラーブに読み替えられたものと推察される（図4）。

図1　スルタン・バルクークのマドラサ（カイロ、1386年）
赤花崗岩製大円柱は古代建築からの再利用

図2　ルクソール神殿のオベリスクと第一パイロン
もともと対になっていたオベリスクの片方は1836年からパリのコンコルド広場にある（第8章p.131参照）。

図3　左：アブー・イル・ハッガーグ・
モスクの内観。
図4　右：同、ミンバル脇の窪み
19世紀のミフラーブが別にある。

エスファハーンの金曜モスク

イスラームが広まるなかで各地に建設された金曜モスク（大モスク）は、キリスト教会堂よりも内部空間の一体性に対する制限が少ないこともあり、イスラーム教徒人口の増大や都市の発展を受けて、コルドバ大モスクのように繰り返し増築されることが一般的であった。こうして長い時間をかけて建設されたイスラーム建築の中でも、主に11世紀から17世紀にかけて歴史の蓄積を尊重しながら創意あふれるリノベーションを重ね、壮大で複雑な建築をつくり上げたのが、イランのエスファハーンの金曜モスクである。

8世紀におそらくゾロアスター教の寺院跡地に創建されたこのモスクは、セルジューク朝期（11－12世紀）に大きく改変され、現存する巨大建築の主要部はこの時期のものである（図1）。この建築は、木造の屋根を架けた列柱ホールを中心とする古典的なモスク形式を離れ、四つのイーワーン*を備えた壮麗な中庭を中心に空間を構成する新しい形式を採用した革新的なもので、後世のイスラーム建築に多大なる影響を与えた。

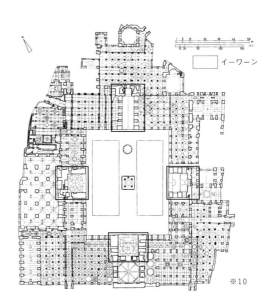

※10

図1　エスファハーンの金曜モスク全体平面図

セルジューク朝の為政者たちは、まず既存の列柱ホール内に一連の精巧な煉瓦造ドームを建造することで、部分的なリノベーションに着手したが、1121年の大火災の後になると、礼拝室全体にヴォールト天井を架け、中庭ファサードを再構成するなど、全面的につくり替えていった。四つの壮麗なイーワーンは、中庭を儀礼にふさわしいモニュメンタルな空間に変容させるとともに、内部と外部との間に空間的連続性を生み出した（図2）。

　16世紀末、エスファハーンがサファヴィー朝の首都となったとき、セルジューク朝期以降も断続的にリノベーションされ続けてきた金曜モスクは、周辺の都市建築と一体化した巨大な建造物集合体となっていた。サファヴィー朝の為政者たちは金曜モスクからは少し離れた場所に王宮や王のモスクなどのモニュメントを新築し、都市広場を整備して新たな権威を誇示したが、古都エスファハーンの象徴である金曜モスクの美化にもいそしんだ。ティムール朝期の改修でタイルが貼られていた中庭のイーワーンには、サファヴィー朝期にはさらにタイル仕上げのムカルナス・ヴォールトが加えられ、セルジューク建築を特徴づける煉瓦露わしのイメージを一新した（図3）。

※11

＊イーワーン
イスラーム建築でファサードに設けられる大きなヴォールトを架けた空間で、エントランスのキャノピーとして、あるいは中庭に面した半屋外ホールとして用いられる。ペルシャ起源とされる。

図2　エスファハーンの金曜モスク
中庭とイーワーン

※11

図3　イーワーンのヴォールト部分　タイル仕上げのムカルナス

グラナダのアルハンブラ宮殿

　イスラーム建築はモスクに限らない。キリスト教ヨーロッパより早い時期から華麗な宮廷文化が華開いたイスラーム文化圏においては、各地で壮麗な宮殿建築がつくられた。こうした中世イスラーム宮廷文化の精華を今に伝えるのが、イベリア半島南東部グラナダのアルハンブラ宮殿である。「赤い城」を意味するアルハンブラは、グラナダ市街を見下ろす岩壁の上に11世紀頃から断続的に建造された要塞であるが、ナスル朝（1232－1492年）下、特に14世紀に建造された王宮主要部分の繊細な建築空間が、世界で最も美しい宮殿の一つとして名高い（図1）。

　ナスル宮の主要部分は3期にかけて建設された。現在西から東に向かってメスアール宮、コマレス宮、ライオン宮と呼ばれており、それぞれが半ば独立したエリアを形成していた（図2）。最も古いのはイスマーイール1世（在位1314－25年）によって建設された西側のメスアール宮で、謁見などに用いられたメスアールの間が現存する。ただそのメスアールの間も、イスマーイールの孫ムハンマド5世によって改修され、後に16世紀にキリスト教の礼拝室に転用された際にさらに大きな改変を被った。

　メスアールの間を抜けるとこぢんまりとした中庭があり、そこから徐々にナスル宮の深奥に入り込んでいく。イスマーイール1世の後、その子ユースフ1世（在位1333－54年）は主にコマレス宮（図3）、さらにその子ムハンマド5世（在位1354－59、1362－91年）は主にライオン宮（図4）を建設した。しかし、ムハンマド5世の建築的介入は随所に及んでおり、イスマーイールの第一期とユースフの第二期の隙間の空間「黄金の間のパティオ」に面したコマレス宮の「ファサード」は、1370年に建設が命じられている（図5）。アルハンブラ宮殿の空間構成の特徴の一つは、隣り合うエリア同士の接続にクランクやちょっとしたレベル差などが駆使され、方向感覚や空間認識を歪ませるかのように全体が連続している点で、各エリア間に緩やかな繋がりと独立性、微妙な距離感が生じている。こうしたシークエンスは、増改築が重ねられたことによって生まれており、既存部分と増改築部分との不整合性やずれ

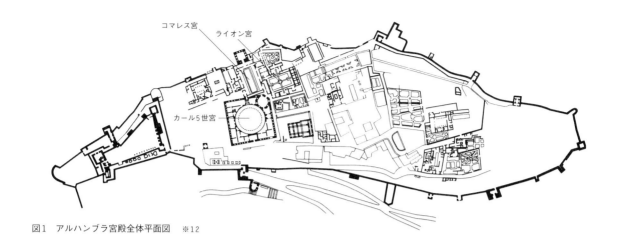

図1　アルハンブラ宮殿全体平面図　※12

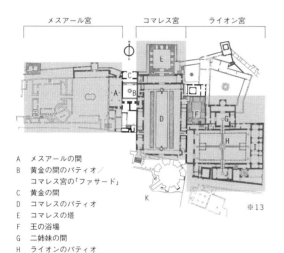

A　メスアールの間
B　黄金の間のパティオ／
　　コマレス宮の「ファサード」
C　黄金の間
D　コマレスのパティオ
E　コマレスの塔
F　王の浴場
G　二姉妹の間
H　ライオンのパティオ
I　列王の間
J　アベンセラヘスの間
K　カール5世宮

※13

図2　アルハンブラ宮殿ナスル宮平面図

図3　コマレス宮のパティオ

図4　ライオン宮のパティオ

図5　左：コマレス宮ファサード
実際のコマレス宮はこのファサードの奥にはなく、向かって左手にある。
図6　右：カール5世宮（右手：ペドロ・マチューカ設計、1526年
着工）とメスアール宮（左手）

が、実は全体としてのアルハンブラ宮殿「らしさ」を
生み出しているのである。

　15世紀末、グラナダはキリスト教徒の手に陥落し、
カスティーリャ王の宮殿の一つとなったアルハンブラ
宮殿にも変化の時が訪れた。特に、スペイン国王の座
を継承した神聖ローマ皇帝カール5世が、ナスル宮の
すぐかたわらに建設を命じたルネサンス様式のカール

5世宮は、建築様式、材料、空間構成、規模のいずれ
をとっても、それまでのアルハンブラ宮殿とは大きく
異なっていた（図6）。これ以降のアルハンブラ宮殿は、
ナスル宮とカール5世宮という二つのまったく異質
な、しかしともに非常に高く評価された建築が並立し
たまま、近代を迎えることになる。

第 3 章

古代末期から中世へ

キリスト教建築の時間変化

　建築史は一般に、時代ごとの様式の変遷史として語られる。本章で取り上げるのは主に、初期キリスト教時代、ロマネスク時代、ゴシック時代のキリスト教建築である。従来の建築史の教科書では、それらを特徴づける形態や装飾、平面形式、構造形式等によって、それぞれの様式を説明してきた。だが実際には、ある様式の典型と呼ばれるような建築であっても、隅々まで一つの様式だけで完成されているものは、中世の建築においてはほとんどない。中世のキリスト教建築では、すでにそこに建っていた、より古い時代の建物を利用しながら、少しずつ、あるいは大胆につくり変えていくような手法が多かったからである。

　本章で取り上げるのは、以下のような歴史上のリノベーションの事例である。

- 古代の建築からの部材再利用 (スポリア)
- 地下の構造体を残し、上部を建て替えた事例
- 建物を使いながら拡張した事例
- 何百年もかけて段階的に建て替えた大規模な改築事例
- ロマネスク教会堂の内陣を巨大で明るいゴシック様式に建て替えた事例

古代末期にキリスト教が公認され、この新しい宗教のためのビルディングタイプがつくられた。そのことは同時に、それまで信仰されていた神々のための神殿建築が役割を失ったことも意味していた。だが、その時に起こったことは単純なスクラップ・アンド・ビルドではなかった。あるときは構造体が再利用され、またあるときは大理石円柱などの部材がスポリアとして再利用されることで、モノとしての歴史は継承され続けたのである。

　同様のことは、その後のキリスト教建築の発展のなかでも起こり続けた。初期キリスト教時代、ロマネスク時代、ゴシック時代と、キリスト教建築は様式的に変化していった。その際、繰り返される建替え工事のなかでは、いかに使い続けながらリノベーションを実現していくかが重要だった。地下の礼拝堂や建物の一部を残して使い続けながら建て替えが進められ、また残された古い既存部分と新築された部分を、どのように繋ぎ合わせていくかが、設計上の重要な観点となっていた。

　本章では、以上のような観点から、中世の幾つかの特徴的な事例を取り上げていきたい。

本章で見ていくのは、建設に長い時間を必要とし、
さらに建設後の圧倒的に長い時間を生き続けてきた、中世の宗教的モニュメントである。
前近代の建築が、数十年から百年以上の長い時間をかけて建設されてきたことはよく知られている。
そうした状況のなかで、中世の建築工匠たちは、古い部分と新しい部分を
どのように繋ぎ合わせるかということを、丁寧に考えながら建築に向き合う必要があった。
リノベーション的な思考は、中世の建設行為においては必然だったといえるだろう。
本章ではそのような「中世的リノベーション」を見ていこう。

古代末期：キリスト教建築の誕生

　紀元後313年、ローマ皇帝コンスタンティヌス1世はキリスト教を公認し、同じ頃、サン・ジョヴァンニ・イン・ラテラノ大聖堂（旧救世主大聖堂、San Giovanni in Laterano、ローマ、313年頃）の建設が始まる。これは、ローマ帝国内で公式に建設された最初のキリスト教聖堂建築と位置づけることができるだろう。この大聖堂は中世の火災やルネサンス期におけるドメニコ・フォンタナによる大規模な改築、さらにバロック期のフランチェスコ・ボッロミーニによる改修などを経たことにより、わずかながら古代の痕跡を残すものの、全体的には当時の姿をほとんど残していない。だが、中央の身廊と両側に並ぶ側廊からなるバシリカ式[*1]と呼ばれる平面形式は、その少し後に建設された旧サン・ピエトロ大聖堂（San Pietro、ローマ、320-30年頃）に継承され、その後の西欧におけるキリスト教建築の典型的な空間形式となっていった。

　これらの建物の建設を皮切りに、4世紀以降、キリスト教のための重要な建築が次々に建設されていくことになる。一連の初期キリスト教時代の建築は、新宗教のための新たなビルディングタイプの誕生としてよく知られており、その平面形式には、バシリカ式に加えて集中式[*2]などと呼ばれる、中央にドームをいただく円形もしくは多角形平面の形式があることが知られる。

　この新たな時代に開発された新しいビルディングタイプの創案は、真新しい建築の誕生のように思われるかもしれないが、実はそこにはスポリア（部材再利用）による重要な歴史の継承が含まれていた。

　キリスト教建築の誕生という建築の新潮流の誕生、新たなビルディングタイプの登場という論点は、その社会背景として活発な建設活動を想定しがちである。しかしながら、古代末期のローマ帝国は、活発な経済活動を伴う繁栄の時代というよりもむしろ、衰退の始まりと考えられる時代であった。

　教科書的に西洋建築史の流れを語るとき、古代ギリシャやローマの神殿建築の章が終わると、次の章で初期キリスト教の建築が扱われることが多い。だが初期キリスト教の建築の建設が進められた時代に、その一つ前の章で扱われた神殿建築はどのような運命をたどったのだろうか？ 4世紀前半のキリスト教の公認、さらには4世紀末のキリスト教の国教化は、他方でギリシャ・ローマの神々への信仰に対する法的な禁止を意味していた。神殿建築そのものが違法な存在になっていったわけである。神殿建築は、神々の礼拝のために使用することが禁じられ、公共建築などの別の用途に転用されることでかろうじて生き残った。しかし、取り壊されたり、別の建物の建設のために部分的に部材を剥ぎ取られてしまった建物も少なくなかったようだ。

　上述の旧サン・ピエトロ大聖堂は、いうまでもなく初期キリスト教時代の最も重要な建築の一つである。その建物は建設から約1,100年を経て、ルネサンス時代の再開発工事により取り壊されてしまったために詳細は不

*1　バシリカ式
主に長方形平面の教会堂。長軸方向が祈りの軸線となり、その先端にしばしば半円アプス状の内陣を持つ。長軸方向には列柱が並ぶことも多く、それによって中央の身廊と両脇の側廊とが分けられる。

*2　集中式
主に多角形平面や円形平面の教会堂。洗礼堂や霊廟として使われることも多い。中央にドームを持つ構成が一般的であり、そのドームは、柱で支えられる場合や壁で支えられる場合などさまざまである。

図1　サン・ニコラ・イン・カルチェレ
教会堂（ローマ）
古代には、この地にはヤヌス、ユーノー、
スペースに捧げられた三つの神殿が建っ
ていた。現在の教会堂は11世紀頃に建
設されたもので、古代の多様な円柱が再
利用されている。

＊3　ビザンチン様式
ローマ帝国東方のビザンツ帝国を中心に
発展した建築様式。ドームを中心とした
空間構成となることが多く、インテリア
はしばしばモザイクで装飾される。

明な点が多いが、ルネサンス時代のジョルジョ・ヴァザーリは、旧サン・ピエトロ大聖堂のバシリカの円柱列は、ハドリアヌス帝の霊廟（マウソレウム）で使われていたものだったと証言している。このような、神殿やそれに類する建物からのスポリアばかりでなく（図1）、前時代の神殿建設の準備のために、あらかじめ用意されていた多数の大理石円柱の在庫処分としてのスポリアが行われた可能性も指摘できるだろう。

すなわち、ルネサンス人たちが「衰退の時代の始まり」と位置づけた古代末期に、キリスト教のための新しいビルディングタイプが登場したとき、彼らの目の前には、別の建物で使われていた（あるいは使われる予定だった）円柱が多数あり、それを利用することが可能だったのである。そして、そのことが新様式の誕生をおおいに助けたものと考えられるだろう。それは、まったく新しい建築の誕生というよりもむしろ、前時代の建築部材を継承して再利用することによって生まれた、新旧のハイブリッド建築といえるものでもあったのである。

古代から中世への橋渡し

古代末期のいわゆる「衰退の時代」は、5世紀末のローマ帝国西方では、ついに皇帝の不在をもたらした。東方のビザンツ帝国は古代以来の政治的枠組みを持続させ、6世紀の皇帝ユスティニアヌス1世は首都コンスタンティノープルで、ビザンチン様式[＊3]の傑作といわれるハギア・ソフィア大聖堂（Hagia Sophia）を完成させる。ハギア・ソフィアの建設においても、そこで用いられた大理石円柱の幾つかはスポリアであったと考えられる。また同時代のコンスタンティノープルで建設された地下貯水池（システルナ・バシリカ）で用いられた大量の円柱でも、スポリアが多用されたことが知られている。

一方の西欧では、西ヨーロッパ世界を政治的に統一し、800年に西ローマ皇帝に即位したカール大帝（シャルルマーニュ）が、古代と中世の建築を繋ぐ重要な存在といえるだろう。

476年にローマ帝国西方を統治する皇帝が不在となってから、ヨーロッパでは幾つかの勢力間の争いが続き、かつてのローマ帝国西方の広大な領土は分裂していた。8世紀前半には、ウマイヤ朝の軍勢がイベリア半島からピレネー山脈を越えて時のフランク王国の領土に侵入するが、カール・マルテルが軍を率いてこれを撃退した。その子ピピン3世が、8世紀半ばにメロヴィング朝を廃し、カロリング朝を興すことになる。カロリング朝の領土は、その息子カールの代までに西ヨーロッパの広大な範囲に拡大し、カール大帝は800年、ローマ教皇による戴冠式によってローマ皇帝を自称し、即位した。

カール大帝は、古代ローマ帝国の継承を重視したといわれる。それは後世の研究者たちにカロリング・ルネサンスと呼ばれた学芸の復古運動でもあった。彼はアーヘンで宮廷礼拝堂（図2・3）の建設を進めさせるが、この

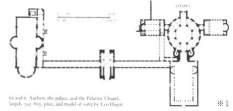

6a and b. Aachen, the palace, and the Palatine Chapel, largely 792-805, plan, and model of 1965 by Leo Hugot

※1

図2　左：アーヘンの宮廷礼拝堂
図3　上：アーヘンの宮廷礼拝堂平面図

建物のモデルになったのは、6世紀のビザンチン様式の傑作として知られるラヴェンナのサン・ヴィターレ教会堂であった。八角形平面を基本にした集中式の空間構成の形式、モザイクを多用した内部空間の装飾など、そこにはビザンチン様式建築の特徴が多く見られる。

　ある種の古代復興であるにもかかわらず、その最も重要な宮廷礼拝堂の建築のモデルにビザンチン様式の建築が選ばれたことには、15、16世紀の「ルネサンス」を学んだ目から見ると、違和感を覚えるかもしれない。確かに「ルネサンス」の観点からすれば、6世紀という古代末期の建築よりも古代盛期の建築こそが古典古代として重要であった。しかし9世紀初頭のカロリング・ルネサンスの宮廷においては、ビザンツもまたローマ帝国東方の重要な古代文化圏だったということなのであろう。カロリング朝時代の現存遺構は少ないが、9世紀初頭のジェルミニー・デ・プレ修道院（Germigny-des-Près）の建築においても、ギリシャ十字[*4]の集中式平面やビザンチン風のモザイク装飾といった特徴を見てとることができる。

　注目すべきは、カール大帝がアーヘンの宮廷礼拝堂を建てるに当たって、継承されたのは過去の「形式」ばかりではなかったという点である。それ以上に重要なものとして注目したいのは、ここでも古代の大理石円柱のスポリアが行われたという事実だ。この礼拝堂を建設させるために、わざわざ遠くローマやラヴェンナから大理石円柱を取り寄せたことが記録されている。すなわち、継承されたのは過去の「形式」ばかりでなく、過去の「物質」でもあったのである。

　カロリング・ルネサンスの建築的ハイライトとでもいうべき宮廷礼拝堂において、遠くイタリア半島から大理石円柱が取り寄せられ、使用されたという事実は、きわめて興味深い。ここでも建築の歴史は、建築形式の継承と物質的継承（スポリア）とによって実現されてきたということができるだろう。

*4　ギリシャ十字
横木と軸木が同じ長さで、両者が中央で交差する正十字。バシリカ式の平面では横木よりも軸木が長くなるラテン十字が多く見られるのに対して、ギリシャ十字の平面は集中式となることが多い。

紀元千年の建築

　「前述のちょうど1,000年目を境にして、それから2、3年の間にほとん

ど世界中で、しかし特にイタリアとガリアにおいて、そのほとんどはまだそのような手入れは必要ないように見えるのに教会の建物が建て直されるという現象が起こった。キリスト教徒のすべての国は、そこで礼拝するためのより上品な教会堂をつくろうと、互いに競い合ったのである。それはまるで世界そのものが揺さぶられ、古い時代の衣服を投げ捨て、そして辺り一面が白い教会という衣裳をまとったかのようだった。そしてすべての大聖堂の教会堂、さまざまな聖人に捧げられた修道院、そしてさらに小さい教区教会堂……これらは、本当に誠実に再建され、よりよいものにされたのだった」[※3]　　　　　（ラウール・グラベール）

　至福千年期（ミレニアム）の終わりという、キリスト教の終末思想によってもたらされた重要な歴史の転機（西暦1000年）の状況について、年代記作者ラウール・グラベールが記録したこの文章は、きわめて有名なものである。白い石材で建設された無数の教会堂を、白い衣裳を身にまとった大地に例えたこの詩的な描写は、西暦1000年直後のヨーロッパにおける、教会堂の新築ラッシュを想起させる。グラベールの記述によれば、11世紀初頭に起こったことは古い建物の建替えだったようだが、何もないところに新築されたものでない限りは、やはり既存建物との何らかの呼応があったことであろう。しかしながらこの時、過去の建物がどの程度破壊され、どの程度残されたのかについては、ほとんど知られていない。11世紀に改築・再建された建物も、その後の長い時間の中で繰り返し改築されたものが多く、当時の建設の実態を明らかにするのは難しいからだ。

　たとえば、ラウール・グラベール自身が修道士として1025年から1030年にかけて暮らしていたディジョンのサン＝ベニーニュ大修道院（St-Bénigne、Dijon）の建物は、大修道院長ギョーム・ド・ヴォルピアーノの指揮のもとで1001年から1018年にかけて建設されたものだった。その新しい建築はバシリカ式の平面の頭部にドーム架構の3層の円形建物（ロトンド）を有するきわめて特徴的なものとして有名である（図4）。しかし、12世紀の大改築、さらに13世紀末から14世紀にかけてのゴシックへの改築を経て、11世紀に建設された部分としては、ロトンドの地下部分のみが

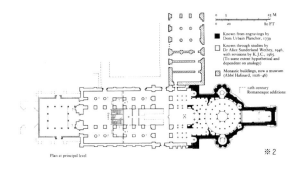

図4　サン＝ベニーニュ大修道院（ディジョン）
11世紀の復元平面図（K.J.コナントによる）

図5　同左、現存する11世紀のクリプト

図6　ノートル＝ダム・デュ・
フォール教会堂
エタンプ、12世紀

図7　同左、11世紀のクリプト

図8　オーセール大聖堂
13世紀

図9　同左、11世紀のクリプト

地下祭室（クリプト）として残っている（図5）。

　12、13世紀の改築を経て11世紀の地下祭室（クリプト）のみが残存する例は、他にも散見され、たとえばエタンプのノートル＝ダム・デュ・フォール教会堂（Notre-Dame du Fort、Etampes、図6・7）やオーセール大聖堂（Cathédrale d'Auxerre、図8・9）などでも見ることができる。ゴシック誕生の地として知られるサン＝ドニの場合、その地下祭室はさらに古いカロリング期（8–9世紀）のものであり、その上部にシュジェールによる12世紀の内陣が建設された。後述するように、12世紀から13世紀にかけては教会建築の巨大化に伴う改築工事が盛んに行われたが、その際にも既存の地下空間が再利用される例が多かったことは、興味深い点である。

クリュニー大修道院の拡張工事

　紀元千年期に大きな発展を遂げた修道院としては、クリュニー大修道院も忘れてはならない重要な存在である。910年に創設されたクリュニー大修道院は、その組織拡大に伴い、同じ世紀の後半には改築が進められ、981年には新教会堂が献堂された。その後、世紀をまたいで修道院長オディロー（994-1049年）のもとで、この新教会堂では、地中海世界から河を遡上して運搬されてきた大理石の円柱を用いて、回廊が増築された。

　　「このようにして彼は、内面的な徳行とともに、また輝かしい努力をもって、聖なる場所に建造物を建設し、改築し、装飾したのである。彼は、自らの拠点であるクリュニーの建造物を――聖堂の壁体の他は――内外ともにすべて、彼自身で改築し、各種の装飾をほどこしたのである。彼はまた最後〔の数年間〕に、大理石の円柱で飾られた素晴らしい回廊を建設したが、これはこの地域の果てからデュレントゥース〔デュランド〕河とローダヌス〔ローヌ〕河の急流を多大な労力をはらって搬んできたものである」

（クリュニー修道院長オディロー（994-1049年）伝：渡辺鴻訳[4]より）

建築史家のケネス・J・コナントは、この時期のクリュニーを第二クリュニーと命名した。だがその後、クリュニー修道院に在籍する修道士の数は、1063年から1122年までの間に73名から300名以上にまで増加したという。そのため、クリュニー修道院ではさらなる改築が進められ、修道院長ペトルス・ウェネラビリス（1122-56年）の時代には第三クリュニーと呼ばれるさらなる巨大な教会堂が完成した。それは、第二教会堂の北側に隣接する敷地で完全に新築されたものであり、旧教会堂が建つ敷地に既存建物を少しずつ取り壊しながら改築を進める中世の一般的なやり方とは大きく異なる建設プロセスであった。その新教会堂の規模は旧第二教会堂の10倍ともいわれるものであり、そもそも既存建物のリノベーション的改築で実現できるスケールのものではなかったのである。この新教会堂と回廊を隣接させるために、両者に挟まれる位置にあった旧教会堂は、身廊部分が解体され、その南側の回廊が拡張されて新教会堂に接続された。一方で、取り壊されなかった旧教会堂の内陣はそのままチャペルとして使用され続けることになったようである。

　この第二クリュニーから第三クリュニーへの改築に際して、教会堂建築がこのように大きく変化したこととは対照的に、回廊周辺の修道士たちの生活空間は大きくは変化しなかった。やはりそれは使い続けながらの改築であり、既存の建築空間を残しながら少しずつ拡張し、変化させていくプロセスだったのである。

　以上のようなクリュニー大修道院の建築の改築プロセスは、コナントの研究により、第一クリュニーから第三クリュニーまでの3段階の発展段階で理解されている。しかしW.ブラウンフェルスも指摘するように、そこには明確な3段階の建築計画があったというよりは、200年以上にわたって連続的に改築が続けられてきたプロセスだったと見ることができるだろう。3段階の建築計画は、スクラップ・アンド・ビルドをイメージさせがちだが、むしろこれは2世紀を超えて続けられた壮大なリノベーションだったのである。

最初のゴシック建築

　続いて12世紀のサン＝ドニ旧大修道院に着目してみよう。時の修道院長シュジェールは、1137年頃から1140年にかけて、まず西側のエントランス部分を改築させ、続いて1140年から1144年にかけて東側の内陣と周歩廊部分が改築された。このシュジェールが指揮をした改築事業は、ゴシック様式誕生の瞬間として、よく知られている。「ゴシック建築」の最重要建造物として言及されるこの建物を、リノベーションの観点から再考してみよう。

　そもそもサン＝ドニ教会堂の歴史は古い。3世紀半ばにパリで殉教したといわれるパリの守護聖人聖ディオニュシオスの墓所を祀るため、これまたパリの守護聖人として知られる聖女ジュヌヴィエーヴがこの地に教会堂

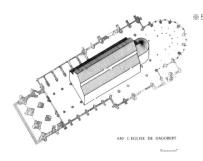
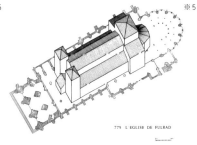
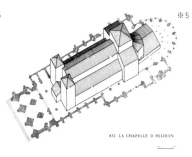

図10　ダゴベルトによるサン＝ドニ大修道院
7世紀前半

図11　フルラによるサン＝ドニ大修道院
8世紀後半

図12　イルドゥアンによるサン＝ドニ大修道院
9世紀前半

を建設させたのが5世紀後半のことと伝えられる。この5世紀の教会堂の痕跡は、現在の教会堂の地下の発掘から明らかにされている。その後、6世紀になると、メロヴィング朝のクロヴィス1世からシルデベルト1世の頃には、ジュヌヴィエーヴの教会堂の拡張工事が行われたようである。

　7世紀前半には、時の王ダゴベルトのもとで新教会堂の建設が進められ、ここにベネディクト会の修道院が創設された（図10）。この時の教会堂建設工事は、ジュヌヴィエーヴの教会堂からの建替えだったものと考えられる。ダゴベルトが没すると、その墓はこの新教会堂に設けられ、この教会堂に墓所を置く歴代フランス王の草創となった。

　8世紀後半、カロリング朝の時代になるとピピン短躯王とカール大帝（シャルルマーニュ）のもとで、修道院長フルラが再び新教会堂の建設を進めた（図11）。これは古代ローマの教会堂をモデルにしたと考えられるもので、大理石の円柱を並べた三廊式のバシリカであった。9世紀前半には修道院長イルドゥアンのもとで、クリプトの拡張工事も行われた（図12）。

　12世紀になって、シュジェールが改築の計画を立てたもとになったのは、このカロリング期の教会堂であった。12世紀当時、教会堂を訪れる信者数が激増したため、修道院長シュジェールは「そこに唯一欠けていたのは、恰度適当な大きさを持っていないことであった」[※6]と記録している。特に祝祭の日には群集たちで「氾濫を起こしかねないほどで、彼らは単に入ろうとする者を入れないだけでなく、さらにすでに入っていた者は、先に行く者の圧力で出るのを妨げられた」[※6]。そのためシュジェールが最初に計画したのは、エントランスを拡張し、身廊を延長することであった。

　このリノベーションに当たり、シュジェールはカロリング期の大理石円柱を「変化に富んだ賞賛すべき大理石の円柱」[※6]として、高く評価していた。この身廊の既存部分と調和させながら円柱列を延長するため、シュジェールは同様の「大理石か大理石と同等の材質の円柱」[※6]を入手したいと考えた。そのため「遠隔諸地域の様々な地方を調査したが、何物をも探し当てられなかったので」[※6]、シュジェールはローマの古代遺跡から大理石円柱を取り寄せる検討を始める。それは、ローマのディオクレティアヌスの浴場の遺跡から「大理石柱を、友人たちの莫大な費用を使い、さらに近

図13　サン=ドニ旧大修道院　修道院長シュジェールのもとで建設された周歩廊

くにいる敵たるサラセン人に交通税を払っても手に入れよう」※6という計画だった。

　結論からいえば、この計画は実現しなかった。シュジェールは、セーヌ川の支流オワーズ川沿いの町ポントワーズ付近の石切場にて良質の石材を見出し、これを大理石の円柱の代わりにしたのである。それは石材的には石灰岩であるが、大理石に似てきわめて堅く質の高い石灰岩であった。この石材を用いて、大理石でつくられる円柱と同じようにモノリスの円柱が制作されたのである。

　この堅い石灰岩を利用したモノリスの円柱は、1140年から1144年にかけて建設された内陣と周歩廊においてリブ・ヴォールトと組み合わされ、ゴシック建築に特有なリニアで骨組み的な構造システムをつくり出すことになった(図13)。リブ・ヴォールトとモノリスの細円柱の組合せは、その後のゴシック建築で多用されるようになる。すなわち、シュジェールが既存の歴史的な大理石円柱との調和を考えて拘泥したモノリスの円柱が、この新様式誕生における最重要の建築エレメントにもなったといえるだろう。

　シュジェールの時代に進められたのは、結局、西端における身廊の拡張とエントランスとファサードの新築(図14)、そして東端における内陣と周歩廊の建設(図15)だけであった。その両端に挟まれた身廊部分は、カロリング期に建設された300年以上前の建築空間がそのまま残されており、シュジェールは新旧の建築空間の調和を図っていた。彼自身の言葉を借りれば「このような計画を実行するに当たって、先ず第一に旧い建物と新しい建物との適合性と一貫性に意を用いた」※6ということになる。また内陣の下部には、同じくカロリング期のクリプトが残っており、シュジェールはその歴史的な地下空間と、新築の内陣とを構造的に接続することにも配慮していた。彼によれば「上部の柱とそれらを結ぶアーチとが、下部では地下祭室内のそれらの上に置かれる」※6ように、「幾何学的数学的機器類」※6

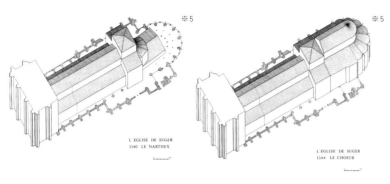

図14　シュジェールによる身廊の延長と
ファサードの建設　1137-40年

図15　シュジェールによる
内陣の建設　1140-44年

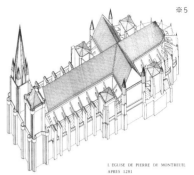

図16　ルイ9世（聖王）による改築
13世紀

を用いて「古い教会堂の中央線が、新しい拡張部分の中央線と一致」※6す
るように、丁寧に設計されたのだった。

　だが13世紀になると、今度はシュジェールが手をつけずに残した古い
部分の建替えが始まる。この13世紀の大改築は、シュジェールの時代に
建設された両端部分との調和を図った身廊の大規模リノベーションとなっ
た（図16）。もともとシュジェールの時代の東端と西端も、カロリング期の
身廊に比べて幅が大きいプロポーションとなっていたことから、12世紀
の時点で13世紀の改築工事まで見越した設計だったと見ることもできる
だろう。だが、ヴォールトの天井高さ29mという大規模な空間を実現し
た13世紀の身廊に合わせて、シュジェールが建設させた内陣までもが同
じ規模で建て直された点は想定されていなかったのではなかろうか。この
13世紀の大々的な改築の結果、内陣の規模とデザインは、身廊や交差廊
のデザインと完全に一致することとなった。だが、その内陣を取り囲む周
歩廊は、シュジェールの時代に建設された部分がそのまま残され、この新
内陣と接続されたという点はきわめて興味深い。

　東端部分全体を取り壊して新築するのではなく、既存の周歩廊と丁寧に
接続しながら、盛期ゴシックの内陣・交差廊・身廊の建築空間を実現した
この13世紀の大工事もまた、きわめて丁寧かつ大胆なリノベーションだ
ったということができるだろう（図17）。

ロマネスクからゴシックへ

　サン＝ドニ大修道院付属教会堂の東端部分（13世紀に改築された内陣
と、現存する周歩廊）の革新的な建築空間は、1144年に挙行された盛大な
献堂式を機に、フランス中へ、さらにはイングランドへとこの新デザイン
の流行を巻き起こした。多くの都市の教会堂や大聖堂が、ロマネスクから

図17　サン＝ドニ旧大修道院
右側の天井の低い部分が12世紀の周歩
廊。左側の天井の高い部分が13世紀の
内陣

図18 ソワッソン大聖堂
右側が12世紀の南袖廊、左側が13世紀
の身廊（内陣）

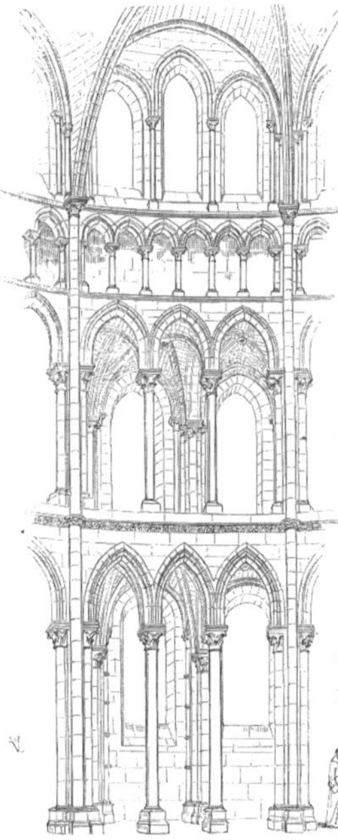

ゴシックへと改築されていったのである。

　その際、多くの教会堂では、やはりリノベーション的な改築手法が見られた。むろん、この改築を経て最終的にはロマネスク時代の建物がすべて失われ、完全にゴシック時代の建物に置き換わった例も少なくない。だがそれでもなお、建設工事に数十年を要したこれらの建替え工事においては、典礼などに使い続けるために既存部分を残しながら、別の部分を建て替えて既存部分と接続していくというやり方がとられたのである。

　たとえば12世紀後半から13世紀前半にかけて建替えが進められたソワッソン大聖堂（Cathédrale de Soissons）では、南袖廊だけが12世紀の初期ゴシック的な4層構成の内部立面を有しており、それ以外の部分は13世紀的な盛期ゴシックの3層構成の内部立面を有している（図18）。平面構成上も、南袖廊は半円アプス状の平面になっているのに対し、身廊や内陣と同様の盛期ゴシック3層構成となる北袖廊は矩形平面である。この建築には二つの異なる世紀の、異なるデザインが混在している。

　ソワッソン大聖堂では、なぜ南袖廊だけに12世紀のデザインが残されたのか、その正確な経緯は不明である。歴史をたどると、現在の大聖堂が建設される以前、9世紀初頭のカロリング期には、この地に前身となる大聖堂が建設されたことが知られており、12世紀になってこの旧聖堂の全面的な建替えが進められたものと考えられる。12世紀に建設されたのがこの南袖廊だけだったのか、それとも聖堂の全体の建設が進められたのか、この点については定かではない。いずれにせよ、13世紀初頭にはさらなる大規模な改築が進められ、結局12世紀に建設された南袖廊部分を残して、それ以外はすべて13世紀的な盛期ゴシック建築になったのだった。この新たな建設工事の間、南袖廊は内陣の代わりの典礼空間として使用された。南袖廊は、建設工事中の仮の内陣として残されたのであろう。半円アプス状のその空間は、内陣の代用となる空間として最適だったものと思われる。

　こうして最後まで残された12世紀の南袖廊と、新たに建設された13世紀の身廊の接続面のデザインはきわめて興味深い。南袖廊は大アーケード[*5]・トリビューン[*6]・トリフォリウム[*7]・高窓[*8]からなる4層構成（図19）となっているのに対し、身廊は大アーケード・トリフォリウム・高窓からなる3層構成である。ヴォールト高さも、南袖廊では約23mしかないのに対し、身廊や北袖廊は約31mとなっている。デザインもスケールも、これほど大きく異なるにもかかわらず、両者は丁寧に接続されている。南袖廊における大アーケードとトリビューンを合わせた高さと、身廊の大アーケードの高さを完全に一致させることによって、トリフォリウムの床面の高さが揃えられているのである。トリフォリウムの高さ自体は、身廊のそれのほうが高いため、トリフォリウムの上端の高さは少しずれている。しかしこの内部立面の中央付近での水平ラインの統一は、デザインの統一感と安定性に大きく寄与しているといえるだろう。

　建設に長い時間を要するゴシック建築において、中途でのデザインの変

[*7]

[*8] 高窓
（クリアストーリー）

[*7]
トリフォリウム

[*6]
トリビューン

[*5]
大アーケード

図19 ソワッソン大聖堂の南袖廊
ヴィオレ＝ル＝デュクによる

更により、ズレや歪みが生じることはしばしばである。このソワッソンの例も、無計画な中途でのデザイン変更のように見えるが、同時にそれは、典礼の継続性を担保し、複雑な建設工程の中で新旧のデザインを調和させる工夫がなされたものでもあったのだ。

　ロマネスク時代からゴシック時代へと移り変わった12〜13世紀は、ヨーロッパ全体で人口が大きく増加した時代でもあった。特に都市部では、ロマネスク期の教会堂がこの時期、より規模の大きいゴシックの大聖堂へと改築されていった。ロマネスクからゴシックへの変化は、単なる様式の変化という抽象的な現象ではなく、個別の建物の実際の建替えを伴う壮大なリノベーションの時代だったといえるだろう。むろん何もないところに新たに教会堂が建設されるという新築によるゴシック教会堂も存在したが、歴史的に重要な建物であればあるほど、そこではリノベーション的な改変が行われたのである。

　その際、ソワッソン大聖堂の場合と同様に、建設工事の最中に儀式のための空間を確保し続けることも重要だった。オーセール大聖堂の場合のように地下祭室（クリプト）があればその空間が利用される場合もあったし、ソワッソン大聖堂のように聖堂の一部がそのために利用される場合もあったわけである。

　また、一般に開口部が小さく採光が困難なロマネスクから、ステンドグラスの大開口を可能にしたゴシックへの改変は、しばしば内陣の改築が優先的に行われたようである。サン＝ドニでは、まずファサードとエントランス空間の改築がなされ、その後で内陣の改築が進められたが、多くの教会堂では内陣の改築こそが重要だった。この改変は内部空間の拡張を含む場合も多いため、ロマネスク期の身廊に比べてプロポーションの大きい内陣が建設されることになる。内陣だけの改築で終わってしまった例を見ると、たとえばモン・サン＝ミシェルの教会堂（図20）のように身廊はロマネスクで内陣だけがゴシックに改築された例は数多く見ることができる（図21）。

　ゴシック建築の歴史上、最大の天井高を誇るボーヴェ大聖堂（図22）もまた、ロマネスク期の小規模な教会堂からの大改築であった。ヴォールト高さ48mに達した13世紀の巨大なゴシック大聖堂は、ヴォールトの自然倒壊を招くなどしたため、結局13世紀の内陣と14世紀の交差廊しか建設されなかった。本来ならばこれに合わせて身廊が建設されるはずだった西側には、10世紀末の司教座聖堂の一部が残されている。二つの新旧の建築空間は、その規模があまりにも違いすぎ、また軸線もずれたためであろうか、空間的に一体化されることはなく、別の教会堂（ボーヴェ大聖堂とノートル＝ダム・ド・ラ・バス・ウーヴル教会堂）として使われている。

　以上のように、古代末期から中世に至るまで、数多くのキリスト教聖堂が建設されてきた。それらは歴史上の様式の変遷として捉えられがちであるが、同時にそれは過去の実在を継承するものであり、既存の建築空間と呼応しながら建設されてきたものでもあったわけである。

図20　モン・サン＝ミシェルの教会堂
全体的には11世紀のロマネスク様式だが、内陣のみ15世紀にゴシック様式で改築された（p.61参照）。

図21　オータン大聖堂
全体的には12世紀のロマネスク様式だが、内陣のみ15世紀にゴシック様式で改築された。

図22　ボーヴェ大聖堂（右側）とノートル＝ダム・ド・ラ・バス・ウーヴル教会堂（左手前）

長い時間をかけて変化していく中世建築

中世の建築は、先行する古代建築や地形そのものを改変したり、部材を再利用したりしながら、
長い時間をかけて変化していった。それは、繰り返されるリノベーションによって生み出された、
時間の積層が具現化された建築といえるだろう。

サンタ・コスタンツァとサンタニェーゼ・フオーリ・レ・ムーラ教会堂

初期キリスト教時代に建設された集中式教会堂の最重要事例として、サンタ・コスタンツァはよく知られる。4世紀半ばに建設された霊廟（マウソレウム）であり、2本ずつペアになった円柱列が中央のドームを支える空間構成（図2）はこの建築独特のものである。

この霊廟は、同じ頃、おそらくわずかに先行して建設されたバシリカ式教会堂に接続するかたちで建設されていた（図1）。この教会堂はこの地に埋葬された聖女アグネス（サンタニェーゼ）に捧げられた巨大な教会堂だった。しかしながらこの巨大なバシリカ式教会堂のほうは古代末期にはすっかり廃墟化してしまったと考えられる。現在もなお廃墟化した壁が大規模に残っているものの、7世紀には東に100mほど離れたところに、サンタニェーゼ・フオーリ・レ・ムーラ教会堂が建設された。

新たに建設された教会堂は、したがって、既存の建造物とは無関係に独立して建設された新築建物である。しかしこの教会堂の内部では、豊かで多様な古代の円柱のスポリアが見られる（図3・4）。身廊に面して両側に7本ずつの大アーケードの円柱が並び、上層のトリビューン階でも同じく7本ずつの円柱が立っている。これらの柱頭彫刻の形式には、コリント式とコンポジット式が混在している。また柱身の石材は、赤みがかったものや灰色のものなど、さまざまな大理石が用いられ、フルーティング（溝）のあるものもあれば、磨き上げられて滑らかな仕上げのものもある。7世紀のこの教会堂もまた、古代ローマとの密接な繋がりを、そのデザインの中に内包するものであった。

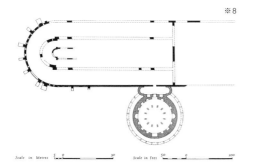

図1　4世紀のバシリカ式教会堂と、それに接続された
サンタ・コスタンツァの平面図 ※8

図2　サンタ・コスタンツァの内部

図3　サンタニェーゼ・フオーリ・レ・ムーラ教会堂　内観

図4　同、柱頭細部

モン・サン＝ミシェル

　海に浮かぶ岩山の上の修道院として有名なモン・サン＝ミシェルは、独特の地形を長い年月をかけてリノベーションし続けた特異な事例である。

　現在のモン・サン＝ミシェルの建築群の中で最も古い部分は、おそらく10世紀中頃に建設された地下のノートル＝ダム教会堂である。おそらく966年に修道院が創建された時の教会堂の遺構と考えられ、13×11mの小さな教会堂である。現在の山頂の教会堂の西側テラスの地下（中層の岩盤西側）に位置するが、創建時は山頂の教会堂として建設されたのであろう。

　11世紀には、地下のノートル＝ダム教会堂よりも1層高い部分（最上層）に、現在の教会堂の建設が始まった。ノルマン・ロマネスク様式の特徴を備える教会堂の身廊は、現在は4ベイしかないが、もともとは7ベイからなっていたと考えられる。さらに12世紀になると、モン・サン＝ミシェルの修道院建築群は、中層と最下層で西側と北側の一部に拡張していった。

　13世紀になると、さらなる大規模な増築がなされる。「驚異（La Merveille）」と呼ばれる、北側の岸壁に3層にわたって建設された部分である。最上層には「大食堂」と「回廊」、中層には「賓客の間」と「騎士の間（書写室）」、最下層には「司祭館」と「貯蔵室」が建設された。最下層ですら、海抜約60mの高さの岩盤の上に建設されたものであり、建築そのものが岩山のはるか上方の断崖絶壁のようになっていることから、この建築が巡礼者たちにとって「驚異」に感じられたのは当然のことだっただろう。

　15世紀前半には山頂の教会堂の内陣が崩落した。これは百年戦争のイギリス軍の包囲の際に、モン・サン＝ミシェルが難攻不落の砦となっていた時のことである。内陣の再建工事は1500年頃になってようやく行われ、1521年に華やかなフランボワイヤン・ゴシックの新内陣が完成した。

　近代になると、この壮大な地形のリノベーションは、

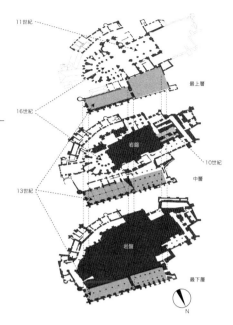

モン・サン＝ミシェルの時間化

さらに巨大スケールに発展する。19世紀後半に計画されたのは、モン・サン＝ミシェル湾を堤防で囲み、湾全体を干拓することだった。この計画は、堤防が途中まで建設された1867年の時点で放棄されたが、代わりに1870年代になると、陸地から最短距離でモン・サン＝ミシェルまで堤防で繋ぐ工事が始められる。この堤は1879年に完成し、モン・サン＝ミシェルは海に浮かぶ小島ではなく、大陸と陸続きの岩山となったのだった。20世紀初頭にはこの堤に鉄道が開通し、その後は自動車のための道路として、観光客のアクセス動線となった。

　21世紀になると、今度はこの堤防を取り壊し、湾内の干潟にかつての自然な潮の流れを取り戻そうとする工事が始まる。2014年に完了したこの工事によって、19世紀の堤は取り壊され、モン・サン＝ミシェルと大陸の間は、軽い構造の橋によって繋がれた。

　モン・サン＝ミシェルの歴史は、このように壮大な地形のリノベーションの歴史だったといえるだろう。中世には岩山のリノベーションによって建築化が進み、近代には岩山の周囲の湾までもが土木的リノベーションの対象となってきた末に、現在のモン・サン＝ミシェルがあるわけである。

都市組織をつくるリノベーション

> ルネサンスの都、フィレンツェの街はずれに建てられた中世の女子修道院跡地は、刑務所へと再利用された。
> その後、放棄された建物は、街の歴史を物語る文化的ストックとして評価され、
> 集合住宅を中心とした複合施設へと変貌しつつある。

レ・ムラーテの再生計画

　フィレンツェ歴史的中心地区の東のはずれに、大規模な再生計画が進む一角がある。ここはサンティッシマ・アンヌンツィアータ・デッレ・ムラーテ女子修道院の跡地だ。壁に囲まれた場所「レ・ムラーテ」と呼ばれた1424年創建の由緒ある修道院は、後のフランス王妃カトリーヌ・ド・メディシス（メディシス：メディチ家のフランス語読み）が少女時代を過ごした場所でもある。メディチ家の保護を受けて市内最大の女子修道院として栄えた修道院は1808年に廃止されたが、その跡地約14,500㎡は、約100年にわたって政治犯用の刑務所として再利用された。全体が高い壁で囲まれた修道院は、刑務所へのコンバージョンにぴったりの物件だったのだ。

　1985年に刑務所が郊外へ移転した後、建物は長らく放置されていたが、建築家レンゾ・ピアノによるマスタープランに基づき、2001年より大規模なリノベーションが開始された。EUからの財政援助を受けたフィレンツェ市が主体となって、レ・ムラーテは市営住宅、商業施設、公共施設、大学図書館等を含む複合施設として生まれ変わりつつある。リノベーションと新築を組み合わせて実現される集合住宅は、所得の低い若い家族向けに、約40〜90㎡の計73戸が建設される。住宅群は、閉ざされていた刑務所の中庭を都市へと開放して設けられた二つのオープンスペース、ムラーテ広場（図1）とマドンナ・デッラ・ネーヴェ広場（図7）を取り囲むように配置されている。

　ムラーテ広場は集合住宅の共用中庭であるとともに、外部の利用者を引き寄せる多目的広場としての役目を持つ。ここはさまざまな市民イベントや現代アートの展示会場としても親しまれている。広場の一角、カフェ・レッテラリオ（文学喫茶）の客が集うロッジア（柱廊）では、刑務所の窓枠を天板に再利用した洒落たテーブルが使われている（図2）。広場に置かれた木製のロッキングベンチは、フィレンツェ大学の学生たちによる手づくり作品だ。

　広場に面したBブロック外壁には金属製のベイウィンドウ（出窓）がランダムに飛び出し、現代的なアクセントを添えている。ベイウィンドウ背後の住戸は、

図1　ムラーテ広場　リノベーションされた刑務所の中庭は、集合住宅の中庭として、またイベントスペースとしても活用されている。

図2　カフェテーノル（ムラーテ広場）
刑務所の窓枠を再利用したもの。

※9

図3　監房から住戸へのコンバージョン
新設開口部を鉄骨で補強しつつ、3房を合体させて広い1室に改装する。

隣接する複数の監房を合体させたものだ。既存の壁体に設けられた新たな開口部の周囲は、鉄骨で入念に補強されている（図3）。

ムラーテ広場に面したEブロックでは、その内部空間が文字通り、都市へと開放された。建物中央を貫く囚人監視用の中央吹抜け通路（図4）は、両端の壁と天井ヴォールトが撤去され、街区を南北に貫通するヴェッキエ・カルチェリ（旧刑務所）通りへと姿を変えた（図5）。4層吹抜けの大空間は明るく広々としていて、地上階は店舗、上階には監房を改造した各住戸の入り口が並ぶ。通りの壁面に残された監房の扉（図6）は、レ・ムラーテの複雑な歴史の一面を示している。

マドンナ・デッラ・ネーヴェ広場（図7）では、住民の子供たちが歓声をあげながら遊んでいる。広場中央

に設置された長細いフォンターナ（泉）は、フィレンツェ市内を流れるアルノ川をモチーフとしたものだ。広場に面しては郷土料理を食べさせるレストランがあって、市民の人気を集めている。広場の東側には、ガラス張りのモダンなコミュニティスペースが設けられた。広場とは扁平アーチが連なる石造の壁で隔てられており、近代的な要素が歴史的な広場空間に直接面さないように配慮されている。

同広場の中で印象的なのは、前面に鉄骨バルコニーが増築されたFブロックだ。台形のバルコニーを支えつつ、斜めに立ち上がる円柱群は、再生された広場の背景を形づくる。リノベーション住宅の仕様は、欧州復興計画 E.R.P.の基準に基づいて決定された。各階2軒の住宅は、監房3室を合体させて1戸（2LDK）に改造したもので、キッチンや浴室等の水まわりは既存の片廊下内部に収められている（図8）。住戸面積は約60㎡と79㎡で、2〜4人家族での利用が想定された。市営住宅のため、家賃は近隣相場よりもかなり安価に設定されている。歴史的中心地区内の魅力的なリノベーション物件にもかかわらず、入居制限や周辺不動産との価格差など、その存在意義が地元新聞でも話題となった。

バルコニーの足下に雑然と止められた数々の自転車、手すりを彩る鉢植えの花と緑、万国旗のごとくひるがえる色鮮やかな洗濯物は、この特異な歴史を持つ建物が、新たな生活の場として、ルネサンス都市の中にしっかりと根づき始めたことを示している。

図4　リノベーション前の旧刑務所内部

図5　ヴェッキエ・カルチェリ（旧刑務所）通り

図6　通りの壁面に残された監房の扉

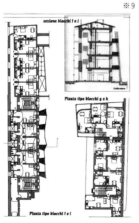

図8　マドンナ・デッラ・ネーヴェ広場に面したFブロックの平面図　新築と改修を組み合わせた住棟

図7　マドンナ・デッラ・ネーヴェ広場　都市に向けて開放され、生活の場として根づいたオープンスペース

第４章

歴史的建築の再利用と建築家の創造性

ルネサンス建築と時間の中の建築

　ルネサンスとは、その時代的特徴を古代文化の復興・再生に求めたことから名づけられた。その時代の建築もまた常に古代建築との関係性の中で論じられ、古典主義建築の一翼を担う様式として定義された。そしてわれわれは建築家ドナート・ブラマンテ[*1]のテンピエット（1502年着工、図1）をルネサンス建築の代表例として語ってきた。古代の神殿形式への参照や、オーダー[*2]というシステムの採用とその正確さ、そして同時代人によって、古代建築に比肩する出来映えとして賞賛されたことがその根拠である。

　古代文化を規範としたルネサンスの建築家たちは、矛盾にも思えるようなことを行った。熱心に古代ローマ建築を調査・記録し、時には保存しようとしつつも、新たな建築のための材料調達や、敷地の確保といった名目で、貴重な遺跡を平気で取り壊すこともあったのだ。それだけではなく、たとえば、レオン・バッティスタ・アルベルティからブラマンテ、ミケランジェロ・ブオナローティ[*3]、カルロ・マデルノ[*4]そしてジャン・ロレンツォ・ベルニーニ[*5]まで、初期近代イタリアの主要建築家たちがかかわった新サン・ピエトロ大聖堂の造営事業は、4世紀創建の旧サン・ピエトロ大聖堂[*6]をすっかり壊してしまった。これは今の文化財保護システムのもとでは決して許されない。しかし、この巨大な新大聖堂建設においても由緒ある旧大聖堂を残し、活かそうという意志が強く働いていた。

　そう言えるわけを知るためには、サン・ピエトロ大聖堂再建の原点、すなわち教皇ニコラウス５世[*7]によって初めて再建計画が練られた時に立ち返る必要がある。その計画を担ったのは15世紀の人文主義者で建築家のアルベルティであった。アルベルティのモニュメント再建に向けた実験作ともいわれるのが、アドリア海沿岸の都市リミニの聖堂、テンピオ・マラテスティアーノである。本章では、その白亜の神殿を詳しく見つつ、締めくくりに初期近代の新サン・ピエトロ大聖堂造営が旧大聖堂のリノベーションでもあるという観点を提示したい。

図1　ブラマンテによるテンピエット

本章ではルネサンスの建築家が創造行為として行ったリノベーションに焦点を当てる。
特に注目するのはアルベルティで、その実作品である
テンピオ・マラテスティアーノ（サン・フランチェスコ聖堂の改築）である。
一見は既存建築の文脈を無視した改築だが、
それはまさに過去の建築を保存しつつ活かすリノベーションの一種であった。
さらに、ルネサンスのオールスター建築家がかかわったサン・ピエトロ大聖堂の再建もまた
その視点から捉えられる。今日に続く建築家が誕生したルネサンスという時代を、
リノベーションの視点から考え直してみよう。

テンピオ・マラテスティアーノにおける新と旧、聖堂と霊廟の融合という実践

1) アルベルティの『建築論』と建築作品

　レオン・バッティスタはフィレンツェの有名貴族、アルベルティ家のもとに、1404年にジェノヴァで生まれた。幼い頃から人文主義に基づく教育を受け、古典文法や修辞学の体系を身につけた後に、大学で法学を修め、教皇庁に入った。そのままそこで書記官として勤め上げ、1472年にローマで永眠した（図2）。その職禄を糧としつつも、旺盛なアルベルティは、多くの都市国家の君主やその子供たちと交流を持った。彼らが後に建築家アルベルティの注文主となる。若い時から流麗なラテン語を綴ることで名を馳せており、芸術に関する著作、文学作品など多くの著作の中でも、最もよく知られているのは『建築論』である（図3）。古代の建築家マルクス・ウィトルーウィウス・ポッリオ[*8]の『建築十書』を換骨奪胎し、続く世代の建築家たちへの創作の道しるべを示した。アルベルティ以降、セバスティアーノ・セルリオ[*9]、ジャコモ・バロッツィ・ダ・ヴィニョーラ[*10]、アンドレア・パラーディオ[*11]など多くの建築家が建築書をしたためるようになる。

図2　アルベルティの肖像

図3　『建築論』の扉絵（バルトリ版）

　『建築論』をほとんど書き終えた時に、アルベルティは初めて実作を手がける機会を手に入れた。それがテンピオ・マラテスティアーノの改築であった。このように、アルベルティは、きわめて優れた著述家であり知識人であった人文主義者から出発し、その後に建築創作でも才能を発揮したという、ルネサンスの建築家の中では珍しいキャリアを歩んだのである。15世紀後半のイタリアの建築創作における影響は決定的で、アルベルティが死ぬまでに計画された古代風の建築の多くが、アルベルティからの直接的あるいは間接的な関与が指摘されている。ナポリのカステル・ヌオーヴォの凱旋門（図4）やウルビーノのドゥカーレ宮殿(p.76参照)、教皇ピウス2世の故郷での理想都市ピエンツァの建設(p.77参照)などがその代表例である。しかしながら、アルベルティに確実に帰すことができるのは、テンピオ・マラテスティアーノ（図5）のほかに、フィレンツェの3作品（サンタ・マリア・ノヴェッラ教会堂ファサード（図6）、ルチェッラーイ邸のファサード（図7）、旧サン・パンクラツィオ教会堂のルチェッラーイ礼拝堂（図8））と、マントヴァのサン・セバスティアーノ教会堂（図9）、サン・タンドレア教会堂（図10）の六つである。

図4　カステル・ヌオーヴォの凱旋門

＊1　Donato Bramante
1444-1514年。ウルビーノ近郊出身で画家として芸術家のキャリアを始めた後に、ミラノで初めて建築を手がけた。古代建築を参照しつつ、実験と革新を繰り返し、ローマへ移った後は並ぶ者のない建築家として活躍した。

＊2　オーダー
古代における建築設計のためのシステムの一種で、装飾的特徴や比例によって分類される。ギリシャ建築ではドリス式とイオニア式とコリント式の3種が用いられ、ローマではトスカーナ式とコンポジット式を加えた五つのオーダーが使い分けられた。ルネサンスの建築家たちはローマのオーダーを基盤に設計を進めた。

＊3　Michelangelo Buonarroti
1475-1564年。いわずと知れたルネサンスの巨匠。フィレンツェではメディチ家のモニュメントに携わり、ローマでは教皇に仕えた。その建築の特徴は、オーダーを絶対的な規則とせずに、古代建築を構成する要素を自由に翻案し独創的に組み合わせたことにある。

＊4　Carlo Maderno
1556-1629年。ルネサンスに続く、バロックの時代の端緒を飾る建築家である。サン・ピエトロ大聖堂を含め、ローマのいくつかの教会堂のファサードを刷新した。オーダーの規則からあえて逸脱し、奥行きや動きが表現されているのが、バロック的特徴である。

＊5　Gian Lorenzo Bernini
1598-1680年。ローマ・バロックを代表する芸術家で、とりわけ彫刻家として有名であるが、サン・ピエトロ広場やサン・タンドレア・アル・クイリナーレ教会堂をはじめ、数々の建築創作にも携わった。ルーヴル宮殿の改築のためにフランスに招かれるなど、その名声は広く知れわたった。

＊6　旧サン・ピエトロ大聖堂
コンスタンティヌス帝が聖ペトロの墓の上に建てさせた教会堂で、カトリック教会におけるきわめて重要なモニュメントであった。五廊式のバシリカ聖堂で、その姿はとりわけ15・16世紀に多く残されたテクストや図像によって知られる。

＊7　ニコラウス5世
在位1447-55年。本名はドマゾ・パレントゥチェリ（Tomaso Parentucelli, 1397-1455年）。文芸を愛した人物で、芸術家や学者を庇護した。ヴァティカンを、教皇を中心としたキリスト教の聖地として復興するために、多くの施策を行った。

左から：図5　テンピオ・マラテスティアーノ／図6　サンタ・マリア・ノヴェッラ教会堂／図7　パラッツォ・ルチェッラーイ／
図8　ルチェッラーイ礼拝堂の聖墳墓／図9　サン・セバスティアーノ教会堂／図10　サン・タンドレア教会堂

＊8　Marcus Vitruvius Pollio
紀元前90年頃-20年頃。ローマ共和制
末期に生まれ、初代皇帝アウグストゥス
に仕えた建築家。実作は現存しないが、
自らの名声と仕事獲得のために執筆した
『建築十書』は、古代建築の造形原理を
伝える建築書として、後世の建築家たち
によって聖書のごとくに読まれた。

＊9　Sebastiano Serlio
1475-1554年頃。図版を多く取り入れ
た実用的な建築書の先駆けを執筆。
1537年から順次発表され、全体で『建
築七書』と呼ばれる（p.79参照）。その
建築書をきっかけにフランスに招かれ、
王の居館フォンテーヌブロー城の設計に
携わった。

＊10　Jacopo Barozzi da vignola
1507-73年。古代ローマのオーダーを定
型化し明快に解説した『建築の五つのオ
ーダー』（1562年初版）は、多くの建築
家たちのマニュアルブックとなった。ま
たヴィニョーラが手がけたイエズス会の
本拠地であるイル・ジェズ教会堂は、特
にそのファサードがキリスト教会堂の雛
形として世界中に広がっていった。

＊11　Andrea Palladio
1508-80年。ヴェネト地方を中心に活躍
した建築家で、古代神殿のごとき外観を
した住宅ヴィッラ・ロトンダは、ルネサ
ンスの理想的建築の一つとして讃えられ
た。彼が著した『建築四書』（1570年初
版）は豊富な図版とともに大きな影響力
を持ち、とりわけイギリスでは熱狂的に
受容された（p.77参照）。

＊12　比例
壁面、柱、空間などを構成する要素同士、
あるいはそうした部分と全体の数的関係
や数学的秩序のこと。

＊13　マクセンティウスのバシリカ
ローマ皇帝マクセンティウスによって建
設が始まり、コンスタンティヌスが完成
させたバシリカ（集会場の一種）。重厚
な壁体とヴォールトによって実現した巨
大空間は、多くのルネサンスの建築家た
ちへの、創作の着想源となった。

　それらの建築作品を解読する鍵になるのが『建築論』だ。ウィトルーウィウスを手本とした十書構成で、構法や比例＊12、建築オーダーについての詳細、装飾の多様性、さらにはそれら数多くの選択肢の中からの適切な組合せなど、実践に役立つガイドラインでありつつ、建築の創作とは何かというテーマもまたおおいに議論される。注目すべきは、既存建築を取り壊し更地にすることを断固として否定する一節である。アルベルティは、何もない空白の土地に新たに建物を建てるというケースがそもそもまれであることを指摘し、眼前の環境を常に第一に考慮することを要求した。「取り壊さないと新しいものが建てられないというぎりぎりの時点まで、従来あるものは、そのまま保存するようにしたい」と断言したのである。つまり、アルベルティは『建築論』全体にわたって、建築の保存・修復の必要性を主張し続けており、その態度は現代の文化遺産保護の概念にも通じるとも考えられる。

　たとえば、フィレンツェのドメニコ会修道院の教会堂であるサンタ・マリア・ノヴェッラ教会堂におけるアルベルティの仕事は、ファサードのみの建設であった（図12）。その南側壁面は、14世紀中頃に工事が始まったものの低層部が少しできたところで中断しており、既存部分を残しつつ、全体を完成させるのがアルベルティの課題であった。今ではこれを別の作者に帰すことはないが、18世紀の著名な研究者はこのファサードにアルベルティの名が刻まれることを拒んだ。その根拠は、明らかにサン・ミニアート・アル・モンテ教会堂（図11）に由来するファサードのデザイン、すなわちその中世的、トスカーナ的要素であり、それが「ルネサンス」からは遠く隔たっていると考えられたからである。その折衷的な性格は、一度は否定的に捉えられたが、今日では「時間の断絶の調和」であるとして高く評価されている。古代建築に範を取りつつも、既存建築や土着の伝統を取り込んだこのファサード（図12）は、重層された時間の中でどのように建築を構築していくのか、というアルベルティの建築設計における根源的なテーマを明らかにしてくれる。ここには古代建築だけを絶対的な設計原理とする考え、すなわち純粋な古典主義は見てとれない。

　サンタ・マリア・ノヴェッラ教会堂は、古典主義者と一般的に語られるアルベルティにとっては妥協の産物であったのだろうか。ここで思い起こすべきは、新築であったサン・タンドレア教会堂もまた、古典主義という文脈だけで語ることはできないことだ。中世創建の修道院に由緒を持つサ

ン・タンドレア教会堂は、聖遺物としてキリストの血を納めていることで有名で、多くの巡礼者が訪れる聖地であった。注文主で街の君主であったルドヴィーコ・ゴンザーガは、旧教会堂を壊して大きく拡張した新教会堂の建設を意図して、アルベルティに計画を依頼したと考えられる。16世紀以降、継続して大きく手が加えられたために、現状からアルベルティの仕事すべてを明らかにすることはできないが、列柱ではなく巨大な壁体で教会堂を支える壁式構造で、マクセンティウスのバシリカ[*13]を基本形式にしつつ、そこに凱旋門のモチーフを貼りつけたように見える。しかし、平面計画や玄関廊を持つ構成などは、ラヴェンナのサン・サルヴァトーレ・イン・カルキ教会堂（テオドリクスの宮殿、図13）やミラノのサン・セポルクロ教会堂を明らかに参照している。また、アルベルティ自身がエトルリア神殿をモデルに構想したと手紙で書いているように、マントヴァの起源であるエトルリア文化にも教会堂の由緒を求めようとした。ただし、アルベルティ自身、エトルリア神殿がどのような形であったのか、定かではなかったようである。

図11　サン・ミニアート・アル・モンテ教会堂　アルベルティの引用元とされる

2）テンピオ・マラテスティアーノの建設小史：創建からアルベルティまで

アルベルティの建築創作をより具体的に明らかにするために、これからテンピオ・マラテスティアーノを詳しく見ていきたい（図14）。その教会堂の歴史を簡単に振り返ると、そもそもここには8世紀から9世紀頃にサンタ・マリア・イン・トリヴィオ教会堂があった。それはベネディクト会のポンポーザ修道院に属しており、円柱列によって仕切られた小さな三廊式の教会堂であったらしい。13世紀には修道院はフランチェスコ会の所有となり、回廊など付属諸施設が建設された。その工事と並行して、教会堂

図12　アルベルティによるサンタ・マリア・ノヴェッラ教会堂のファサード

図13　テオドリクスの宮殿

8～9世紀：三廊式教会堂

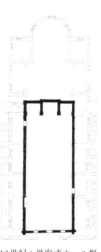

13世紀：単廊式ホール型教会堂

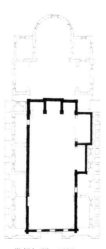

15世紀初頭：西側に二つの礼拝堂を付加

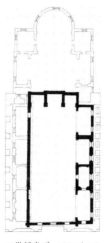

15世紀半ば、アルベルティ以前：西側にさらにもう一つの礼拝堂と聖遺物室を付加

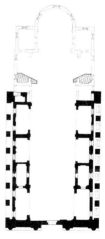

1470年頃、アルベルティ以降：東側に三つの礼拝堂と、新しい外殻を付加

図14　サンタ・マリア・イン・トリヴィオ教会堂からテンピオ・マラテスティアーノ（1460年頃）までの変遷　※4

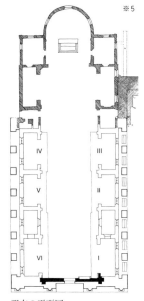

現在の平面図

■黒塗りの壁：13世紀のサン・フランチェスコ教会堂当時の壁体
■斜線部分：18世紀以降に建設された教会堂内陣
■細い実線：マッテオ・デ・パスティらによって付加された壁体と礼拝堂（アルベルティが建築顧問に着任した時点でできていた部分）
■太い実線：アルベルティの設計による新しい教会堂の外殻
Ⅰ：シジスモンドの礼拝堂
Ⅱ：イゾッタの礼拝堂
Ⅲ：12宮の礼拝堂
Ⅳ：学芸の礼拝堂
Ⅴ：子供の遊戯の礼拝堂
Ⅵ：シビッラの礼拝堂

図15　現況に残る歴史の重層性

は北側の玄関方向に拡大された。その時に身廊と側廊を区切る円柱も取り去られ、単廊式のホールのようなサン・フランチェスコ教会堂へと姿を変えた。そして、教会堂はリミニの初代領主（ポデスタ）のマラテスタ・ダ・ヴェルッキオ（1212-1312年）以来、マラテスタ家の墓地としても使用されるようになった。そして詳しい時期はわからないものの、14世紀中頃か、15世紀初頭までには、二つの礼拝堂が外陣に備えられたと考えられている。「テンピオ・マラテスティアーノ」という名前で呼ばれるようになる契機は、傭兵隊長として名高く、暴君としても知られたシジスモンド・マラテスタ（1417-68年）の時代である。シジスモンドは、1447年に教皇ニコラウス5世から、サン・フランチェスコ教会堂の改築の許可を得た。シジスモンドは教会堂内部の既存の礼拝堂を壊して、自身および彼がこよなく愛した3番目の妻イゾッタの墓を安置する礼拝堂を新設するつもりだった。しかし計画は膨らみ、二人の墓所と六つの礼拝堂が建設された。

　シジスモンドはヴェローナとフェッラーラで活躍していたマッテオ・デ・パスティ（Matte de' Pasti、?-1468年）を呼び寄せて教会堂の改築工事を始めた。1449年にはヴェネツィアからはアゴスティーノ・ディ・ドゥッチョ（Agostino di Duccio、1418-81年頃）を招き、礼拝堂の装飾を担当させた。マッテオ・デ・パスティによる礼拝堂空間は、尖頭アーチで縁取られ、天井はリブ・ヴォールトが架けられるなど、ゴシック的ともいえる。マッテオはピサネッロ（Antonio di Puccio Pisano、1390年頃-1455年頃）を師としたメダル制作者として有名である一方で、建築にどれほど造詣があったかはわからないが、彼を優れた「建築家」と顕彰する碑文が教会堂内部に残されている。アルベルティがテンピオ・マラテスティアーノの建設顧問となってからは、その指示に従いながら現場監督として活躍した。

　シジスモンドが異教的趣味に耽溺する異端者として、1462年にピウス2世に破門を言い渡されてからは、マラテスタ家は衰退の一路をたどる。破門の前年には、現場監督のマッテオ・デ・パスティがトルコに旅立っており、その頃から工事は遅々として進まなかった。1468年にはシジスモンドが死去し、教会堂は残念ながら未完成に終わった。ここで16世紀以降もたびたび改築されてきた現状平面図も確認しておこう（図15）。黒く塗りつぶした箇所は、もともとのサン・フランチェスコ教会堂の壁体である。そして、実線の部分がマッテオ・デ・パスティらによって付加された教会堂の壁体と礼拝堂であり、太線部分がアルベルティの設計による新たな教会堂の外殻である。斜線部分によって囲まれた教会堂内陣は18世紀以降に建設された。

アウグストゥスの凱旋門の引用とその意味

　シジスモンドはニコラウス5世を通して、サン・フランチェスコ教会堂刷新計画への参与をアルベルティに持ちかけていたようだ。アルベルティが計画案を提示した時期は、はっきりとはわかっておらず、1450～54年頃と推測され、さらにアルベルティがかかわり始めた頃には、すでに礼拝

堂群の建設は進んでいたと思われる。つまり教会堂内部の礼拝堂に、アルベルティの手が入っているかどうかははっきりしない。確かなのは、教会堂の外観の一新と内陣の拡張を任されたことであり、その実際を教えてくれる最も重要な資料は、マッテオ・デ・パスティが制作したテンピオ・マラテスティアーノ建設記念メダルである（図16）。

ここでアルベルティがとった手法はきわめて大胆なもので、既存建築をほぼ壊すことなく、まるで新たに服を着せるように、すっぽりと白亜の壁で覆ってしまうものであったと考えられる。南北の側壁には重厚なアーチを架け、ファサード（図17）には同じ街の市門アウグストゥスの凱旋門（図18）を明らかに引用した。ファサード上部と、内陣の外壁部分および巨大なドームに関しては、その詳細は不明であるが、このメダルを含め幾つかの材料をもとに、全体像を示す多くの完成予想図が提案されている（図19・20）。

15世紀当時、ローマとリミニを繋ぐ重要な幹線道路であるフラミニア街道から街へ入る人々は、まずこの古代の市門を目にし、次いでテンピオ・マラテスティアーノを見た。つまり、教会堂を目にした瞬間に、その凱旋門と神殿の類似に気づいたはずである。フラミニア街道がローマへと通ずる道であること、テンピオ・マラテスティアーノが1450年の聖年記念事業の一環であること、教会堂改築の許可を教皇ニコラウス5世が出していることから、アウグストゥスの凱旋門の引用は、ローマとの結びつきを強調したはずである。街の歴史を伝え、街の入り口を堂々と飾る建築を明らかなモデルにすることで、つくられるべき建築に歴史的な連続性を与えている。つまり、古代復興の機運のなかで改築が行われたがゆえに、凱旋門のモチーフを用いたという単純な図式で解釈するべきではないだろう。

ローマ皇帝を讃える凱旋門とキリスト教の信仰空間である教会堂は、即座に結びつかない建築類型である。ここで思い起こすべきは、ファサード左右のアーチの下には、シジスモンドとイゾッタの墓が配置される計画であったことだ。つまり、テンピオ・マラテスティアーノの新しい外殻の正面への凱旋門の引用は、そこをシジスモンドの墓所とし、その君主を誉め称え、功績を後世に語り継ぐための仕掛けであった。それは死への勝利を象徴すると同時に、ファサードの向こう側にある神の家を祝福するイメージを伝えている。工事が中断した姿ゆえに中世の壁体がのぞいているように思えるが、完成してもおそらく白い大理石の向こう側に煉瓦造りの古いファサードが見えたはずである。既存の教会堂躯体と凱旋門、そして注文主の墓を同時に目にできるようにすることで、聖堂と墓廟と凱旋門というそれぞれの建築が担う意味の増幅を狙ったと考えられる。

3）天使の柱頭

アルベルティの巧みな仕掛けは、その凱旋門モチーフのファサードを堂々と飾る半円柱の柱頭にも見られる。引用元であるアウグストゥスの凱旋門ではコリント式[*14]の柱が用いられていた（図21）。一方のテンピオ・

※6

図16　マッテオ・デ・パスティ制作のメダル

図17　アルベルティによるテンピオ・マラテスティアーノのファサード

図18　アウグストゥスの凱旋門

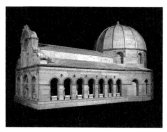

※7

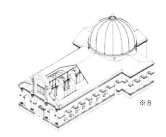

※7

図19　タヴァーナーによる復元案
上：推定模型、下：推定ファサード図

※8

図20　ボルシによる復元図　俯瞰図

※7　　　　　　　　　　　　　　　　　　　　　　　　※9　　　　　　　※9

図21　アウグストゥス凱旋
門の柱頭　コリント式

図22　テンピオ・マラテスティアーノ
の半円柱の柱頭　コンポジット式

図23　バシニオ・ダ・パルマ『ヘスペリス』挿絵より
左が柱頭部分を拡大したもの

＊14　コリント式
イオニア式オーダーの変種ともいえ、基本的な構成はイオニア式と同様である。ただ装飾性は強まっている。柱頭が特徴的であり、小さな渦巻とそれを支えるアーカンサスによって装飾された釣鐘状の部分からなる。古代ローマ建築では頻繁に用いられた。

＊15　コンポジット式
複式式ともいう。イオニア式柱頭の渦巻装飾とコリント式柱頭のアーカンサスで飾られた釣鐘の形状をした部分を組み合わせたものを指す。比例はコリント式に準じるが、装飾性が強調されているのが特徴的である。

＊16　コンスタンティヌス帝
キリスト教を公認した初めてのローマ皇帝で、サン・ピエトロ大聖堂のほかに、サン・ジョヴァンニ・イン・ラテラーノ大聖堂など多くのキリスト教モニュメントを建設させた。コンスタンティヌスの凱旋門含め、スポリアが特徴的に見られるようになるのはこの時期の建築からである。

図24　テンピオ・マラテスティアーノ
ファサードの扉口

マラテスティアーノは、有翼のケルビムをあしらった風変わりなコンポジット式＊15を採用している（図22）。15世紀中頃、マラテスタを顕彰する詩「ヘスペリス」の挿絵にもその天使が目立つかたちで描かれているように（図23）、ファサードを特徴づける要素として受け入れられていたと推測される。これは非常に美しい柱頭と評価されつつも、古典主義的な観点からは逸脱と考え得る上に、アルベルティの他の作品にはまったく見られない。そのため造形の意図はさまざまな憶測を呼んできた。

　一つは五つのオーダーの使い分けが示していた階層性から解釈可能だろう。帝政期ローマにおいて、コンポジット式は皇帝に関する特別なモニュメントに用いられ、最も序列の高いオーダーとみなされていた。実際、アルベルティは『建築論』で、コンポジット式をイタリア式と定義し、それに最高の地位を与えた。つまりテンピオ・マラテスティアーノでは、この神殿がアウグストゥスのモニュメントよりも、威厳と優美に満ち、最も高貴であることをオーダーの置き換えで示したのである。しかもここでは単にイオニア式とコリント式を組み合わせるのではなくて、天使のモチーフを目立つように取り込んだ。その独自のオーダーは、テンピオ・マラテスティアーノが神の家でありつつ、世俗の人間を顕彰する建築であるという二重のイメージを持つことを、明確に表している。アウグストゥスの凱旋門には、四つのクリペウス（円形額縁）に、ユピテル、アポロン、ネプトゥヌス、ローマの4神の像がはめ込まれていた。テンピオ・マラテスティアーノではクリペウスの中は空白であるが、それらの異教の偶像に代わって、ケルビムが柱頭とフリーズに刻まれたとみなし得る。すなわちこの創意にあふれたオーダーは、この神殿が、霊廟であると同時にまごうことなき神聖な教会堂であることをも、視覚的に強調しているのだ。

4）ラヴェンナの石材の再利用とその意図：
　　スポリアとテンピオ・マラテスティアーノ

　堂々とした扉口には、色大理石による幾何学文様が、白亜のファサードに彩りを与えている。その石材は、ラヴェンナの由緒ある教会堂、サン・タポリナーレ・イン・クラッセ教会堂から半ば強奪してきた再利用材であ

る。記録によればそれは1449年のことで、クラッセのサン・セヴェーロ教会堂（現存せず）の円柱も再利用しようとしたが実現していない。そのほかにも古代から初期中世の部材をシジスモンドは集めていたようで、教会堂内部の礼拝堂に多く用いられている。

コンスタンティヌス帝[*16]以来、部材の再利用（スポリア）は当たり前のように用いられ、中世を通し衰退していくローマにとっては大きなビジネスでもあった。シジスモンドに奪い取られたラヴェンナの教会堂でもスポリアは多く見られる。そのリミニの君主にしても、スポリアは実用性、経済的あるいは美的な必要性よりは、行為そのものが持つ意味にあったと考えられる。つまり、ローマに由来する建築的要素を新しい建築で再利用することで、ローマ性の継承を狙ったのである。すなわちここでの再利用の意図は、ローマの歴史的伝統への参照を促し、崇敬すべき過去によって、新しい建築に新たな栄光を与えることであったのではないだろうか。

アルベルティはその由緒正しき部材を幾何学文様にして、教会堂正面の扉口を堂々と飾った（図24）。それは材料の放つローマ性に加えて、テンピオ・マラテスティアーノと同様に霊廟であったパンテオン[*17]との繋がりを明らかに示している（図25）。しかもローマの汎神殿（パンテオン）は、7世紀にサンタ・マリア・アド・マルティレス教会堂として転用されていた。また、テンピオ・マラテスティアーノは、計画が進むにつれて、マラテスタ家の霊廟だけでなく、リミニの英雄や知識人たちの霊廟、すなわちリミニのパンテオンとして生まれ変わろうとしていた。このスポリアは、ローマ、由緒ある初期中世教会堂、そして霊廟と教会堂の結びつきを示すための装置でもあるのだ。

5) 外部と内部の対峙、歴史的重層性： 霊廟と教会堂の融合

一般には、テンピオ・マラテスティアーノ側面は、古代の水道橋をモチーフにしているといわれる。リミニには、アウグストゥス橋（図26、ティベリウス橋とも呼ばれる）があるため、アウグストゥスの凱旋門と同様に街の古代のモニュメントを引用しているとされるのだ。しかし、その両者は力強い連続アーチのみでの類似である。むしろ、テンピオ・マラテスティアーノでは、そのアーチの下に、プラトン主義の著名な学者プレトンや、リミニ生まれの人文主義者で軍事技術書の著者として有名なロベルト・ヴァルトゥリオの墓が安置されていることを考慮しなければならない（図27）。

外壁にアーチや壁龕（へきがん）を設けて、そこに墓を置くという教会堂は中世に多く見られた。たとえば、パドヴァのエレミターニ教会堂（図28）やヴェネツィアのサンティ・ジョヴァンニ・エ・パオロ教会堂（図29）、そしてサンタ・マリア・ノヴェッラ教会堂である。つまり、テンピオ・マラテスティアーノの側面アーチの典拠を、ことさらに古典へ求める必要はない。むしろこれまで見てきたように、ファサードでの作者の意図を考慮するならば、こ

*17　パンテオン：
きわめて良好な姿で現存する古代ローマの神殿。創建後火事にあい、ハドリアヌス帝によって再建された。とりわけ中央に円窓が設けられた巨大なドームで有名で、刻々と表情を変える劇的な内部空間は多くの人の心を魅了した（第1章 p.13参照）。

図25　ローマのパンテオンの内部壁面

※10

図26　アウグストゥス橋

※11

図27　テンピオ・マラテスティアーノの側面

図28　エレミターニ教会堂

図29　サンティ・ジョヴァンニ・エ・パオロ教会堂

図30　テオドリクス帝の霊廟

の外殻から霊廟がイメージできるように形づくる必要があったはずだ。そこで、この外殻全体の構想を手助けしたものとして、ラヴェンナのテオドリクスの霊廟（6世紀）を挙げるべきだろう（図30）。すでに述べたように、アルベルティの計画では内陣の刷新と拡大に伴い、巨大なドームが架けられるはずだった。その内陣の大まかな構成がラヴェンナの霊廟に類似することはたびたび指摘されている。つまり、側壁のみに連続アーチを設ける計画だったのではなく、教会堂全体が連続アーチに囲まれていた可能性があるのだ。テオドリクスの霊廟もまた、当時はサンタ・マリア・イン・ロトンダ修道院の教会堂として使用されていた。歴史上に幾つも例がある霊廟からキリスト教会堂への転用事例を、教会堂でありつつパンテオンであるというテンピオ・マラテスティアーノの正統性に繋げる意図があったのかもしれない。

　リミニの神殿の側面に目を向けると、重厚なアーチの下には柩が安置され、その向こうには中世に由来する教会堂壁面がはっきりと現れる。その教会堂と霊廟は対峙しつつ共存しているだけでない。長い時間立ち続けてきたサン・フランチェスコ教会堂は、新たな外殻によって守られることで、厳粛さと由緒正しさがより強調される。一方で、その教会堂を包む白亜の覆いにも、神聖なるキリスト教建築を守護するものという聖性が滲み出す。これは聖遺物と聖遺物容器の関係をも想起させる。このダブル・イメージこそがアルベルティが過去のモニュメントを再利用しつつ生み出したテンピオ・マラテスティアーノの特徴といえよう。

　この建築は、アルベルティが『建築論』で述べたように、既存の建築を別の文脈に置き換えることで創り得るもの、まさに時間の中の建築だともいえるだろう。旧教会堂だけではなく、アウグストゥスの凱旋門、ラヴェンナの教会堂の部材や霊廟など、それらの典拠はテンピオ・マラテスティアーノという新しい文脈でさまざまな意味を担わされるようになった。リミニのパンテオンにふさわしくあるためには、古代の建築も時には形を変えられ、帝政期ローマだけにこだわらず、古代末期から中世にかけての建築からの引用も見られた。ルネサンス建築＝古典主義という観点にこだわり、古代以外の建築を考慮しないのは、ルネサンス建築、少なくともアルベルティの建築を見ていることにはならない。

初期近代のサン・ピエトロ大聖堂再建における旧大聖堂の役割

　本章の冒頭で述べた通り、ニコラウス5世は老朽化と手狭さゆえに、4世紀に建設されたサン・ピエトロ大聖堂を改築する計画を立てた。これが今のサン・ピエトロ大聖堂への出発点であり、その造営事業は17世紀に至るまで続いた。そしてこの二つの大聖堂を区別するために、再建された教会堂は新大聖堂、コンスタンティヌス創建の大聖堂が旧大聖堂と呼ばれるのである。新大聖堂造営に関する研究は、考古学的調査、文献や素描に

関する悉皆的な考察によって前進してきた。解明すべき大きなテーマは前人未到の計画を実現させた構造的な解決方法と、建築家のアイデアや着想源であったが、創建以降の大聖堂の継承と保存の問題が近年になって注目されるようになった。ここでは後者の興味を中心に、初期近代のサン・ピエトロ大聖堂の再建を見ていきたい。

1) 旧聖堂が壊されるまで：
教皇ニコラウス5世からパウルス5世まで

ニコラウス5世の構想の実際、および建設の進捗については明確ではないが、史料をもとに、一定の信頼をおける推定復元図が作成されている（図31）。それによると外陣の骨格は旧大聖堂ほぼそのままで、側廊壁に沿って新たに多くの礼拝堂が設けられている。サン・ピエトロ大聖堂はその名の通り、聖ペテロが眠る墓の上に立つ。そして、歴代教皇たちの墓もここにあった。さまざまなモニュメントが旧大聖堂内にはところ狭しと並び、ニコラウス5世以降の教皇にとって、自らが眠る場所や記念碑を設置するために十分な場所と礼拝堂が必要とされたのである。一方の内陣は、大幅に拡張した上で、交差部にドームを架ける計画であった。これも典礼機能の充足や、ドームの象徴性によって、聖ペテロが眠る空間をより特別な場所とするために仕組まれたものだった。まさにサン・ピエトロ大聖堂こそが霊廟と教会堂が融合したモニュメントなのである。テンピオ・マラテスティアーノが、サン・ピエトロ大聖堂の再建にやや先行して始まったこと、ニコラウス5世がシジスモンドの教会堂改築を認可したこと、アルベルティがその設計に携わるようになった経緯、そして両教会堂のパンテオンとしての類似点などを鑑みて、テンピオ・マラテスティアーノがアルベルティによるサン・ピエトロ大聖堂再建の縮小版実験作品であったともいわれる。つまりサン・ピエトロ大聖堂もまた、テンピオ・マラテスティアーノのように旧大聖堂を包むことでそれを補強し、聖遺物のように取り扱う方針が打ち出されたと考えられ、それは研究者たちの推定復元案とも矛盾しない。

この計画の基本的な枠組みは建築家ブラマンテとユリウス2世による新大聖堂造営にも引き継がれたと考えられる。ブラマンテがとりわけ内陣部分の刷新とドーム架構に執念を見せたことや、残された素描U1A（図32）、カラドッソ鋳造のメダル（図33）、そしてルネサンス期の建築家たちの理想が純粋幾何学にあったことなどを根拠に、ブラマンテの計画案は集中式平面での再建であったと考えられてきた。しかし、別の素描U20A（図34）には、旧大聖堂とニコラウス5世によって計画された内陣部分も示されていることや、旧大聖堂が立つ部分を新大聖堂は覆うべきだとユリウス2世が指示していたことから、ブラマンテの最終決定案は集中式ではなくバシリカ式であると今では考えられている。

ブラマンテの仕事に、旧大聖堂のアプシス部分をすっぽりと覆ったテグリオが挙げられる（図35）。これは旧大聖堂の最も重要な部分を保護し、そ

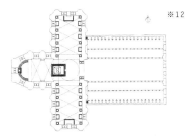

図31　フロンメルによるニコラウス5世主導のサン・ピエトロ大聖堂再建案

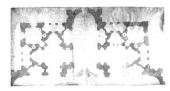

図32　ブラマンテのサン・ピエトロ大聖堂計画図案（U1A）

図33　カラドッソのメダル

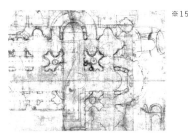

図34　ブラマンテのサン・ピエトロ大聖堂計画図案（U20A）

図35　ヘームスケルクのサン・ピエトロ大聖堂のスケッチ
テグリオが描かれている。

1483-1520年。画家として著名であるだけでなく、建築家としても傑作を残した。ローマのサンタ・マリア・デル・ポポロ教会堂のキージ礼拝堂は、豊かな装飾や色彩と均整のとれたプロポーションで知られ、ルネサンス建築の一つの到達点を示す。

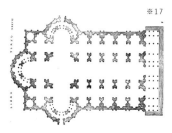

※17

図36 ラファエッロの計画案

*19 Baldassarre Peruzzi
1481-1536年。シエナ生まれの画家兼建築家で、多くの建築スケッチを残している。ローマのヴィッラ・ファルネジーナにある『透視図法の間』は、ペルッツィだからこそ成し遂げることができた絵画と建築の奇跡的な融合といえる。

*20 Antonio da Sangallo il Giovane
1484-1546年。ルネサンスでは珍しく、建築家としてキャリアを始めた芸術家で、二人の叔父であるジュリアーノ、アントーニオ(イル・ヴェッキオ)とともに、一族は建築家一家として名を馳せていた。新サン・ピエトロ大聖堂に関しては、現存する巨大な木製模型で知られる。

の象徴性を高める意図があった。ロレートのサンタ・カーサにある同様の覆屋を設計したのもブラマンテであった。その中に納められた聖遺物は、天使によって運ばれてきたとされる聖母マリアの家である。そうした事例を踏まえると、ブラマンテは、聖地あるいは巨大な聖遺物ともいえる旧大聖堂を部分的にでもむき出しにしようとはしなかっただろう。実際にブラマンテから大聖堂建設の主任建築家の地位を引き継いだラファエッロ・サンツィオ[*18]の計画案は旧大聖堂を覆い尽くす壮大な長軸式であった(図36)。ただこの2名の建築家が、その敷地のみならず旧大聖堂の物質的な保存にも工夫をこらしていたのかは、定かではない。

ラファエッロの後、バルダッサーレ・ペルッツィ[*19]、アントーニオ・ダ・サンガッロ・イル・ジョーヴァネ[*20]など多くの著名建築家へと引き継がれた後、ミケランジェロが決定的な役割を担うことになる(図37)。ミケランジェロは、ブラマンテに立ち返ることを目標に掲げ、とりわけ前任者アントーニオの仕事を批判し、すでにでき上がっていた部分を取り壊すほどの辣腕を振った。そこに後継者たちの創意工夫が加わり、16世紀が終わる頃には、内陣部分とドームがほぼ完成した。デュペラックが描いたミケランジェロによる新大聖堂のプランは、集中式平面であるもののこれで全面的に建て替えられたわけではない。この時のサン・ピエトロ大聖堂は、まさに新旧のハイブリッド教会堂であった。つまり二つの大聖堂が「分離

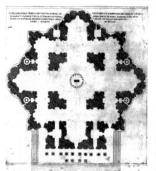

※18

※18

図37 デュペラックによるミケランジェロの計画案　左：平面図、右：断面図

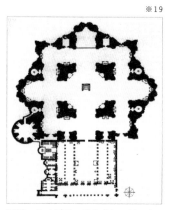

※19

図38 ハイブリッドなサン・ピエトロ大聖堂の平面図

※20

図39 ジョヴァン・バッティスタ・カヴァリエーリ《サン・ピエトロ聖堂前の1575年聖年祝祭の風景》

壁」と呼ばれる壁で接することで並存していたのである（図38・39）。

　この壁は1538年、教皇パウルス3世（在位：1534-49年）がアントーニオ・ダ・サンガッロ・イル・ジョーヴァネにつくらせたもので、新聖堂の工事から旧聖堂を保護するという意図があった。教皇たちはそれを教会堂の重要な一部とみなし、豪華に飾り付けたといわれており、工事中の単なる仮設建造物というわけではなかった。つまり、分離壁と旧聖堂の外陣部分は、よほどのことがない限り、壊すという意図はなかったと考えられる。しかしながら、分離壁もろとも旧聖堂を取り壊し、新聖堂を東側に延長させて新たなファサードを建設するという計画が実行に移される。1605年、パウルス5世（在位：1605-21年）の治世のことである。これは素朴に考えれば、旧聖堂というカトリック教会にとって最重要のモニュメントの破壊である。

2）なぜ旧大聖堂は壊されたのか

　もちろん旧大聖堂の保存をめぐって、当時さまざまな議論があった。旧大聖堂の崩壊の危険性は常に指摘されており、安全性の観点から取壊しが主張される一方で、旧大聖堂を残すべきだという声も大きかった。建物の取壊しが決定した時にも、旧大聖堂に由来しそれを記憶するさまざまな事物のできる限りの保存がパウルス5世に嘆願された。その文書には、新大聖堂は旧大聖堂の立つ場所すべてを覆う必要があると明記されていた。1571年、ヴァティカンの聖職者であったティベリオ・アルファラノは、「悠久のサン・ピエトロ大聖堂の完全な図像」と名づけられた素描を残した（図40）。これはデュペラックが描いた平面図（ミケランジェロの計画案）と旧大聖堂の平面図を重ね合わせ、イコンを描き足したものである。その制作意図は、新旧大聖堂が分離壁で接合されたハイブリッドな姿への批判であり、新大聖堂は旧大聖堂を包み込むべきだと主張するためであった。これは大聖堂再建の出発点であるニコラウス5世とアルベルティが明確に示した方針でもあった。そして実際に、カルロ・マデルノによってつくられた新たな外陣とファサードは、旧大聖堂の立っていた場所を内包した。教会堂を建て替える場合、旧教会堂の立っていた領域を聖なるものとし、そこを新しい教会堂が覆うことは一般的であった。さらにサン・ピエトロ大聖堂の場合、その地面には多くの教皇が眠っており、大聖堂も比類なき神聖なモニュメントであるコンスタンティヌスのバシリカであった。この一連の再建では、旧大聖堂を聖遺物、新大聖堂を聖遺物容器とみなしていたともいわれる。聖遺物は「部分が全体である」、つまりどんな欠片であっても全体と等価値であるという考え方があり、物質的な多寡は問題ではなかった。この点、サン・ピエトロ大聖堂においては、物質的な保存よりも象徴的な保存と継承が重要であった。全体的な分量でいえばごくわずかであるとしても、旧大聖堂の部材は、アルベルティからベルニーニに至るまで、新大聖堂のさまざまな場所で再利用された（図41・42）。旧大聖堂が形としてほとんど残ってないことだけから保存や継承を議論しているのでは見えないことは多いだろう。

図40　ティベリオ・アルファラノ《悠久のサン・ピエトロ大聖堂の完全な図像》一部拡大

図41　ベルニーニによる旧大聖堂の円柱再利用　交差部南西隅

※22

図42　ベルッツィによる旧大聖堂円柱のスケッチ

ルネサンスの建築家によるリノベーション

> 建築家という職能が誕生したとされるルネサンス。アルベルティのほかにも活躍した建築家はたくさんいた。
> ここでは、リノベーションの設計者個人が特定できるもので、その建築家の創造的意図が説明できる事例を紹介する。

パラッツォ・ドゥカーレ（ウルビーノ）

ウルビーノはアドリア海に近い山間部の小都市で、ラファエッロの生誕の地として有名だ。この風光明媚な都市の歴史は、モンテフェルトロ家、とりわけフェデリーコ・ダ・モンテフェルトロ抜きにして語ることはできない。フェデリーコは15世紀を代表する文武両道の君主で、その治世の約40年間、ウルビーノは芸術が花開いた栄光の時代であった。特に自身の居館たるパラッツォ・ドゥカーレの建設には驚くほどの情熱を見せ、宮殿の居室の配置や機能的な問題、建設のための芸術家や工匠の選定にも積極的に関与した。そして工事は1454年頃から本格的に始まった（図1）。

フェデリーコが宮殿すべてを築いたわけではなく、彼は父グイダントニオの時から建設が始まっていた部分（パラッツェット・デッラ・イオーレ）の内装を刷新するところから始めた。そして今日最も知られている名誉の中庭、トッリチーニの開廊、書斎、さらにはパスクィーノの庭やフェデリーコ公広場に面するファサードと工事が進んでいった（図2）。

図3　全景

名誉の中庭の地上階は、円柱で構成された連続アーチを持つ開廊で、2階はそれに対応して、付柱と窓がリズミカルに並んでいる。3層目は16世紀になって付加された。どことなく中世的な雰囲気を残しつつ、古代の建築言語の再解釈と独創的な使用法が見られる空間が実現している。トッリチーニの開廊は、谷側のファサードに設けられた。中世風のそびえたつ双塔に挟まれた白亜の開廊は、凱旋門のイメージを放つ。ここでも既存の建築と新たな介入が見事な融合を見せている。建設の経過を形として見せるような多様性と折衷性は、君主の意図であったと考えられる（図3）。

フェデリーコは、フィレンツェのパラッツォ・メディチや、教皇ピウス2世による理想都市ピエンツァの計画（後述）、15世紀半ばから盛んになったヴァティカン宮殿の再建などに刺激を受けた。それらすべてが古典主義の顕現そのものではなく、中世的なイメージをはっきりと残していることは注目すべきであろう。

既存建築を有効活用しながら街を取り込むように形成されたこの宮殿は、16世紀の人文主義者によって「宮殿のかたちをした都市」と評された。確かにその姿はアルベルティの「都市はある種の最大邸宅であり、反対に邸宅自体はある種の最小都市」という言葉を思い起こさせる。フェデリーコがアルベルティの『建築論』を読んでいたのは間違いない。その建築書で過去の建築を尊重し、できるだけ残すべきと強調されていることは、このパラッツォの性格と深くかかわっているように思われる。

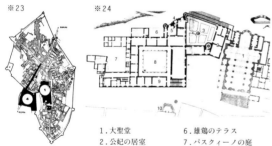

※23　※24

図1　ウルビーノの地図　図中1が宮殿

1. 大聖堂
2. 公妃の居室
3. 屋上庭園
4. トッリチーニの開廊
5. 書斎
6. 雄鶏のテラス
7. パスクィーノの庭
8. 名誉の中庭
9. イオーレの間
10. サン・ドメニコ聖堂

左から、パスクィーノの庭 ファサード、トッリチーニの開廊、フェデリコ公広場側ファサード、名誉の中庭

図2　パラッツォ・ドゥカーレの平面図と各所外観（現在）

ピエンツァ

　理想都市と聞けば、グリッド都市や、幾何学形態を基本にした整然とした都市を思い浮かべるかもしれないが、そのようなものばかりではない。ピウス2世は15世紀中期を代表する人文主義的教皇の一人であり、生誕の地（コルシニャーノ）に美しい広場とモニュメントを建設し、自らの理想の反映ともいえる都市ピエンツァを創り出した。彼の自伝で十二書からなる『覚え書』(1462-64年)ではその計画の詳細が明かされる。そのほかにも同時代の人文主義者たちによって理想都市ピエンツァを称賛するテクストがいくつも著された。ここには、中世の街並みにルネサンス的な美意識を重ね合わせたハイブリッドな姿がある(図1)。

　コルシニャーノの街の骨格が持つ細く緩やかに曲がった道を歩いていくと、突如として大聖堂前広場に出る(図2)。大聖堂とそれを囲むモニュメントを古代風のファサードで構成することで、劇的な効果を狙っている(図3)。ここには多様性の美学が見てとれる。広

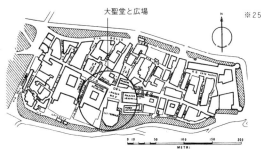

図1　ピエンツァの都市図

図2　大聖堂前広場の配置図　　図3　大聖堂前広場

場や街路、邸宅やモニュメントが視線の動きの中でさまざまに変化し、目を楽しませることが理想的な美しい都市だということである。その多様性演出のために、中世の街はできる限り活かされたのだ。

バシリカ・パラディアーナ

　北イタリアのヴィチェンツァは建築家パラーディオの街として知られる。15世紀半ばに創建されたラジョーネ宮は、1階が商店として、2階が市民の集会場として使われていた。15世紀末にはそのパラッツォのまわりに、パドヴァのラジョーネ宮をモデルにした開廊が設けられたが、完成後わずか数年で南西角の部分が崩落してしまった。再建・補強を議論した結果、若き建築家パラーディオの案が採用された。それはテンピオ・マラテスティアーノに似たもので、既存建築のすべての面に新しい開廊を設けて、それに控え壁のような役割を担わせる計画だった(図1)。

　パラーディオの『建築四書』におけるバシリカ・パラディアーナの図面は、既存建築も、付加された開廊も長方形で、柱間も均等で整然としている(図2)。しかし実際は

台形平面であり、既存建築の柱や壁の割付けに規則性はほとんど見出せない。パラーディオはその不規則性を目立たなくするために、自らの建築の代表的特徴ともなる「セルリアーナ（パラディアーナとも呼ばれる）」を用いた。それは中央をアーチ式、その両側を楣式とした開口部のことを示す。それによって、中央のアーチの間隔をすべて一定に保ちつつ、両側の矩形開口の間隔を自由に増減することで、整然と柱が並んでいるように見せる効果が生まれた(図3)。こうして古代のバシリカの再現と既存建築の再生に成功した。

 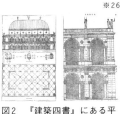 

図1　バシリカ・パラディアーナ　　図2　『建築四書』にある平立面図（左）と立面図（右）　　図3　現状の平面図

サンティッシマ・アンヌンツィアータ広場

　フィレンツェ随一の美しい広場としてよく知られているこの広場でまずでき上がったのは、孤児養育院のファサードである。ブルネレスキが計画し、A.C.マネッティが引き継いで15世紀中頃には完成した。その列柱廊を引き写すかのように、その向かいにアントニオ・ダ・サンガッロ・イル・ヴェッキオとバッチョ・ダーニョロが聖母マリアの

図1　サンティッシマ・アンヌンツィアータ広場

下僕会の開廊(Loggia dei Servi di Maria)を16世紀前半に設計した。およそ100年の時間の隔たりがあるなかで建物のコピーをつくるというのは、ルネサンスにおいてきわめてまれな例である。そして1601年には、サンティッシマ・アンヌンツィアータ教会堂の開廊が完成し、現在の広場の原型ができ上がった(図1)。この広場をより劇的かつ古代風にアレンジしたのが、ミケランジェロによるカンピドーリオ広場であろう。ここでもファサードの意匠が反復されている(図2)。

図2　カンピドーリオ広場のデュペラックの版画

ペルッツィと古代建築のリノベーション

　ローマ共和政末期に建設が始まったマルケルス劇場は3層構造でコロセウムを小さくしたような劇場であった。帝国崩壊とともに廃墟化し、中世には商店や東屋が立ち並んだ。14世紀にはサヴェッリ家の持ち物となり、その後、2層までを古代劇場の外観そのままに残した上で、3層目に邸宅を新たにペルッツィに設計させた(図1・2　第1章p.18参照)。ペルッツィはそのほかにも、古代建築の再生計画案を多く残している。たとえば、アグリッパの浴場をオルシーニ家の邸宅へと転用するプランでは、円形と矩形の中庭を組み合わせ、既存の構造を活かした(図3)。サンタ・マリア・リベラトリーチェ修道院の回廊の再建計画もペルッツィの図面が残る。ここは古代建築を複合的に取り込みつつ、6世紀からキリスト教化が進んだ場所であった。この図面からはペルッツィが古代から今に至るまでの歴史の重層を使い尽くすように構想を練っていたことが窺える(図4)。

図1　マルケルス劇場

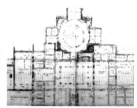

図3　オルシーニ家住宅計画案

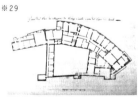

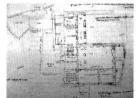

図4　サンタ・マリア・リベラトリーチェ修道院回廊改修計画案

図2　マルケルス劇場パラッツォ部分平面図　上:主階、下:下層階

セルリオの『第七書』とリノベーション

　セルリオはまずその建築書（全七巻）で有名になり、フランスに招かれた。セルリオに帰せられるアンシー・ル・フラン城はフランスの建築的伝統とイタリアの洗練と流行が融合したまさにフランス・ルネサンスというべき作品である（図1）。

　『第七書』は、敷地が不定形、あるいは高低差がある場合、そして既存建築の改修というような「不利な条件」において、いかにして設計を進めていくのかを豊富な図版とともに解説する（図2）。その実践が、たとえばオーセールのパヴィリオン（Pavillon de l' Officialité）である。そこでセルリオは中世後期の建築を包み隠すように、堂々とした凱旋門をモチーフとしたファサードをつくり出した（図3）。設けられた三つの開口は先行する建築とまったく対応しないなど、かなりの力技だが、中世建築をいかに「現代化」するかは、セルリオにとって大きな関心事であった。

図1　アンシー・ル・フラン城

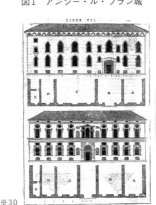
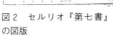

※30

図2　セルリオ『第七書』の図版

図3　オーセールのパヴィリオン　上：ファサード、下：平面図

サンタ・マリア・デリ・アンジェリ・エ・デイ・マルティーリ教会堂とミケランジェロ

　1561年に教皇ピウス4世は、聖職者アントーニオ・ロ・ドゥーカの要請のもと、ディオクレティアヌスの浴場跡に新たに教会堂を建設する許可を出し、その工事をミケランジェロの手に委ねた。当時ミケランジェロは最晩年であり、これが最後の建築の仕事となった。今の教会堂内部の装飾などはその後の介入で変わったが、骨格は当時の姿を多くとどめている（図1）。

　浴場は南北方向を長軸とする平面であり、アントーニオはその形を活かした長堂式の教会堂を考えていたようだが、ミケランジェロは、短軸側に主扉口と内陣を置いた（図2）。つまり微温浴室、冷浴室、大プールという浴場の諸室機能を活かし、入り口から外陣、内陣と空間をうまく分節しつつ繋いでいった。こうして浴場の形を残しつつ、典礼上の要求をも満たした。ミケランジェロは冷浴室の交差ヴォールト天井の防水工事を急がせており、できる限り既存構造を活用するつもりであったようだ。さらに外陣には新しく壁体を設

け、既存の空間をコンパクトに区切り、集中式の平面とすることで、ルネサンス的理想の平面形式の実現を目指した（第1章p.16参照）。

図1　サンタ・マリア・デリ・アンジェリ教会堂内部

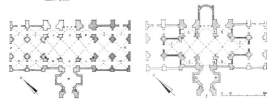

図2　アントーニオ案（左）とミケランジェロ案（右）　2点とも※32

第 5 章

近世ヨーロッパ宮殿建築の新築更新と建築再生

ルーヴル宮殿とヴェルサイユ城館の造営に見るフランス王権の意向

　本章ではフランスを代表する宮殿建築の双璧といえるルーヴル宮殿（Palais du Louvre）とヴェルサイユ城館（Château de Versailles）の造営における「建築再生」に注目する。建設当時、スクラップ・アンド・ビルドか保存・再生かが大きな論議を巻き起こしたと思われ、とりわけ、1665年頃にフランス建築界の大問題となったルーヴル宮殿東側ファサードと東翼棟の建設事業、および、1669年半ばに問題化したヴェルサイユ城館主棟の新城館建設時における小城館の保存問題は、現代の同様の問題にも投影できる知見をもたらすだろう。

　一方、イングランドでは、16世紀に諸侯の領地経営の拠点たる中世のマナー・ハウスが近世のカントリー・ハウスへ、スコットランドでは城塞的な性格が色濃いタワー・ハウスがカントリー・ハウスへ変容を遂げていく際、中世建築物を保存する手法も多く見られた。同様の問題は他のヨーロッパ諸国の宮殿や貴族住宅にも窺える。たとえば、イングランドのハドン・ホールは12世紀にまで遡る中世マナー・ハウスの貴重な現存例だ。下郭（ロウアー・コートヤード）と上郭（アッパー・コートヤード）からなり、その間に1370年に建設されたバンケティング・ホールとスクリーン・パッセイジ、パーラー（談話室、フランス語の「話す（parler）」に由来）と大寝室などの主要部がある。特にバンケティング・ホールは城館の中心で、中世には家族が揃ってここで過ごした。ホールへはスクリーン・パッセイジを通じて入る伝統的アプローチが見られる。スクリーン・パッセイジ直上には楽士席ミンストレル・ギャラリーがある。一方、ホール奥にはダイニング・ルーム、直上に大寝室がある。もともと天井の高い一体の部屋だったものを上下に分割したのだ。

　バンケティング・ホールから上郭を抜けて上郭奥に入ると、14世紀後半の盛儀寝室や「鷲の塔」などがある。盛儀寝室とは身分の高い客人をもてなすための寝室だ。16世紀から17世紀にかけても、各種付属棟が増築された。上郭の南翼棟の2階全体に設けられたテューダー様式のロング・ギャラリーは、庭園と上郭の両方に窓が開いていて悪天候下でも散策を楽しむことができた。16世紀以降は居住性改善のため、外壁には大窓が設けられるようになってきた。軍事的機能を持つ「築城」ではなくなった以上、当然のことだろう。

ヨーロッパの貴族住宅は16世紀に一大転期を迎えた。
戦場において大量の火器運用が恒常的に行われるようになり、中世築城の手法が時代遅れとなったため、
軍事施設兼諸侯の居館だった「城塞」（castle：英語、château：フランス語、Schloß：ドイツ語）という
築城類型から軍事施設としての性格が失われ、住宅としての性格が前面に出てきたのだ。
16世紀にはフランスを中心に、絶対王政に向かう歴史の流れのなかで宮廷の規模が拡大していき、
王の宮殿や貴族住宅が質量ともに変質していった。
こうした過渡期にあって、中世城塞が近世城館に生まれ変わる際、施主や建築家は、
既存建築物を残すのか取り壊すのか、残すのならどのように改築して新たな時代の要求に応えていくのか、
などの判断をしていくことになった。

近世貴族住宅の様式と建築計画の特徴

1) 近世貴族住宅の主な様式

　本編に入る前に、近世貴族住宅の様式と建築計画の特徴を簡単に述べる。西洋建築史において、本稿で取り上げる16世紀から18世紀は、後期ルネサンス、バロック*1、新古典主義*2の建築の時代に当たる。もっとも、フランスやイングランドなどのアルプスの北側の国々がイタリアからルネサンス建築を導入したのは16世紀以降であり、イタリアでは後期ルネサンス建築＝マニエリスム*3建築が建設されている一方で、それらの国々では中世のゴシック建築とルネサンス建築が折衷した建築が登場していた。フランスでは1530年代くらいまでが前期フランス・ルネサンス建築の時代に当たり、ゴシック建築の伝統に連なる石工棟梁たちがそれを担った。インテリア史においては、その時代の王の名からフランソワ1世様式と呼ばれる。やがて、1540年代にもなると、イタリアから「御雇い外国人」として建築家や芸術家が来仏し、フォンテーヌブロー城館を中心に活躍して本格的なマニエリスム建築・美術を伝えた。同じ頃、フランス人建築家も力をつけ、本章で触れるルーヴル宮殿レスコ棟などの作品を残した。インテリア史においてはアンリ2世様式に当たる。1560年代から1590年代にかけては八次にわたって宗教戦争が断続し、大規模な建設事業はほとんど実施できなかったが、王朝が改まってブルボン朝のアンリ4世、ルイ13世の時代にフランス・ルネサンス建築が爛熟の時を迎え、メゾン城館などを手がけたフランソワ・マンサール*4のような巨匠建築家も登場した。インテリア史ではアンリ4世様式、ルイ13世様式に当たる。

　イタリア・バロック建築が伝播してきたのは1650年代くらいからで、特にヴォー＝ル＝ヴィコント城館などを手がけたルイ・ル・ヴォー*5の建築はそれにかなり接近した。彼は後に本章で触れるヴェルサイユ城館の中央部分などを設計することになる。ルイ14世が本格的にヴェルサイユ城館建設に取り掛かる1660年代以降はフランス・バロック建築ともいえるものが登場し、インテリア史ではルイ14世様式に相当する。ルイ14世の治世は親政を開始した1661年から数えても1715年まで半世紀以上も続き、曾孫のルイ15世が即位した頃にはインテリアの趣味は様変わりしていた。通常、ロココ様式*6と称するが、その前期をレジャンス（摂政）様式、後期をルイ15世様式と呼ぶこともある。「ロカイユ」という貝殻の形をした非対称形の装飾を木製パネルに刻んだ優美な曲線の際立つ内装、いわゆる猫脚の曲線的な調度品で知られる。同じ頃、建築物本体においてはオーダーのコラムとエンタブレチャーを装飾のみならず構造材としても活用しようという動きがあり、後世、新古典主義と呼ばれる一連の建築が登場していた。ロココの優美な曲線に対して、直線主体の厳かな様式といわれる。やがてはインテリアの傾向も新古典主義的になり、インテリア史ではルイ16世様式と呼ばれる。

　一方、イングランドではフランスよりも若干遅れて16世紀半ば以降17

*1　バロック
Baroque。16世紀末から18世紀前半にかけてのローマの教会建築に顕著に見られる、ダイナミックで立体的なファサードやインテリアの造形を特徴とする建築。16世紀半ば以降のカトリック改革の建築における結実といわれる。ローマからヨーロッパ各地、アジア、アメリカなどの全世界に伝播した。

*2　新古典主義
Neo Classicism。17世紀末に「古典古代」を絶対とする価値観が揺らいだ後、新たな芸術創造のより所を古代の読み直しに求めた一連の芸術上の動きのこと。古代ギリシャ建築に依拠するグリーク・リヴァイヴァルもその一種である。

*3　マニエリスム
Maniérisme。後期ルネサンスの別名。古代ギリシャ・ローマの神殿建築の円柱と横架材の構法に由来するオーダーの規則を、ジャイアント・オーダーや双子柱などのさまざまな「手法」（マニエラ、マニエール）で破ってみせる、奔放なデザイン傾向が特徴といわれる。

*4　François Mansart
1598–1666年。17世紀前半のフランスを代表する建築家。

*5　Louis Le Vau, premier architecte du roi
1612–70年。王の首席建築家。

*6　ロココ様式
Rococo。後期バロックのインテリアやプロダクトにおける表れ。

世紀初頭までが前期イングランド・ルネサンス建築の時代に当たり、インテリア史においては、エリザベス1世様式、ジェイムズ1世様式に当たる。エリザベス1世様式とジェイムズ1世様式の違いは実はかなり微妙で、両者を融合させた「ジャコビーサン」様式という用語も存在するほどだ。フランスと同様、イングランドでも前期ルネサンス建築では、ゴシック建築の特徴を残しつつ、オーダーのコラムやエンタブレチャーを思わせる装飾などのルネサンス建築の特徴も併せて見られ、ときには当時最新のマニエリスムの装飾（ヘルメス柱[7]など）が施されることもあった。

　クロムウェルの共和政時代を挟んだステュアート朝時代の建築様式として最も知られているのは「パラーディオ主義」である。この時代、ヴェネツィア共和国でパラーディオ[8]の建築に触れた、イングランド初の「建築家」といわれるイニゴ・ジョーンズ[9]らにより後期ルネサンス建築のデザイン手法が導入された。特にカントリー・ハウスの分野において大きな影響を及ぼしている。パラーディオ主義のデザインは、18世紀以降も他の諸様式と並行して用いられ続けた。バロックの導入は17世紀後半になってからで、クリストファー・レン[10]、ジョン・ヴァンブラ[11]、ニコラス・ホークスムア[12]といった建築家が活躍した。ヴァンブラのカースル・ハワードやブレナム・パレスが代表作である。

2）近世貴族住宅の平面形式

　フランスの前期ルネサンス建築においては、ブロワ城館のように中世城塞を、居住性を高めるかたちで増改築する場合も多かったが、シャンボール城館のように新築の城館もあった。新築の城館については、早くもビュリー城館で定型が確立し、都市内の邸宅である邸館にも適用されていった。それは前庭を囲む左右対称のコの字形平面であり、前庭奥の主棟の両端からサーヴィス棟や廏舎の入る翼棟が伸びている。邸宅の主人たちが使う主要部分は廊下を持たず、控えの間や寝室などの諸室が直列して並ぶ「アンフィラード」と呼ばれる手法が採られる。主人とその家族の各人が控えの間、寝室、小広間などからなる一塊の広間群を占めることとなり、その一つ一つを「アパルトマン」という。これらのアパルトマンは、敷地形状の制約などで不可能でない限り左右対称平面となるよう配置される。一方、使用人たちが使用するサーヴィス部門は翼棟や半地下に配され、サーヴィス動線のために廊下も適宜設けられた。

　イングランドではヘンリー8世[13]の宗教政策により多くの修道院が解散させられる一方で、新興勢力の勃興により、多くのカントリー・ハウス[14]が登場した。その中にはかつての領地経営の中心だったマナー・ハウス[15]を増改築したものも多くあり、平面形式もそれを引き継いだ。中世のマナー・ハウスは「グレイト・ホール」を中心とした構成を採る場合が多い。マナー・ハウスやその影響下にあるカントリー・ハウスのグレイト・ホールは、通常、入り口からすぐのところに配置されており、「スクリーン・パッセイジ」と呼ばれる独特の入り方をするようになっている。「スクリ

---

*7　ヘルメス柱
人間の上半身像と逆鞘形角柱（逆三角錐台形）を組み合わせたもののこと。インテリアでの使用例が多いが、ドイツ語圏のバロック建築などではファサードで用いられることも多く、サンスーシ城館（ポツダム）などの作例がある。

*8　Andrea Palladio
1508–80年

*9　Inigo Jones
1573–1652年

*10　Christopher Wren
1632–1723年

*11　John Vanbrough
1664–1726年

*12　Nicolas Hawksmoor
1661頃–1736年

*13　Henry Ⅷ, King of England
1491–1547年、在位1509–47年

*14　country house
16世紀後半から20世紀初頭まで、イングランド貴族の領地経営の拠点として農村地帯に営まれた邸宅建築。

*15　manor house
イングランド中世の諸侯の荘園（マナー）経営の拠点として営まれた邸宅建築。

ーン」とは、エントランスとホールを区切る、アーケード、または列柱の部分のことである。スクリーン・パッセイジによる入り方をする限り、エントランスとグレイト・ホールの関係は、エントランスを中央軸線上に配置するならば左右対称にはなり得ない。通常、ルネサンス建築においてはイタリアでもフランスでも左右対称の平面が好まれたが、イングランドではそうはならず、外観の左右対称性と内部平面の配置の辻褄を合わせるのが設計者の腕の見せ所であり、ロングリート・ハウスはそのような課題を解決した優れた作例の一つである。近世に入ると多くの「グレイト・ホール」は「ドローイング・ルーム」(貴賓室)に改装され、高い天井を利用してホール上部に寝室が設けられることもあった。また、17世紀以降に新築されたカントリー・ハウスでは、スクリーン・パッセイジによるグレイト・ホールへのアプローチは廃れ、中央軸線上にエントランス・ホールとドローイング・ルーム、サルーンなどの主要広間を連ねる平面構成法が採られるようになった。これもパラーディオ主義の一つの表れといえるだろう。

ルーヴル宮殿における
スクラップ・アンド・ビルドと建築再生

1) ルーヴル城塞略史

　ルーヴル宮殿(現在のルーヴル美術館)の前身は、1190年、フランス王フィリップ2世[16]によって建造された城塞である。堀に囲まれた城壁は78×72mの方形平面を描き、同年に構築されたパリ市壁の西を守る拠点、すなわち、一種の市塞(近世風にいうならシタデル)として構築された。城壁南面と西面の内側にはホールなどの諸室を含む建造物が配された。ロの字形平面の中庭中央には堀を備えた円筒形のドンジョン(主塔)が建設され、「ラ・グロス・トゥール」と呼ばれた。この城塔は高さ30m以上、直径15mほどであり、円筒形という形態はフィリップ2世が積極的に支配地に建設したものと共通する。13世紀半ば、フィリップ2世の孫ルイ9世[17]の治世になると王の離宮としての面が強くなる。宝物庫および牢獄としても使用された。

　1328年、ルイ9世の曾孫に当たるシャルル4世[18]が亡くなりカペ朝[19]が断絶すると、同じくルイ9世の曾孫であるヴァロワ伯フィリップがフィリップ6世[20]として即位した。この家系をヴァロワ朝[21]という。百年戦争はこのフランス王位継承を一つの契機として始まった。戦況はフランスに不利だったが、フィリップ6世の孫シャルル5世[22]の治世下には盛り返し、パリの防衛体制も再考された。すなわち、セーヌ川右岸に新たなパリ市壁が建設され、ルーヴル城塞が市壁の内側に含まれるようになったのである。こうなると、その軍事的機能は薄められることとなる。王の建築師レモン・デュ・タンプル[23]は城壁東面と北面の内側にも建造物を増築し、ドンジョンと城塞北翼棟との間に2層の渡り廊下を建設して、王の居館としての整備を進めていった(図1)。北西の城塔には図書室も設けられた。

*16 Philippe II Auguste, roi de France
在位1180–1223年

*17 Louis IX
在位1226–70年

*18 Charles IV
在位1322–28年

*19 カペ朝
987年の選挙で「フランク人たちの王」に選ばれたユーグ・カペから14代続いた王朝。第5代ルイ6世までは一地方勢力にすぎなかったが、第12代ルイ10世まで直系継承を続け、名実ともに王にふさわしい勢力を持つに至った。

*20 Philippe VI
在位1328–50年

*21 ヴァロワ朝
初代フィリップ6世は、ルイ9世の曾孫であり、フィリップ3世の孫である。当時は王朝交代という意識はなかったと思われる。だが、王の子でない者が王になることはユーグ・カペ以来なかったので、後世、ヴァロワ朝初代とみなされた。第7代シャルル8世までは直系で続いたが、その後は男系の分家が継承した。

*22 Charles V le Sage
在位1364–80年

*23 Raymond du Temple
?–1403/04年

※1

図1　ヴィオレ=ル=デュクによるシャルル5世治世下のルーヴル城塞復元図

図2　ルーヴル宮殿レスコ棟ファサード

図3　ルーヴル宮殿レスコ棟1階ギャラリー内観

だが、シャルル5世の後、フランスの国威は振るわず、ルーヴルは放置され、百年戦争が終わっても顧みられなかった。

2）17世紀半ばまでのルーヴル宮殿略史

　ルーヴルに脚光が再び当たったのは1527年のことである。マドリードに虜囚の身をかこっていたフランソワ1世[*24]がパリに戻ると、ルーヴルに王宮を設ける旨、パリ市に宣言したのである。そして、中世城塞を取り壊して新たなルネサンス様式による城館が企図された。設計を委ねられたのはフランス人建築家第1世代に当たるピエール・レスコ[*25]だった。もっとも、フランソワ1世時代には工事はあまり進まなかった。1528年にドンジョンの取壊しが行われ、クール・カレ（方形中庭）の整備に先鞭をつけ、後は周辺環境を整備したのみだ。つまり、この時は「スクラップ・アンド・ビルド」が行われようとしたことになる。レスコによる新たなルネサンス様式の翼棟建設事業が本格的に進展し始めたのはフランソワ1世の晩年になってからであり、その息子アンリ2世[*26]の治世下の1550年代半ばに完成することとなった(図2・3)。最終的にはレスコは中世城塞をすべて取り壊して、コの字形平面の宮殿建設を考えており、1550年代には南西隅に「王のパヴィリオン」の建設も進んだ。

　1559年の王の急死後は王妃カトリーヌ・ド・メディシス[*27]のもとでレスコは南翼棟などの建設に携わった。1564年にはシャルル5世の市壁の外側にテュイルリー宮殿がフィリベール・ド・ロルム[*28]の設計で建設され始めている。だが、アンリ2世没後には宗教戦争が勃発し、建設活動は滞りがちだった。そして、1589年、アンリ3世[*29]の暗殺によりヴァロワ朝は絶えることとなった。

　これに伴い、ナバラ王アンリ3世がアンリ4世[*30]としてフランス王に即位した。アンリ4世はカペ朝傍流のブルボン家の出身であり、ルイ9世から数えて10代後の男系子孫に当たる。アンリ4世は宗教戦争ではプロテスタント陣営の指導者だったが、1593年にカトリックに改宗し、1599年にはナント王令を発して宗教戦争の混乱を収め、国内は安定を取り戻していった。建築の世界でも1594年からルーヴル宮殿の拡張計画を構想した。これを「グラン・デッサン」と称する。これは中世城塞の部分を完全に撤

＊24　François 1er
在位1515-47年

＊25　Pierre Lescot
1515-78年

＊26　Henri Ⅱ
在位1547-59年

＊27　Catherine de Médicis
1519-89年

＊28　Philibert de l'Orme
1510頃-70年。他の作品にアネ城館などがある。

＊29　Henri Ⅲ
在位1574-89年

＊30　Henri Ⅳ, roi de France et de Navarre
在位1589-1610年

※2

図4　ルーヴル宮殿拡張計画

図5　ルーヴル宮殿クール・カレ西側ファサード

図7　ルーヴル宮殿レスコ棟の
　　　シャルル9世のモノグラム

図8　ルーヴル宮殿レスコ棟の
　　　ルイ13世のモノグラム

図6　ルーヴル宮殿「時計のパヴィリオン」
　　　ファサード

去し、レスコによる翼棟（レスコ棟）を核としたクール・カレの拡張を図るものだった。つまり、中世城塞については取り壊すが、レスコ棟は保存するということである。だが、アンリ4世は1610年に暗殺され、事業は滞ることとなる。

　アンリ4世の長男ルイがルイ13世[*31]として8歳でフランス王に即位した。摂政には母后マリー・ド・メディシス[*32]が立ち、この間、ルーヴル宮殿の事業には目立った進展はなかったが、ルイ13世が実権を握ると、1624年、ジャック・ルメルシエ[*33]を登用し、その拡張事業に取り組んだ。当時のルーヴル宮殿は、前述のようにレスコによって西翼棟と南翼棟が一新されていたが、東翼棟と北翼棟はルーヴル城塞当時のままだった。つまり、ルネサンスの新しい建築と中世の軍事建築のハイブリッド建築だったのである。ルメルシエのコンセプトは、あくまで中世城塞を破却した上でのレスコ棟とそのデザインの尊重であり、それを保存しつつ、同じデザインで幅と奥行きを拡張し、クール・カレの面積を約4倍に拡大するというものだった（図4）。もっとも、単にレスコ棟のデザインを横に展開させただけだったなら、ファサードのデザインが単調で締まりのないものとなっただろう。ルメルシエの創意は、拡張された西翼棟の中央に、現在、「時計のパヴィリオン」と呼ばれている塔屋を設けたことにあったのだ（図5・6）。1639年には北翼棟が着工したが、1643年に王が亡くなると工事は中断し、再開されたのは1661年のことだった。ともあれ、フランソワ1世以降のアングレーム系ヴァロワ朝の諸王の「記憶」とブルボン朝[*34]のそれが、クール・カレを囲む翼棟デザインとその各所に記された諸王のモノグラムによって融合しているように見える（図7・8）。

＊31　Louis ⅩⅢ
在位1610–43年

＊32　Marie de Médicis
1575–1642年、摂政在位1610–17年

＊33　Jacques Lemercier
1585–1654年。王の首席建築家。他の作品にソルボンヌ大学付属礼拝堂などがある。

＊34　ブルボン朝
ブルボン家はルイ9世の末子クレルモン伯ロベールより、カペ本家から分かれた。初代のアンリ4世以外は、ルイ13世からルイ16世の息子たちまで8代にわたる王と王太子は「ルイ」という名だった。

3) ローマの巨匠ベルニーニの計画案に対する
フランス人建築家たちの反対の意味

　ルーヴル宮殿クール・カレの拡張事業はルイ14世[*35]の治世にも引き継がれた。1660年代に入るとクール・カレの外側、とりわけルーヴル宮殿全体の正面となる東側ファサードのデザインを検討する段階に達した。ルメルシエの跡を継いで王の首席建築家となっていたルイ・ル・ヴォーが案を出したが、1664年に王の建設総監となっていたジャン・バティスト・コルベール[*36]はこれを却下したという。ル・ヴォー案は楕円形平面のドームをいただいた吹抜けの広間を中心に据え、ファサードにはコリント式ジャイアント・オーダー[*37]を施すというローマ・バロック建築の影響色濃いものだった一方で、レスコとルメルシエの手がけた部分は保存するという案だった。

　この案に代わるものを求めるべく、コルベールは内外の建築家に新案を依頼した。彼の本命は当時の巨匠フランソワ・マンサールだったかもしれない。しかし、マンサールは完璧主義者として知られており、コルベールの求めにもなかなか完成案を出してこない。結局、マンサールが1666年に亡くなるまで出てこなかったのだが、それに先立つ1665年、コルベールはローマの建築家4名にも接触し、そのうちの一人、ローマ建築界の巨匠ジャン・ロレンツォ・ベルニーニ[*38]に白羽の矢を立てたのである。

　とはいっても、第1案は採用されなかった。楕円形平面の広間を中心に、そこから湾曲した翼棟を前方に伸ばし両端のパヴィリオンに繋げるという、まさに本場のローマ・バロック建築だったのである。コルベールはベルニーニと濃密に意思疎通を図るために巨匠をパリに招聘した。この時に随行したフランスの貴族フレアール・ド・シャントルー[*39]の日誌が残っていて、当時のイタリアとフランスの建築に対する考え方の違いがわかる貴重な史料となっている。

　パリに到着したベルニーニは現地の代表的な建築物を見学しつつ、新たな案をまとめていった。そうして完成した第三案は、第一案と違って直線主体のデザインとなった(図9〜11)。コリント式ジャイアント・オーダーは引き続き用いられ、1階部分はルスティカ積み仕上げを採用している。ルイ14世は、とりわけ、自然石を模したこの仕上げを評価したといわれている。楕円形平面の広間はなく、曲線を廃した直線的デザインにはなったが、ローマ・バロック建築の風味は失われていない。また、フランス風の

＊35 Louis XIV, Le Roi Soleil
在位1643–1715年。後世、「太陽王」と呼ばれる。

＊36 Jean-Baptiste Colbert
1619–83年。建設総監、財務総監、宮内卿、海軍卿など。

＊37 ジャイアント・オーダー
各階にそれぞれ異なるオーダーを施すのではなく、コラムが複数階を貫くようなオーダーのこと。ミケランジェロが発明したといわれている。ファサード全体に大規模神殿建築のような壮大さを付与する。大オーダーともいう。

＊38 Gian Lorenzo Bernini
1598–1680年。他の作品に、サン・ピエトロ使徒座聖主祭壇、サン・ピエトロ広場、ローマのサンタンドレア・アル・クイリナーレ教会堂などがある。

＊39 Paul Fréart de Chantelou
1609–94年

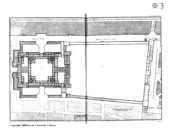

※3

図9　ベルニーニによるルーヴル宮殿設計案平面図

※3

図10　ベルニーニによるルーヴル宮殿東側ファサード案

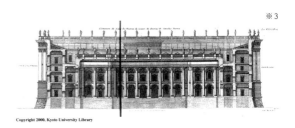

※3

図11　ベルニーニによるルーヴル宮殿設計案断面図

急勾配の屋根ではなく、低勾配の屋根を手すり壁（バラストレード）で隠して、あたかも陸屋根のように見せるつくり方も、バロック特有ではないが、イタリア風の処理だといえる。王とコルベールの認可を受けてこの案は1665年に着工された。しかし、フランス人建築家たちの強烈な巻返しがあったようで、急に工事が中止されている。

　これを受けて、ル・ヴォー、シャルル・ル・ブラン[*40]、クロード・ペロー[*41]からなる三人委員会による新案が1667年に検討された。彼らの東側ファサード案はベルニーニの初案とはまったく異なるものだった（図12）。屋根形状とコリント式ジャイアント・オーダーだけは共通しているが、双子柱が同一間隔で並ぶ均一かつ静的な秩序を感じさせるものとなった。その独創性はこれらの双子柱による列柱廊（コロネード）の採用に現れている。そもそも、これだけ壮大な列柱廊は石造のみによっては実現不可能だった。石材は剪断力に対して弱いからである。彼らは列柱廊を形成する円柱やエンタブレチャーに鉄筋を使用することによってこの問題を解決した。このアイデアは、医学、科学にも通じたペローのものだといわれている。伝統的にこのファサードのデザインはペローの才に帰されてきた。ペロー自身も自著に掲げた銅版画でそう主張している。だが、ペローの関与は鉄筋の使用など技術的な面では疑いないが、デザインに関しては、たとえば双子柱による列柱郎はル・ヴォーの弟フランソワ・ル・ヴォー[*42]のアイデアではないかともいわれていて、ル・ヴォー兄弟の貢献はかなり大きいのではないかと思われる。

　ここでベルニーニ案が葬られた背景について考えてみたい。まず、コルベールが記すところによると、イタリアとフランスの宮殿設計に対する考え方の違いを挙げることができるだろう。イタリアでは方形平面の部屋を連ねて臨機応変に使っていけばよいという考え方だったようだが、フランスでは寝室なら寝室、衛兵の間なら衛兵の間というように広間の機能に則った計画が求められていた。また、中庭に柱廊を設けることの是非や車宿りの有無に対する感覚も異なっていたようだ。

　だがそれ以上に、ベルニーニ案がレスコやルメルシエらフランス人建築家たちによって営々と積み上げられてきた成果を無に帰した上で（既存建築物の保存はされているが見えなくされている）、さらに大規模な宮殿をつくり上げるというものだったことに注目すべきだろう。既存の建築物が残るのだとしても、これでは事実上の「スクラップ・アンド・ビルド」である。この事象は次の3点から眺めることができるのではないだろうか。

①スクラップ・アンド・ビルドによる「再開発」に対する「保存」の立場からの反対運動
②規模の大きさ、既存建築物を無視するかたちで新築する財政負担上の心配からくる反対運動
③「外国人建築家」に対するフランス建築界の「既得権益」を守るための反対運動

*40　Charles Le Brun
1619–90年。王の首席画家を務めた17世紀後半のフランスを代表する画家、インテリア・デザイナー。

*41　Claude Perrault
1613–88年。本業は医者だが、ウィトルーウィウスの『建築十書』を初めてフランス語に訳するなど、建築についても造詣が深かった。

図12　ルーヴル宮殿東側ファサード実施案

*42　François Le Vau
1613–76年

だが、これだけ議論を尽くしたにもかかわらず、ルーヴルの現場はヴェルサイユ城館の造営の本格化と王のヴェルサイユへの傾倒が深まることによって最終的には放棄され、東翼棟と北翼棟のほとんどの部分には屋根が架からなかった。

ヴェルサイユ新城館建設をめぐる小城館の「保存問題」

1）ヴェルサイユ城館略史

　コルベールの意向にもかかわらず、王のヴェルサイユへの傾倒は1660年代後半に目に見えて高まっていった。ここでヴェルサイユ城館の沿革を簡単に紹介しておきたい。もともとこの城館は、狩りを大変好んでいたルイ13世の休憩所として1623年から1624年にかけて建設された。サン・ジェルマンの森で狩りに興じた王が夢中になりすぎてサン・ジェルマン・アン・レ城館に帰れなくなることも多く、ヴェルサイユ村の農家の納屋に宿を取ることもあったからだ。この城館を気に入った王は1631年から1634年にかけて段階的に城館を取り壊しながら、赤煉瓦とクリーム色の切石からなる新たな城館を建設した。これが後世、「小城館」と呼ばれるようになる（図13）。

　1643年5月14日、ルイ13世が亡くなると4歳の長男ルイがルイ14世としてフランス王に即位した。彼も父王と同じく狩りの愛好家であり、ヴェルサイユの地に少年時から親しんだようである。そして、1661年3月9日、事実上のフランスの最高指導者だった枢機卿ジュール・マザラン[*43]が亡くなると、「親政」を開始した王はヴェルサイユ城館の拡張も手がけることになる。まず、コの字形平面の小城館の斜め前方に2棟の付属棟を増築した。正面向かって右側が厨房や使用人たちの使う部分を含むサーヴィス棟、左側が厩舎だった（図14）。次いで、1664～65年頃に「テティスのグロット」が建設された後、1668年10月から1670年にかけて「新城館」が小城館を三方から囲うように建設された（図15）。続く10年ほどの間に新城館の内装工事が進められている。新城館の主階段となる「大使の階段」も1675年に建設された。

　そして、1678年、ヴェルサイユ城館にとって重大な決定がなされた。「王宮」がルーヴルから移されるというのである。これに伴ってさまざまな付属棟が次々に建設されていった。王族の住まう「南翼棟」、廷臣のアパルトマンが設けられた「北翼棟」、大臣たちが政務を執る2棟の「大臣翼棟」、厨房や使用人たちの使う部分を含む「大サーヴィス棟」、そして、「大厩舎」と「小厩舎」などである。だが、とりわけ重要だったのは「鏡の間」だろう。本章が扱うのはおおむねこのあたりまでである。以後は小城館内部の内装変更などが行われるものの、鏡の間の完成により、城館の大枠は定まったといえるだろう。

図13　ヴェルサイユ小城館
東側ファサード

＊43　Jules Mazarin
1602–61年

図14　ヴェルサイユ城館
旧厩舎ファサード

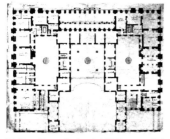

図15　ヴェルサイユの小城館、　※4
および新城館1階平面図

2）ル・ヴォーによる「修景」 ―厩舎とサーヴィス棟の増築―

　1661年以降、ルイ14世はヴェルサイユ城館に対してさまざまな増改築を施していく。その嚆矢となったのが厩舎とサーヴィス棟の増築であり、手がけたのは王の首席建築家ルイ・ル・ヴォーだ。ル・ヴォーの建築は筆者の見るところ、当時のフランス建築の中でも最もローマ・バロックに近づいたと評してよく、代表作のヴォー＝ル＝ヴィコント城館、コレージュ・デ・キャトル・ナシオン（現フランス学士院）、実現しなかったルーヴル宮殿東側ファサード案などに見られるように、楕円形平面の空間や中央にドームをいただく立体的なファサードを好んだ建築家だった。

　では、この時に建設された厩舎とサーヴィス棟の建築物はどのような特徴を備えていただろうか。まず、外壁の仕上げが赤煉瓦とクリーム色の切石によるところが目を引く。上記のル・ヴォーの作品に加え、ヴァンセンヌ城塞の中の「王のパヴィリオン」と「王妃のパヴィリオン」においても外壁仕上げはクリーム色の切石のみが使用されていて、それぞれにモノクロームの厳かな質感である。実は赤煉瓦と切石のツートンカラーはアンリ4世時代からルイ13世時代にかけての多くのフランス建築に見られる特徴であり、現在でもパリのヴォージュ広場（当時は「王の広場」、1605）を囲う建築物群に見ることができる。つまり、ル・ヴォーは一世代前の古いデザインを採用したことになる。これはもちろん、小城館のデザインに合わせたということが考えられる。1678年以降にジュール・アルドゥアン＝マンサール[*44]がこれらの付属棟の斜め前方に建設した2棟の「大臣翼棟」も同じく赤煉瓦とクリーム色の切石からなるツートンカラーであり、現在も正面から見るヴェルサイユ城館は統一された外観を見せているのである。

　現在、新たに建設する建築物のデザインを既存の建築物のそれから導かれた一定のデザインコードに則ってなすやり方を「修景」といい、長野県・善光寺の沿道や滋賀県・彦根城周辺地区などの多くの地方都市のまちづくりで採用されている。ル・ヴォーの2棟の付属棟もこのような手法が用いられた例といえるだろう。では、なにゆえにル・ヴォーは自らの建築デザインを封印してまでこのような手法を採ったのだろうか。この議論は次節の小城館の処遇をめぐる議論とも密接にかかわってくるだろう。

3）新城館建設をめぐる小城館の「保存問題」

　前項で述べた事業は小城館本体の外側に付属棟を建設したということであり、小城館本体には外壁の装飾や内装が加えられたものの、大枠はそのままだった。だが、1664年の『魔法の島の遊興』と1668年の『ヴェルサイユの大ディヴェルティスマン』といった大規模な野外祝典で露呈したように、大国フランスの宮廷を収めるには手狭にすぎた。たとえ「王宮」はルーヴルであり、ヴェルサイユが王の私的な別荘にすぎないとしてもである。

　そこで1668年10月、王はさらに大規模な新城館の建設に着手した。着工当初、どのような案が構想されたのかについて、実はあまりはっきりしたことはわかっていない。王の建設総監ジャン・バティスト・コルベール

*44　Jules Hardouin- Mansart
1646–1708年

＊45　Charles Perrault
1628–1703年。「サンドリヨン」（灰かぶり姫）、「赤頭巾」、「長靴を履いた猫」などの民話を編纂した童話集で知られる作家でもある。

＊46
Mémoire de ce que le Roi désire dans son Bâtiment de Versailles

＊47
Observations sur les plans présentés par différents architectes pour Versailles

の側近の一人シャルル・ペロー＊45が兄クロードの作品集の註記で多少語っている程度であるという。だが、少なくとも1669年6月8日には新城館は1階部分まで建設されていたことが、現場監督ルイ・プティからコルベールへの報告書からわかる。

また、1669年6月中に工事が中断され、新案を募るべく6名の建築家たちによるコンペティションが行われたことが、コルベールによる2通の文書やペローからコルベールへの1669年6月25日付書簡によって知られる。2通のコルベール文書とは、コンペの条件を記した「ヴェルサイユの建築物において陛下が望まれていることについての覚書」＊46（以下、「覚書」）とコンペ案4案についての講評「ヴェルサイユのためにさまざまな建築家たちが提出した計画案についての講評」＊47（以下、「講評」）のことである。「覚書」では1669年6月時点での新城館北棟2階の「王のアパルトマン」の平面についての寸法も含んだ詳細な情報が窺える。このコンペの骨子は、まず、小城館を取り壊して更地にした上で新たな城館を建設すること、および、新城館のすでに建設した部分は取り壊さずに再利用することである。しかし、あらかじめ定められた期日までに設計案を提出できた建築家は一人もいなかった。ペローはコルベールに対して次のように嘆く[※5]。

　　ヴェルサイユの計画案となるものについて、本日、閣下は何も手にしておられません。そこで私は各所に赴き、あるいは使いを送りました。
　　ル・ヴォー氏は、明朝8時に作成したものを閣下に持参すると約束しました。
　　ル・ポートル氏は、土曜日朝までは自案を持参できないと私に通知してきました。
　　ガブリエルは、自案を大きく修正したところであり、この後もまだ続く、今週末まで清書できないと言いました。
　　わが兄は明日か木曜日の朝に完了するでしょう。
　　ヴィガラーニ氏は田舎のほうに行っていたので、私の通知文が彼に送付されました。
　　ゴベール氏は自宅におらず、会えませんでした。今後、彼が作成したものがあるなら、私が確認しその計画案について注記した上で、閣下に送付するか、あるいは持参します。
　　以上の諸氏は終日終夜努めておりますので、閣下におかせられては、彼らに必要な時間をお与え下さいますようお願いいたします。

「講評」では6名の内、ル・ポートルとゴベールを除く4名の設計案しか批評されていないので、2名は案を出せなかったのだと思われる。そして、おそらく、このコンペではル・ヴォーが勝利した。そう推定される従来指摘されてきた理由は、「講評」において長く言及され、不満な点も数多く指摘されながら最も高く評価されていると判断できることだった。筆者もこれを支持するが、「講評」の記述との比較から、このコンペのル・

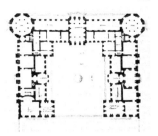

図16　ル・ヴォーによるヴェルサイユ新城館コンペ案改定案平面図

図17　ヴェルサイユ新城館竣工時の西側ファサード

図18　ヴェルサイユ新城館南側ファサード

ヴォー案と比定されているストックホルム国立美術館所蔵の平面図の特徴が「講評」の記述と微妙に異なる点もあって、この平面図が「改定案」であると思われることそのものもその理由として加えてよいだろう（図16）。もし勝利していなければ通常は改定案が作成されるはずもないからである。だが、このコンペ案は破棄された。結局、1669年6月以前の案に立ち返り、小城館を保存して、その三方から囲うように1階部分まで建設された新城館を引き続き建設することになったのであり、建築物そのものは1670年に完成した。結局、小城館を保存した上で、その北、西、南の三方から小城館を囲うように新城館が建設されたのである（図17・18）。

4)「ヴェルサイユ宮殿：概論」に示されたコルベールの建築観

　筆者はこの間の事情を記したのがコルベールによる「ヴェルサイユ宮殿：概論」[48]（以下、「概論」）ではないかと考えている。コルベールは「概論」前半で「概論」執筆時における「現行案」を完膚なきまでに批判し、後半ではそのような状態からどのように挽回するかを三つの選択肢を挙げて論じている[8]。三つの選択肢は以下の通りである。

※48
Palais de Versailles : Raisons générales

(A) すべてを「取り壊して」敷地をもっと広く整備した上で「大邸宅を建設する」

(B)「新しく建てられた部分をすべて取り壊すか残すかを検討」する

(C)「小城館を残し、着工された案に従って包囲建築を建設する」

　だが、実際には(B)は下記のようにさらに二つに分かれるので、選択肢は四つであるともいえる。また「新しく建てられた部分」が1668年10月以降に建てられた部分なのか、1669年6月以降に建てられた部分なのかはっきりさせる必要があるだろう。

(B-1) 新しく建てられた部分を取り壊す→すべてを白紙化し、小城館だけに戻す

(B-2) 新しく建てられた部分を残す→「概論」が批判している案にとどまる←「前述したような不都合に陥る」との記述

もっとも、(B-2)は「前述したような不都合に陥る」と評価されているので、これは「概論」前半で批判されているその時点での現行案そのものだと判断でき、選択肢からは除かれる。つまり、やはり選択肢は(A)、(B-1)、(C)の三つであるとも読める。

　本稿の関心にとって興味深いのは「概論」で示されたコルベールの「保存」についての考え方である。彼は第一の選択肢(A)を提示しつつ、「さらなる敷地を得るためには、すべてをひっくり返し途方もない出費をせねばならないゆえ、陛下はこの場所が自然に提供できる以上の敷地を占めたいとお望みになられているとは思われない。そのような出費はルーヴルや他の大事業のためになし、陛下がこの邸宅で楽しまれる遊興から長い間身を背けることこそ、陛下にはさらにふさわしく栄光に輝けるものとなろう。／それゆえ、陛下がこの解決法をお採りになられるとは考えられない」と述べて、この選択肢を否定する。

　また、第二の選択肢(B-1)を「すべてを取り壊すと、決断のなさ、絶え間ない改変と巨額の出費が陛下のすべての偉大なる御業と釣り合わなくなるのは確実である。加えて、大邸宅を建造できないのだから、建設されるものは陛下の御政道のすべてといかなる釣合いも取れないだろう」と述べて、やはり否定している。

　加えて、「概論」を締めるべく第三の選択肢(C)についても「この解決法に反するかもしれないのは、陛下が小城館を取り壊す旨で行った、偉大にして公にもされた宣言である。これは違えることのできない約束となっている。／それゆえ、つくられた部分を保存しつつ高価なことは何もしない、あるいは、その部分を取り壊して小さなこと以外は何もしないという選択肢を採るより他はない。いずれにせよ、陛下について残される永遠の記憶は、この建築物のせいで惨憺たるものとなるだろう。／陛下の御楽しみが充足されたときに、この建築物が倒れることを願うばかりである。／陛下の解決法を採ること」と評価し、せいぜい3案の中で最も「まし」な程度で、コルベールにとってヴェルサイユの事業そのものが不本意であったことがわかる。

　したがって、上記3カ所の引用部分から窺える通り、コルベールの判断基準はヴェルサイユにできる限り金を使わないこと以外ではあり得ない。「覚書」冒頭で「陛下は以下のことをお望みである。新しくつくられた部分すべてを用いること」と指示し、ル・ヴォー案の「講評」冒頭で「つくられた部分はすべて保存される」と真っ先に指摘しているのも同じ観点による意見だろう。以上3通のコルベール書簡からは、建築物とは王の偉大なる治世の記憶を後世に永遠に伝えていくものであるという建築観をう窺うこともできる。

建築物による王朝の記憶の継承

　ヴェルサイユ新城館の計画について、コルベールは、小城館を保存し、

新たに建造される新城館と共存させるという案は最も「まし」な解決案だが、それでも「陛下について残される永遠の記憶は、この建築物のせいで惨憺たるものとなるだろう」と評している。それにもかかわらず、小城館の保存を強硬に望んだのはルイ14世自身であるという点で先行研究の多くは一致しており、その傍証としてシャルル・ペローが兄の作品集『クロード・ペローの注解および図面集』に施した註記において下記のように述べていることが挙げられる。

これらル・ヴォー氏の設計による3棟の大主棟がつくられたとき、それらが美しく壮麗だったので、小城館がこの新しい建築物といかなる釣合いや調和も取れないと考えられた。陛下に対し奉り、この小城館を取り壊して、その代りに建てられたばかりのものと同じ性格で同じ比例をもった建築物をつくることが提案された……。しかし、陛下はそれに対する同意をまったく望まれなかった。大部分が壊れかけており、再建すべきところを再建させるよう、空しくも陛下に御忠告申し上げる者もあったが、陛下に対し奉り、この小城館を実際よりも今にも倒れそうなものと信じさせて、それを取り壊す決定をさせようとしているのではないかとお気づきになり、陛下は多少のお怒りを込められ、それをすべて取り壊してもよいが、まったく元通りに何も変えることなく再建させようと仰った。

　一方、「概論」で言及されている「陛下が小城館を取り壊す旨で行った、偉大にして公にもされた宣言」とは1669年6月のコンペティションに先立ってなされたものだと考えられ、史料から多くは窺えないものの、小城館が新城館に囲われていくのを目の当たりにした王が、建築家をはじめとするさまざまな人々に説得されて認めてしまったものだと考えられているが、王の真意は上記の文書が伝えるほうに近く、それゆえ、コルベールが「概論」で提案した第三の選択肢が最終的に選択されたということなのだろう。

　では、なにゆえに王は父王の建てた小城館にこだわったのだろうか。ルイ13世が崩御したとき、ルイ14世は4歳の幼児だった。当時の王族の生育環境も考え合わせると、父の記憶、父への親愛の情はどの程度残っていただろうか。こればかりは窺い知ることはできない。同時代のサン・シモン公爵の『回想録』をはじめとして、古来、なにゆえにルイ14世はヴェルサイユにこだわり、そこに王宮を営んだのか論じられてきた。だが、公的には1674年に王の修史官アンドレ・フェリビアン[49]によって公にされた『ヴェルサイユ城館大全』[50]冒頭(図19)において下のように記されているだけである。

　　陛下のあらゆる居館の中でもヴェルサイユの館は、とりわけ、陛下の御喜びとなる栄誉に浴し、1661年、陛下はかつてなきほどに館を広壮に、かつ、快適にお住まいになれるよう事業に着手された。ルイ13世陛下

* 49　André Félibien, historiographe du roi 1619-95年。

＊50
Description sommaire du Chasteau de Versailles

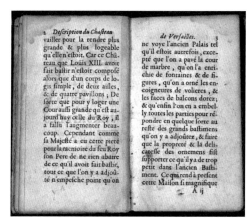

図19　フェリビアン
『ヴェルサイユ城館大全』
pp.2–3

　が建設させたこの城館は、当時、単純なコール＝ド＝ロジ（主棟）と2棟の翼棟、および、4棟のパヴィリオン（突出部）のみで構成されていたのである。陛下の今日の宮廷と同様に大規模な宮廷を収容すべく、多くを増築せねばならなかった。だが、陛下は亡き父王陛下の御記憶に対する御孝心を抱いておられたゆえに、父王陛下が建設させた部分をまったく取り壊させることなく、増築された部分のすべてが、既存の宮殿がかつてあったように見えるのをまったく妨げないようにされていた。

　上記のように記述されているものの、諸家は4歳で父王と死別したルイ14世の「亡き父王陛下の御記憶に対する御孝心」を額面通りに受け取ってはいない。それゆえにさまざまな議論がなされてきたのである。ただ、筆者としては、それを父から子へと受け継がれていく王位の継続性、すなわち、新たな王家ブルボン朝の継続性への関心と読むならば、このフェリビアンの記述はかなり重要なのではないかと考える。確かに王は多くの居館を所有していたが、ヴェルサイユ以外のすべてがカペ朝、ヴァロワ朝から受け継いだものだった。ヴェルサイユこそはブルボン朝だけの記憶を後世に伝える城館だったのである。

　してみると、コルベールにとってはヴェルサイユは「陛下について残される永遠の記憶」を「惨憺たるもの」とする建築物だったのに対し、フェリビアンの記述によればヴェルサイユこそがブルボン朝の継続性の象徴であり、ブルボン朝の記憶だけを後世に伝える城館だったと評せるだろう。このように小城館の保存は王朝の継続性という大きなものを背負っていたのだ。

　一方、ルーヴル宮殿のほうでは、ヴァロワ朝傍流から王となったフランソワ1世は、カペ朝の王フィリップ2世やルイ9世、ヴァロワ朝本流のシャルル5世によって整備されてきたルーヴル城塞をルネサンス様式の新しい宮殿で置き換えようとしたが、カペ朝本流から分かれて10代目のアンリ4世から始まったブルボン朝のルイ13世、ルイ14世は、フランソワ1世以降のアングレーム系ヴァロワ朝の王たちが築いてきたルーヴル宮殿とそのレスコによるデザインを、ヴァロワ朝からブルボン朝への王統の継続性を保証するものとして重視したものと思われる。

新古典主義王室建築のリノベーション事例

フランス王権が実現させた建築は宮殿だけではない。多くの教会堂や世俗の公共建築を世に送り出し、
18世紀になると事例も増して、新古典主義的な大規模公共建築が多く登場した。
ここではリノベーション事例としても興味深い2例を紹介する。

パリのパンテオン

パリのパンテオンは、もともとはサント・ジュヌヴィエーヴ教会堂として建設が始まったが、フランス革命以降の政権交代のうねりの中で紆余曲折を経て、現在の用途となった。その建立は、1744年、オーストリア継承戦争においてメス親征中のルイ15世が重病にかかったことが発端だ。王はパリの守護聖人サント・ジュヌヴィエーヴに祈りを捧げ、平癒の暁には聖女に新たな教会堂を捧げることを誓約したのである。つつがなく平癒した王は当時の「王の建設局」を統括していたマリニー侯爵アベル・フランソワ・ポワソン＝ド＝ヴァンディエールに事業を委ね、侯爵は建築家としてジャック・ジェルマン・スフロを抜擢した。

1755年に第一案が作成され、その後も改定が続き、最終案に至ったのは1777年のことだったが、当初の設計コンセプトが変わることはなかった。すなわち、でき得る限り円柱を構造柱として用いることである。もちろん、石造建築である以上、石材内部に鉄筋を入れて補強しても、すべてを軸組構法で建設することはできない。ただ、身廊と側廊を隔てるコリント式円柱が身廊ヴォールトを支持するようになっており、部分的に実現されている。もっとも、ドームはパリの廃兵院のドーム教会堂のような三重殻ドームであり、それはさすがに円柱だけでは支えられないので、通常のペンデンティヴ・ドームのように4本の太い支柱によって支持されている。ドーム自体のデザインは、ドラム

部分をコリント式列柱が取り囲んでいるというもので、古代ローマの円形神殿を源とし、ドナト・ブラマンテによるローマのテンピエットやクリストファー・レンによるロンドンのセント・ポール大主教座聖堂のドームのデザインの影響を受けている。

設計案が定まらなくとも、建設は徐々に進んでいった。基礎工事は1757年から開始されており、1763年にはクリプトが完成し、建築物の上物も1764年9月6日に着工している。その後、身廊列柱と正面列柱（1770–73）、身廊ヴォールト（1777–80）、ドームのドラム（1785–87）、ドーム本体（1789–90）の順で完成していった。ルイ16世の治世下、フランス革命期も建設は続いた。最終的には、スフロを支えた建築家ジャン・バティスト・ロンドレが竣工に導いている。

その後、革命は先鋭化して、カトリック排斥へと動いていき、本建築物を教会堂にする計画は変更を余儀なくされる。1791年、祖国フランスの英雄の遺体を安置し栄誉を讃える「フランスのパンテオン」、「祖国の神殿」とする案が登場した。この改装を手がけたのがアントワーヌ・クリゾストム・キャトルメール＝ド＝カンシーだ。『建築歴史事典』などの著書で知られる近代フランスの代表的な建築理論家であり、古代エジプト建築や古代ギリシャ建築の当時の権威でもあった。この改装事業によって外壁に大きく開けられていた開口部は塞がれ、光あふれる教会堂が偉人たちの墓所にふさわしい厳かな闇で覆われるようになった。

1796年にはドームを支える支柱に亀裂が発見され、1798年に解決案が策定されて、再び教会堂となった1806年から1812年まで補修工事が実施された。その後も、度重なる政権交代で教会堂と墓所の間を揺れ動く。1830年に再び墓所となり、その後、両機能共存の時期もあった。そして、1885年のヴィクトール・ユゴの国葬の際に教会堂としての役割を終えて国家の偉人を讃えるパンテオンとなる。

三重殻ドームの外観（上）と、内部（右）。4本の太い柱が支えるドームのドラム部分に、コリント式列柱が並んでいる。

フランス国立図書館（リシュリュー地区）

　現在のフランス国立図書館は、ドミニク・ペローの設計により1994年に完成、1996年に開館した、トルビアック地区の新館に主な図書館機能を移転させたが、それまではリシュリュー地区の建物が本館機能を有していた。現在のリシュリュー地区の建物には、国立図書館の写本、版画、地図、貨幣、演劇、音楽などの部門のほか、国立美術史研究所の付属図書室、国立古文書学校の付属図書室などが含まれている。

　リシュリュー地区の建物の、図書館としての歴史は18世紀初頭まで遡る。リシュリュー通りとヴィヴィエンヌ通りに挟まれたこの敷地に建っていた建物群にフランス王家の蔵書コレクションが移されたのは1720年頃のことだった（図3）。その後、18世紀を通じ

てこれらの既存建物のリノベーション計画が進められる。早い時期からプロジェクト図面の中に描かれてくるのは、地球儀設置にかかわる改築図面である。

　改築計画のための図面は1717〜40年にかけて、ヴァリエーションを含む第一計画図から第七計画図が描かれている（図1・2）。さらに、1785年になると、新古典主義の建築家としてよく知られるエティエンヌ＝ルイ・ブレによる王立図書館の計画図が描かれる。ブレは、既存建物の中庭に巨大な図書閲覧室を挿入する計画を提案した。中庭に巨大なヴォールト天井を架け、内部化されたかつての中庭には階段状の書架が挿入される。中庭を挟む細長い既存建物については、2階部分の壁を立ち上げて階高を高くすることで、ヴォール

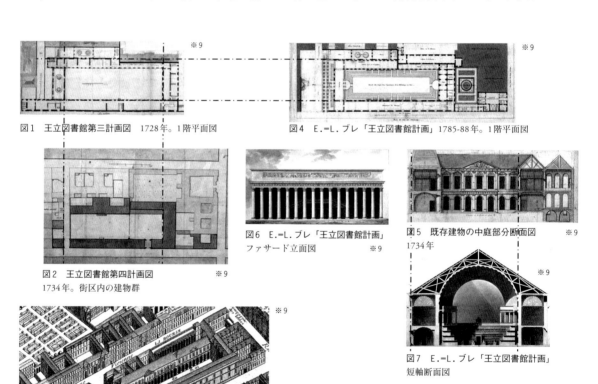

図1　王立図書館第三計画図　1728年。1階平面図

図4　E.=L. ブレ「王立図書館計画」1785-88年。1階平面図

図2　王立図書館第四計画図　　　※9
1734年。街区内の建物群

図6　E.=L. ブレ「王立図書館計画」
ファサード立面図　　　※9

図5　既存建物の中庭部分断面図　　　※9
1734年

図7　E.=L. ブレ「王立図書館計画」
短軸断面図

図3　テュルゴの地図
1739年に描かれた王立図書館の建物群

図8　E.=L. ブレ
「王立図書館計画」
内観パース

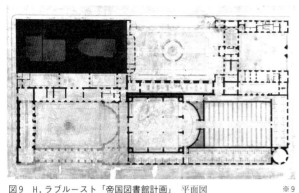

図9　H.ラブルースト「帝国図書館計画」　平面図　　　　※9

図10　H.ラブルーストによる新築部分　閲覧室内観

ト天井の起 枙 点が高くされ、さらに全体が大屋根で
覆われる計画となっている。ブレは、平面図、断面図
のほか、北側（図4の左側）の正面のファサード立面図
なども描いている（図4〜8）。

　しかしながら、フランス革命期と重なることになっ
たブレの王立図書館計画は、実現することはなかっ
た。図書館の改築計画が大きく進んだのは、それから
半世紀が過ぎた19世紀半ばのことである。

　ナポレオン3世の第二帝政下で、この図書館は王立
図書館から帝国図書館に改称され、建築家アンリ・ラ
ブルーストが改築計画を担当した。ラブルーストは、
ブレが敷地としようとした中庭とそれを挟む建物の内
南側の約半分ほどと、その南側にあった既存建物と中
庭部分を取り壊し、そこに鉄骨構造の閲覧室と書庫を
新築したのだった（図9・10）。

　ラブルーストの計画は、彼の建設部分に限って見れ
ば、破壊と新築による改築であった。しかし新築され
た閲覧室の東側に隣接するギャルリ・マンサールは
17世紀半ばに建築家フランソワ・マンサールが設計
したラブルーストの閲覧室よりも約200年古い部分で
あり、この歴史的な建築空間を残しつつ、配置計画が
なされたことが理解できる。

　リシュリュー地区の街区内で最後まで残されていた
北東の隅が国立図書館の一角として改築されたのは
19世紀末から20世紀初頭にかけてのことである。こ
の部分には、建築家ジャン＝ルイ・パスカルの設計に
より楕円形の閲覧室がつくられた（図11・12）。この建
設工事によって、おおよそ現在のリシュリュー地区の
建築群が完成することになったのだった。

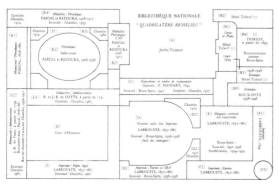

図11　現在の平面図　　　　　　　　　　　　　※10

図12　J.＝L.パスカル設計部分　楕円形の閲覧室内観

第6章

線的な開発と面的な継承の都市再生

都市組織の再編と重層化

　歴史都市パリでは、市壁／城壁の解体や再構築など数々の都市内改造の結果、幾重にも織り重なる特徴的な「都市組織」[*1]が形成されている。

　この都市組織という用語は、道路、地割、建築物、空地など諸要素の関係性を、細胞や繊維の組織体が有機的に絡まり合った状態に例えた表現である。CIAM（近代建築国際会議）の「合理的敷地割」[*2]を理念とするような都市計画への反省を踏まえ、既存の都市ストックの活用や都市コンテクストへの配慮を重視する概念として、1960年代から70年代にかけて、ヨーロッパを中心に用いられるようになった。日本へは陣内秀信による一連のイタリア都市史研究を通じて導入された。陣内は、都市組織とは「空間の広がりの中でさまざまな要素相互が複合的に関係し合い、織り合わされて組織体を成している」ような有機的総体を指すと述べている。そして、都市組織研究の嚆矢であるイタリア人建築家サベリオ・ムラトーリが、都市組織と建築類型の二つの次元を設定した[*3]ことを紹介している[*1]。すなわち、土地に刻み込まれた都市組織といういわば平面的な次元とその上に展開される建築類型という立体的な次元との相関関係において都市空間を分析しようとする考え方である。また、フランス都市計画史の大家フランソワーズ・ショエ[*4]らによる『都市計画と地域開発の辞典』[*2]では、都市組織の概念は、建築類型学（スケール、スタイル等）や都市形態学（空間構造分析）と密接に結びつき、住人によって認識される都市環境の具体的／物質的な特質にも結びついていると解説がなされている。

　こうした考え方に基づき、本章では、歴史都市[*5]とは、都市組織が重層化した都市のことであり、固有の歴史性や場所性は、都市組織の重層性が司るものと定義する。その上で、具体的な重層の仕方や状態を都市のリノベーションとして考察する。特に、歴史都市における近代都市計画の範例となったオスマンによるパリ大改造のディテールに着目し、次の二つの観点から都市のリノベーションの可能性を検証したい。

1. オスマンによる近代都市大改造の基盤となる中世都市パリの形成：都市拡張と市壁／城壁の構築・解体、保存・再活用、再価値化（跡地利用）
2. パリ大改造を通じた都市組織の再編：パリ市第2区（ボンヌ・ヌーヴェル地区＋マイユ地区）の事例

19世紀のパリで行われたオスマンの大改造はしばしば、中世都市の解体という破壊的イメージで語られる。
しかし都市空間を有機的なひとまとまりとして捉える「都市組織」の視点で見ると、
オスマンの大改造で開設された道路が既存の街区を縁取り、
結果的に裏路地に中世の都市組織を部分保存したともいえる。
再開発という行為を都市組織の再編や重層化と考えれば、
保存か開発かという両極とは異なる「都市のリノベーション」の可能性が見えてくる。
本章では、パリの大改造を街区単位で検証し、街区周縁部を構成する新設道路沿いの線的な開発と、
街区内部の面的な継承を通して、都市のリノベーションについて考察してみよう。

オスマンによる近代都市大改造の基盤となる
中世都市パリの形成

　ここではまず、オスマンによる近代都市大改造の舞台となった中世都市パリの形成について概観する。特に、「壁」という都市組織の基本構成要素を介した都市の更新（リノベーション、アップデート）に焦点を当て、都市レベルや街区レベルのマクロな視点で時間的な変化を見ていこう。

1)　都市拡張と市壁／城壁の構築・解体

　パリの都市壁の変遷図（図1・2）に見られるように、同心円状に中心から郊外へと都市が拡張していく過程は、ヨーロッパの都市の典型的な姿である。

　パリの起源は、ケルト人のパリシー族が、セーヌ川の中州であるシテ島に移り住み、ルテティア（ケルト語で「水中の住居」を意味する）と呼ばれる小都市（シテ）を築いたことに始まる。その後、ローマの侵攻を受けてシテ島を取り囲む最初の砦が築かれて以降、パリの都市壁は市街地の拡張に従ってより周縁部へと移動し、年輪のような痕跡を残している。都心部から順に、フィリップ・オーギュストの市壁（1190-1215年）、シャルル5世の市壁（1365-1420年）、ルイ13世の市壁（1634-47年）、徴税請負人の市壁（1785-90年）、ティエールの市壁（1840-46年）へと継続的に都市境界が押し広げられた。第二帝政期のセーヌ県知事オスマンの時代に現在の20区の行政区域の境界となったティエールの市壁は、1919年から1929年にかけて解体され、パリ最後の市壁となった。周辺には「ラ・ゾーヌ」と呼ばれる建設禁止区域が広がっており、そこに多くの貧しい人々が住み着くなど一帯が非衛生街区となっていたが、戦後、パリ外周道路が開設され（1973年）今日に至っている（図3）。

＊1　英語ではurban tissue / fabric、フランス語ではtissu urbainと表記される。

＊2　近代建築国際会議の第三回会議（1930年、ブリュッセル）において、ル・コルビュジエは「輝く都市」計画とその基盤となる「合理的敷地割」について発表している。パリの中世的な都市、ニューヨークの整然としたグリッド状都市、ブエノス・アイレスの無機的な基盤目状都市に対してル・コルビュジエは、ピロティを介して地面から持ち上げられた雁行状の建物配置という新しい都市の形を提唱した。

＊3　Saverio Muratori（1910-73年）の定義によれば、建築、地割、ブロック形態、道、オープン・スペース等により構成されるものが都市組織であり、その構成単位である建築を分類的に見たものが建築類型である。

＊4　Françoise Choay　1925年-

＊5　京都で発足した「世界歴史都市連盟」＊3は、「歴史都市の保存と開発」という歴史都市が直面している課題の解決を目的とし、歴史都市という共通の絆で結ばれた都市が、日常的な交流を促進するための世界的な都市間組織であることを宣言している。1987年に京都市の呼びかけにより第一回世界歴史都市会議が京都で開催された際に、同会議の継続開催のために、参加した26都市を会員として世界歴史都市会議協議会が設立された。2018年12月時点で、65カ国と地域から117都市が加盟。日本では、京都、奈良、鎌倉、金沢、那覇が歴史都市に指定されている。

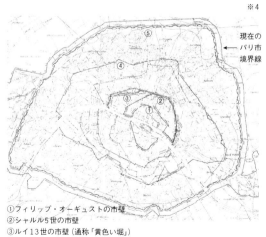

※4

現在の
←パリ市
　境界線

①フィリップ・オーギュストの市壁
②シャルル5世の市壁
③ルイ13世の市壁（通称「黄色い堀」）
④徴税請負人の市壁
⑤ティエールの市壁

図1　パリの年輪を刻む都市壁

※5

至：サン=ドニ大聖堂

建設された
ルイ13世の市壁

解体された
シャルル5世の市壁

ノートルダム大聖堂

図2　ボンヌ・ヌーヴェル地区とマイユ地区におけるシャルル5世の市壁とルイ13世の市壁

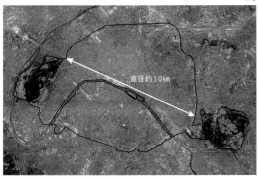

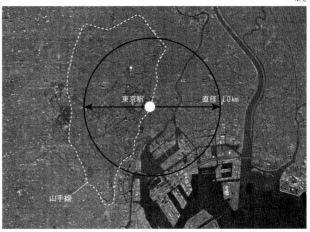

図3　パリと東京のスケール比較

パリ

東京

2）市壁の跡地利用

　市域の拡大とともに、より外側に新しい市壁が建設されると、既存の市壁は不要となり解体される。その際、市壁の構造体の一角が再利用されたり（図4）、市門がモニュメントとして保存活用された事例（図5）が見られる。さらに、都市組織という観点から見れば、市壁跡地に新しい価値が付与されるかたちの都市リノベーションも認めることができる。ここでは、古代から近・現代に及ぶ都市組織の多様な重層が体現されているパリ市第2区ボンヌ・ヌーヴェル地区とマイユ地区にズームインして、市壁にかかわる都市のリノベーションを考察してみたい。

　まず、当該地区の都市組織の基盤となったのが、サン＝ドニ通りである（図6）。パリ最古の南北軸（カルド）の一つとして、戴冠式を行うノートル＝ダム大聖堂と王墓のあるサン＝ドニ修道院を結ぶ「王の道」として栄え、今日ではパリ最大の歓楽街となっている。オスマンの大改造で開設された第一号道路であるセバストポール大通りは、このサン＝ドニ通りとその東に並行するサン＝マルタン通りの中間に、当地区を南北に貫くかたちで開設された。その結果、サン＝ドニ通り沿いの古い都市組織は維持され、パリの旧街路沿いの特徴的な地割（間口が狭く奥行きが深い構成）の保存に繋がった。

図4　シャルルマーニュ通り（上）とクロヴィス通り（下）
現存するフィリップ・オーギュストの市壁の一角が建物境界壁の一部に組み込まれた事例。

図5　ロトンド・ラ・ヴィレット
旧徴税請負人の都市門、パリ（建設年：1786-87年）、設計：クロード＝ニコラ・ルドゥー（1736 1806年）

図6　サン＝ドニ通り

図7　サン＝ドニ門
パリ（建設年：1672-76年）、設計：ニコラ・フランソワ・ブロンデル（1618-86年）

→ サン＝ドニ修道院　第3章「最初のゴシック建築」参照

※7

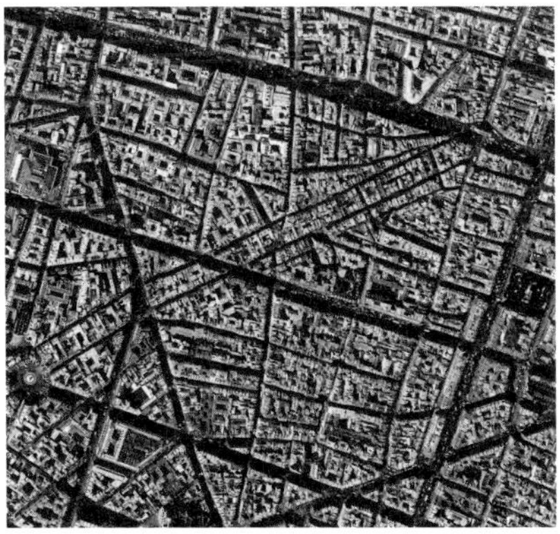

※8

図8　ボンヌ・ヌーヴェル地区とマイユ地区の
　　　航空写真

図9　ボンヌ・ヌーヴェル地区とマイユ地区の
　　　地籍図

図10　シャルル5世の市壁跡
　　　地に開設された道路と市壁のよ
　　　うに立ち並ぶアパルトマン

　ルイ13世時代のパリ地図(図2)には、シャルル5世の市壁が一部解体さ
れ(1633年より解体開始)、ルイ13世の市壁へと市域が拡張される様子が
示されている。ルーヴル宮の敷地を完全に都市内に包摂すべく、サン＝ド
ニ門(図7)から現在のコンコルド広場まで、稜堡を有する「黄色い堀」と
呼ばれる市壁が建設された。これに伴い、シャルル5世の市壁跡地には、
サン＝ドニ門から現ヴィクトワール広場まで、2本の道路[アブキール通
り、クレリー通り＋マイユ通り]が設けられた。航空写真(図8)と地籍図(図
9)には明瞭にその痕跡が写し出されている。また、地上レベルでも、旧市
壁跡の開設道路沿いには、あたかも市壁が立ち並んでいるかのようにアパ
ルトマンが建設されている(図10)。さらに、このルイ13世の市壁も解体さ
れ(1668-1705年)、跡地はパリで最初の並木を備えた大通り「グラン・
ブルヴァール」(図11)へと変容し、市内と旧郊外(フォブール)の境界を巡
るパリ環状道路の一部を形成している。これらの事例は、既存構築物の直
接的な利活用とは異なり、市壁というパリの主要構造が、痕跡として道路
という新しいインフラストラクチャーに都市リノベーションされたものと
考えられる。そして、これらがまた、後述するオスマンの都市大改造の与
件となり、都市組織の新たな重層へと大きく関与していくのである。

図11　ルイ13世の市壁跡地に開設され
　　　た並木大通りグラン・ブルヴァール

3) 境界壁

　市壁／城壁に関する都市リノベーションについて見てきたが、個々の建
築と不可分によりミクロな都市更新のシステムを司るのが「境界壁」*6
である。この境界壁と道路によって区分されるのが「地割」であり、それ
は土地に刻み込まれた最小単位をなす。パリにおいて、集合住宅をはじめ
とするさまざまな建築ストックの変化は、地割の変遷というかたちで明瞭
に刻印されている。パリのレ・アール地区を対象として地割の変遷から都
市建築の生成メカニズムを解明したフランソワーズ・ブドンらの研究グル
ープは、地割と都市組織に関して次のように述べている。

　「地割は人が導入した最も小さな共通因子であり、そこでは、土地の歴

*6　境界壁*9

敷地境界に「馬乗りに」またがって立っ
ている壁で、その所有は壁が隔てる双方
の所有者にあり、保守・整備等の維持費
も協同出費である。また、壁を隔てて隣
り合う建物の高さが違う場合は、低い建
物の高さまでが境界壁となり、それ以上
の部分は高い建物の所有者に属する。建物
に覆われている壁が境界壁であるか否か
を判定することは、実際は困難である。
実務上は、壁が境界壁ではなく単独所有
であるという正式な証書や物証(たとえ
ば、壁の頂上が片方の敷地に傾きそちら
へ雨水が処理されている場合、壁の一方
面だけに梁形の石の出っ張りがある場合
など)をまず得て、それ以外を消去法的
に「境界壁」と認定している。よって地
籍図上では「推定境界壁」と扱われる。
なお、壁の厚さや素材に関する厳密な規
定はない。

史を形作る法的、社会的、経済的要素が再発見され、農業や居住形態の諸経験が受け継がれている。都市組織における地割の歴史的分析は場所と建築、建築と機能との間のつながりを明らかにする手段である」[※10]

　ここに、都市組織を構成する最も基本的な要素である境界壁の存在が、道路とともに都市のリノベーションにとって果たす役割の重要性を具体的に確認できよう。

4）都市組織の変遷に見る線的開発と面的保存

　地割は基本的には一つの建物に割り当てられた土地のことである。よって、隣接する別々の建物が同一の所有者に帰属する際には、所有権は単一でもそれらは二つの地割として分別される。地籍図の表記上は、境界壁はあくまで所有権の境界として所有者間で共有されている壁を示しており、地割の境界とは必ずしも一致していない（図12）。こうした点にも注意しつつ、地籍図を一次資料として、一筆一筆を峻別し、19世紀初頭と20世紀半ばの都市組織図を作成した。対象は、セーヌ川からレ・アール地区、ボンヌ・ヌーヴェル地区、マイユ地区を経てグラン・ブルヴァールに至る地域で、古代パリからフォーブル／旧郊外地までの都市拡張を体現している（図13・14）。この両図には、オスマン大改造の前後の変化が明瞭に刻まれている。同じエリアで構想されたル・コルビュジエによる「パリ・ヴォワザン計画」（1925年、図15）が、既存の都市組織や建築ストックを全面的に解体して近代都市計画を展開しているのに比べると、オスマンの計画では、強権的とはいえ、線的な道路開設によって背後にある既存都市組織が縁取られ、面的に保存されていることがよくわかる。

　では、その内部の、それぞれの場所に即して、どのように具体的な都市組織の編み換えが行われ、線的な開発と同時に面的な継承が行われたのか、オスマンの都市大改造の詳細に迫りつつこのミクロな変化を見ていこう。

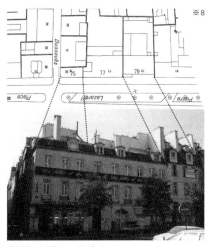

境界壁と地籍図の関係　　　　　　　境界壁保存の事例

図12　境界壁と地割境界

※11　　　　　　　　　　　　　　　　　　　　　　※12

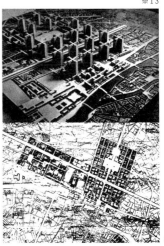

※13

＊　図は、道路と地割により区分された都市組織の状態を示している

図13　19世紀初頭、オスマンによる
大改造前の都市組織図

図14　20世紀半ば、オスマンによる
大改造後の都市組織図

※13

図15　パリ・ヴォワザン計画（1925年）
ル・コルビュジエによるパリ中心市街都
市計画案。レ・アール地区＋ポンヌ・ヌ
ーヴェル地区＋マイユ地区にかけての再
開発の提案。既存の都市組織が面的に削
り取られ、近代都市高層建築群に置き換
えられている。

パリ大改造を通じた都市組織の再編

1）ナポレオン3世とセーヌ県知事オスマンによる道路開設事業
（オスマニザシオン）の基本構造

　パリは19世紀に入って人口が急増し、過密で非衛生な都市となってい
た。そのあり様は、中世都市の細かな街路網を人間の毛細血管に、そして
人を血に例えると、細い管に大量の血が流れ込んであちこちで梗塞を起こ
し、パリという身体に澱みや慢性的な高血圧を引き起こしている状態とい
えよう。そうした症状への根本的対処を第二帝政のナポレオン3世[＊7]から
託されたのが、土木技師でセーヌ県知事のバロン・オスマン[＊8]であった。
そして、道路開設事業を中心とする近代都市改造という、血の巡りを良く
する大規模な外科手術がパリに施されたのである（図16）。よって、このパ
リ大改造の核心的なアイデアは、「サーキュレーション」の実現にあった。
それは、単に交通網のことを指すのではなく、交流・循環・流通などをも
含意しており、パリ大改造で目指されたのは、既存の都市組織の活性化で
あったといえよう。オスマンのパリ大改造は大きく五つの目的――①衛生
面・治安面の改善、②都市景観・インフラストラクチャーの整備、③公園・
公共施設建設、④郊外開発、⑤不動産投機――に集約されるが、道路開設
事業を通じたサーキュレーションの実現は、それらの諸課題を総合的に解
決するための最も有効な都市計画手法であった。

　ナポレオン3世とオスマンによる道路開設事業は、オスマン研究の権威
である都市史家ピエール・ピノン[＊9]の分析に従えば、次の三つの図式に

＊7　Napoléon Ⅲ
1808-73年、在位1852-70年

＊8　Georges-Eugène, [Baron]
Haussmann
1809-91年、知事在職1853-70年

＊9　Pierre Pinon
1945年-

要約^{※15}される（図17）。

1. 駅の連結：市門に代わる新しいパリの門としての駅を道路網と連結する。
2. 主要東西都市軸「グラン・クロワゼ」：すでに事業が開始されていたリヴォリ通りの延長事業により、東西軸を完成させる。また、東駅への連結路として工事中であったストラスブール大通りをさらに南へ延長させ、セバストポール大通りからシテ島を経由してサン＝ミッシェル大通りへと繋ぐことによって南北軸をつくり、リヴォリ通りと交差させてパリの大交差軸を形成する。
3. 「環状ブルヴァール」：サン＝ジェルマン大通りを左岸版の「グラン・ブルヴァール」として開設する（地理的には、セーヌ川を挟んでリヴォリ通りと対になっている）。さらに、左岸において、デ・ザンヴァリッド大通り、モンパルナス大通りから将来のポール・ロワイヤル大通り、サン＝マルセル大通りと経由し、ロピタル大通りを介して、現在のシャルル・ド・ゴール広場（旧エトワール広場）とナシオン広場という二つの放射状広場を結ぶ環状道路を開設する。また、右岸の環状道路として、グラン・ブルヴァールから分岐させたオスマン大通り、ヴォルテール大通りを介して現シャルル・ド・ゴール広場とナシオン広場を繋ぐ。

　道路開設事業の実施状況（図16）に見られるように、中世都市パリへの近代切開手術はパリ全域に施されているが、それらはこうした基本構造のもとに、個々の都市組織の状態を見極めつつ、既存の建造物の保存も含め、慎重に切開・縫合手術が実施されていったのである。

　では、既存の都市組織はどのように把握され再編されたのか、その詳細を特徴的な事例に即して検証していこう。

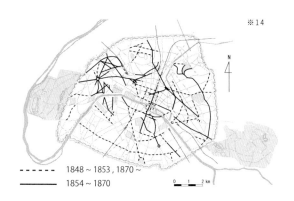

図16　道路開設事業の実施状況
実線：オスマンがセーヌ県知事在任中に開設された道路
点線：オスマンのセーヌ県知事就任前と退任後に開設された道路

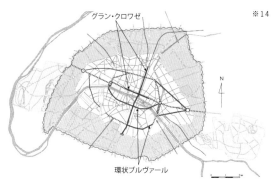

図17　道路開設事業の基本構造
1. 駅と駅の連結、2. 主要東西都市軸（グラン・クロワゼ）、3. 環状ブルヴァール

2）道路開設事業 ― 新設道路と既存建築との縫合

オスマンの都市リノベーターとしての側面

　近年、中世都市破壊者オスマンというイメージに対して、既存都市組織の保存・再生に尽力した都市リノベーターとしての側面を再評価する動きが見られる。たとえば、フランソワーズ・ショエは、オスマンのすべての事業は保存、解体、刷新という弁証法を物語っており、文化生活を特徴づけ、その時代と空間の象徴となると述べている。また、オスマンは過激な解体に反対であると同時に、博物館で剥製（はくせい）にされたような保存にも反対であったことを指摘している。オスマンが目指した生き生きした有機体としての都市リノベーションのあり方について、ショエは次の二つの辞典を挙げ、その理論に根拠を見出している[16]。一つは、フランスの言語学者エミール・リトレの『フランス語辞典』[17]、もう一つは、パリのノートル＝ダム大聖堂をはじめ数々の中世建築の修復を手がけたフランス人建築家ヴィオレ＝ル＝デュクの『11－16世紀フランス建築理論的辞典』[18]である。言語であれ建築であれ、固定化されるものではなく、古語や古建築といった歴史に依拠しつつダイナミックに新しい言葉や建築が生み出されていくという考え方に、都市との類似を見ているのである。このことは、ショエが建築や都市に「オーセンティシティ（真正性）」という評価を持ち込まないことにも通じるものである[10]。

　ショエは、環状ブルヴァール（図17）を構成するサン＝ジェルマン大通りをはじめ、セバストポール大通りなど象徴的な開設事業でも、オスマン以前の建物（控えめだが状態の良い古い建築物）が保存されていることを指摘している（図18）。これらの事例は、オスマンが、衛生や循環を目的とした最大規模の開設道路に沿って、都市の記憶に寄与する建築を保存しようとしたことの証と見ることができよう。

*10
フランソワーズ・ショエは、関西日仏学館でのシンポジウム『建築リソースのフィロソフィー』（2010年2月20日）において、建築や都市は人間がその中に入り使用する有機的な存在であるから、建築や都市について「オーセンティシティ（真正性）」を議論しても意味がない旨を述べている。オーセンティシティという言葉は文学や芸術作品について用いられる概念であり、たとえば、シェークスピアの文学作品に対して文言を付け加えたり句読点の位置を変更したりすることは許されず、それゆえ真正性の判断が可能になるという。

サン＝ジェルマン大通り228番地

サン＝ジェルマン大通り220番地

オスマニザシオンで建設された道路ファサードに位置づけられたサン＝ジェルマン大通り220番地の旧アパルトマン

図18　道路開設事業に際してオスマンが保存した建築の一部

ポスト・オスマン期のレオミュール通り

　ナポレオン3世とオスマンにより企図された道路開設事業は、オスマン在任中（1853-70年）だけでなく、第二帝政の崩壊に伴うセーヌ県知事失脚後も継続して実施された（表1）。その際、都市組織の変遷にかかわる土地収用はオスマンの方法が踏襲されながらも、そこに建設される建物は、オスマンの典型的なファサードとは異なる新しいベル・エポックの時代にふさわしいデザインが盛んに試みられた。ここでは、そのポスト・オスマン期の代表的な開設道路であり、商業道路としてパリにおける最初の「ファサード・コンクール」[11]の舞台となったレオミュール通り（ボンヌ・ヌーヴェル地区とマイユ地区を東西に貫く）を対象に、特徴的な都市組織の重層化の過程を考察してみよう。

　概して、オスマンによる道路開設事業のプロセスは、中世都市の細かな地割を収用・再編し、幅員20〜30mの新しい道路空間を貫通させると同時に、その沿道にオスマン型住居の建設を行うに必要な広い地割を創出することであった。特に治安面・衛生面から、細かな地割が密集した歴史中心地区の再編は急務であり、駆動力として「残地収用」[12]のシステムが強権的に導入された。しかしながら、高密度に権利関係が絡まり合った都市組織の上に新しい道路建築線を策定するのであるから、土地収用は当然困難を極めることとなった。レオミュール通りの場合は、1864年8月24日に開設の政令発布後、1894年の開設まで30年もかかっている。1900年のパリ万国博に向けたメトロ建設などの整備事業に後押しされて、ようやく完全な開通に至った次第である。

表1　第二帝政期から世界大戦期にかけてのオスマン大改造関連年表

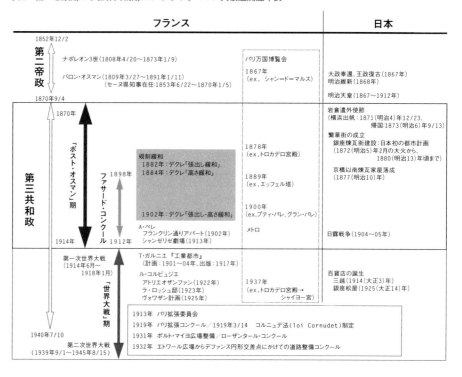

その道路開設事業は、道路計画線の策定、土地収用・換地、取得地の解体、地割の再編・画地化、分譲の順に実施された（図19〜21）。その間、地割を再編する段階においては、境界壁を建築壁面線（道路建築線）に垂直に交わるようにするために微小な地割の換地なども隣地所有者との間で行われている。このように道路開設の仕方自体は完全にオスマン型であった。しかし、再編された土地の上には、新しいベル・エポック時代にふさわしいポスト・オスマン型の建築と道路景観の構築が目指された。レオミュール通りを対象に、パリ市により初のファサードのコンクールも実施され、「3層目と5層目にだらだらと続くバルコニーを持つ単調なオスマン型都市景観」（図22）からの脱却が奨励された*13。

レオミュール通りにおける都市組織の再編で特筆すべきは、鋭角なコーナー部分を持つ敷地形態が大通りに面して集中的に現れてきた点である。こうした敷地の形成は、ボンヌ・ヌーヴェル地区とマイユ地区における既存の都市組織との、いわば偶然的な取合せによって生じたものである。そ

*13 オスマン型ファサード
コンクールを通じて目指されたのは、「長い間建設してきた一様なファサードを持つ巨大な建物の味気ない画一的なスタイルに抵抗する」*19「2階（3層目）と4階（5層目）にだらだらと続くバルコニーが目につく、そういったファサードをもつ巨大な建物が道路に与えるうんざりするような単調さを取り除く」*19 ことであり、「兵舎（caserne）」と揶揄された単調なオスマン型都市景観（図22参照）からの脱却であった。オスマン期には、開設道路沿いの建築に際して、同じ街区内ではできる限り高さや水平線を揃えるよう付帯条項が付けられ、都市景観に直接かかわる部分、とりわけファサードの構成に関しての建築規制が付されていた。中二階部分の一つ上の階と上から二つ目の階（通常は屋根裏部分の下の階で6層目に当たることが多い）に配されたバルコニーはその象徴的意匠であった。

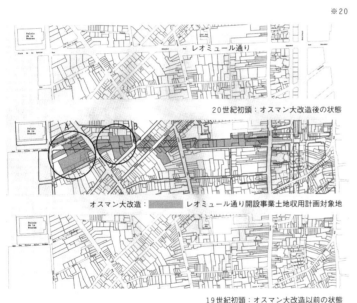

※20

20世紀初頭：オスマン大改造後の状態

オスマン大改造： ▓▓ レオミュール通り開設事業土地収用計画対象地

19世紀初頭：オスマン大改造以前の状態

図19 レオミュール通り開設事業のための土地収用計画図
A：111〜117番地、B：101番地（図20・21で解説）

※23

図22 セバストポール大通り11番地、地上階平面図とファサード
3層と5層にバルコニーを配した典型的なオスマン型アパルトマンのファサード構成

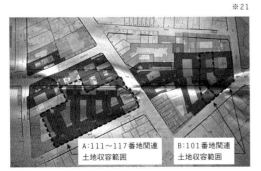

※21

A：111〜117番地関連
土地収容範囲

B：101番地関連
土地収容範囲

図20 土地収用と残地収用実施図

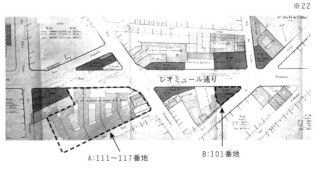

※22

レオミュール通り

A：111〜117番地

B：101番地

図21 土地収用した地割の再編・画地化、分譲

れは、レオミュール通りがセーヌ川に平行な東西軸として組み込まれたことにより、モンマルトル通り(レ・アールから放射状に伸び、セーヌ川に沿った格子状の都市組織と斜めに交わる)、そして、先に考察したシャルル5世市壁跡に開設された道路(クレリー通り＋マイユ通り、アブキール通り)と、新しいレオミュール通りが斜めに交差することによって、三角敷地ができたのである。これが、角地全般における敷地コーナー部分の建築デザインの展開へと繋がっていく。

　そうした敷地を担当する建築家たちはファサード・コンクールを意識し、道路に沿ったオスマン型ファサードへの同一化よりも、敷地コーナー部分を際立たせモニュメンタルな表情を建物に与えることに力を注ぐようになった。一例を挙げると、レオミュール通り101番地の所有者ワレは、この美しいパリの道路にふさわしい都市景観を生み出すためには、敷地コーナー部分に高さ制限を超えて丸屋根をいただくロトンダの建設が必要であるとセーヌ県知事に請願し、特別な建築許可を受けている(図23〜25)。

　残地が集約されて一つの土地区画へと整地されるプロセスに対して、レ

※24　※25

図23　大改造前のレオミュール通り101番地まわり
土地区画整理従前地籍図(左)、101番地相当箇所に存在した旧アパルトマン(右)

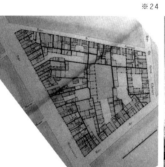

※26

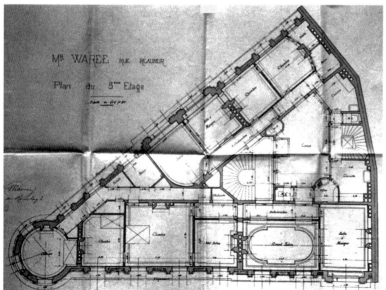

図24　レオミュール通り101番地の新しいアパルトマン平面図
オスマニザシオン(p.110参照)によりできた三角地において、角にモニュメント性を持たせている。

図25　レオミュール通り101番地の現アパルトマン
三角形敷地の角地に高さ規制緩和を受けたロトンダが配されている。

オミュール通り111〜117番地の計画は、従前の広大な地割にわずかに一部だけレオミュール通り開設のための土地収用線が被せられた例である。ここでは、既存の広い敷地を壁により分割している。その際、それらの壁は道路開設後の地割形状に合わせて計画され、新設道路に対して垂直に交差するよう配置されている様子が窺える。他方外部は、レオミュール通りによって従前の地割が一部切り取られたことから生じた沿道部分を利用して、長大な連続ファサードが構成されている（図26〜28）。

レオミュール通りでの新規建設に際する数々の請願からは、ファサード・コンクールで受賞するためには、オスマン型の統一性のあるファサードではなく規制を超えてより自由度と独自性のある建築をつくらねばならないとの意識が、所有者や建築家たちの間に浸透していたことを窺い知ることができる。結果的に、オスマン型ファサードによるネオ・バロック的[*14]な統一感と奥行きのある構成とは異なり、ポスト・オスマン期のアール・ヌヴォー的な表面の自立性が際立つ都市景観が創出されていった。

*14
16世紀後半のローマ教皇シクストゥス5世は、ローマにおいて、モニュメント同士を結ぶ新しい直線道路をつくった。遠近法的構成のバロック型都市景観を生み出したこの都市計画は、大規模な直線道路開設事業のさきがけといえる。時代を経て実現されたオスマンによる直線道路のスタイルは、ネオ・バロック様式と呼ばれる。

※27

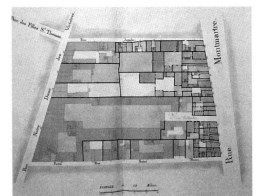

図26　レオミュール通り111〜117番地を含む土地区画整理従前地籍図

図27　オスマニザシオンによる既存敷地と新設レオミュール通りとの縫合の結果形成された長大なファサード

※28

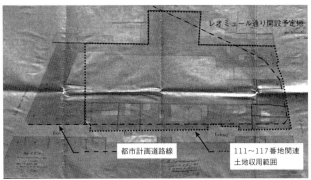

レオミュール通り開設事業前の地籍図

※28

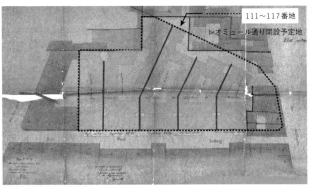

レオミュール通り開設事業後の地籍図

図28　既存敷地の一部を貫通した新設レオミュール通りと既存敷地の縫合、ならびにその結果実施された建築レベルでのリノベーションを示す平面図

パリ大改造の波及：「オスマニザシオン」と「ファサディズム」

パリ大改造がその他の都市やその後の時代へどのような影響を及ぼしたのか、
「オスマニザシオン」という線的な開発とある意味で面的な継承ともいえる
「ファサディズム」（ファサード保存主義）について、都市リノベーションの事例を紹介したい。

1）オスマニザシオン

パリのオペラ通り（図1）に代表されるような、ネオ・バロック様式の直線道路の開設を通じて都市再生を図る手法は「オスマニザシオン」（オスマン化）と呼ばれる。その影響は、マルセイユやモンペリエ（図2）などフランス国内の諸都市をはじめ、海外にも及んだ。特にフランスの植民都市では、旧市街の近代化に加え、郊外での新市街形成にもオスマニザシオンを適用した事例が見られる（図3）。大阪の御堂筋も、狭小な旧街路を巨大な都市軸へと改造するオスマニザシオンの一例とみなすことができる。御堂筋沿道の建物には「百尺規定」[1]が適用され、統一感のある街並みとなり、シャンゼリゼ大通りに倣って並木を配した歩道も整備された[29]。こうして誕生した大阪の象徴的な都市景観は長く維持されてきたが、近年、高層建築化が進み、街並みの乱れが顕著となっている。

本章で見たように、オスマニザシオンの主目的は、都市軸を既存の都市組織に新たに編み込んでサーキュレーションの改善を図ることにあった。現代でも、衛星都市セルジー・ポントワーズ創建のように、パリの都市軸の延長上に「大都市軸」を導入する計画が見られる。他方、近代的なオスマニザシオンに代わり、既存の都市組織を都市軸として再活用する試みが盛んになってきた。パリのドメニール通りの「バスティーユ高架鉄道改修計画」（図4）は、既存のインフラストラクチャーをリノベーションした代表例であり、ニューヨークの「ハイライン計画」にも影響を及ぼした。

[1] 百尺規定　「市街地建物法」（1920年施行、現建築基準法の前身）により建築物の高さを100尺＝31mに規制。ロンドンなど欧米諸都市の高さ規制を参考に100尺が設定された。パリのシャンゼリゼ大通りにも現行31mの高さ規制が見られる。

図1　オペラ通り（パリ）
左：オペラ座よりオペラ通りを望む。都市軸の両端にオペラ座とルーヴル美術館が配されている。右：オペラ通りよりオペラ座を望む

図2　フォッシュ通り（モンペリエ）

ハノイ（ベトナム）：パリのオペラ座とオペラ通りの構成に倣った道路開設

フェズ新市街（モロッコ）　　御堂筋（大阪）

図3　フランス国外でのオスマニザシオンの展開

※30

廃線になった高架鉄道の再生事業で、ルイリー協議整備区域と一体的に計画された。
上：全体計画図
左：廃線となった軌道を樹木プロムナードに（1986-95年）

※30

（基本計画：フィリップ・マチュー、設計：パトリック・ベルジュ他）

※30

左：鉄道が営業していた頃　中：高架アーチの中をアトリエ、ショップ、飲食店などに転用　右：線路跡に設けられた遊歩道

図4　バスティーユ高架鉄道（1859-1969年）改修計画

2）ファサディズム

歴史的建造物などの外観保存のために、ファサードだけを切り離して残し、背後にまったく別の構造や機能を持つ建築を新設する手法は「ファサディズム」（ファサード保存主義）と呼ばれる（図5）。その発祥はベルギーのブリュッセルにあるとされ、1960年代から70年代に既存建造物の解体が進み都市が傷つけられたことを受け、1980年代末頃から盛んに実施されるようになった。やがて、「ブリュッセリザシオン」（ブリュッセル化）なる造語を生み、開発業者による都市組織の解体を意味するようになったという[31]。こうしたファサディズムに対しては批判も多い。ピエール・ピノンは、建替えと保存という相反する行為の間に生み出された暫定的処置がファサディズムであり、ファサード保存と引き換えに、都市組織（内部空間も含め都市の永続性や長期持続を担保している）を解体するような手法は一般化されるべきではないとの見解を示している[32]。また、フランソワーズ・ショエは、内部の機能や構造と乖離した独立的なファサードの活用は、ポスト・モダニズムの舞台装飾的な手法であると指摘している。

日本では、近代建築保存の際に、建築の高層化とセットでファサディズムが展開される傾向にある。通称「腰巻スタイル」と揶揄される手法である。既存建物の老朽化や耐震性能不適合という理由以上に、土地利用の高効率化が背景にある。こうした要請に対して東京中央郵便局は、既存建物のファサードだけを残して背後に超高層ビルを建設した（図6）。同様に、東京駅舎復元に伴い、「空中権」[*2]を活用して高層化された丸の内のビル群は、腰巻スタイルでもって既存の都市スケールである百尺規定（31m）の街並みを表現している（図7）。建築のリノベーションとしては批判もあろうが、ファサードを解体してしまった大阪中央郵便局（図8）に比べれば、都市ボリュームの継承は、せめてもの都市リノベーションといえるかもしれない。都市再開発においては、経済原理に鑑みて原状保存はきわめて困難である。再開発の詭弁としてではなく、既存ストックに新たな価値を付与するような都市リノベーションとしてのファサディズムは検討に値する。

長大なファサードを道路景観ストックとして表面だけ残し、新しい商業複合施設としてリノベーションする計画。（既存設計：Marcel Forest／改修マスタープランナー：OMA、2007年〜）　左：ファサードだけ保存され背後の構造物が解体された状態（2015年時点）右：保存されたファサードが新しい複合商業施設の一部にリノベーションされた状態（2017年時点）

図5　パリのマクドナルド大通り沿いの既存倉庫

図6　東京中央郵便局 KITTE
郵政庁舎をファサードだけ残し、背後に超高層ビルを建設。吉田鉄郎、1931年／三菱地所設計＋隈研吾、2013年

図7　丸の内ビルディング
百尺規定の都市ボリュームを伝えるファサディズム。桜井小太郎、1923年／三菱地所設計、2002年

図8　旧大阪中央郵便局

既存の郵政庁舎は一部入り口付近を除き完全に解体され、ファサディズムによる既存の都市ボリュームの継承も見られない。　左：旧大阪中央郵便局（吉田鉄郎、1939年）　右：解体後の仮設広場

＊2　ここでは、東京駅上空の「未利用容積率の利用権」が周辺の高層ビルへ譲渡されたことを意味する。これにより、東京駅は復元工事費用約500億円を調達した。同義の空中権譲渡の例には、ニューヨークのグランド・セントラル駅から旧パンナムビルへ、ティファニービルからトランプタワーへ、などがある。

第 7 章

「過修復」から「保全」・「保護」へ

ゴシック・リヴァイヴァルと過修復

イギリスは16世紀半ばにカトリックから離脱し、国教会を樹立した。当初、国教会の教会堂は資金の不足などから簡素なものであったが、1666年のロンドン大火後、クリストファー・レンによって再建されたセント・ポール大聖堂は、イギリスにおける最も壮麗なバロック建築となった。レンはロンドンのシティ内の教区教会堂の再建にも当たり、小さい敷地ながらそれぞれの場所性を捉えた多様な教会堂が生み出された。

しかし、イギリスでは、イタリアのように反宗教改革の大きなうねりは起こらず、バロックには懐疑的で、むしろ、新古典主義が17世紀には進んでいった。

そんななか、趣味の世界では、ロココの一様式として、中世のゴシックが、時間的に隔たったものへの憧憬の念から参照されるようになった。ホレス・ウォルポールやウィリアム・トマス・ベックフォードの自邸はその気質を代表する住宅である。

1789年のフランス革命はイギリスにも激震として伝わった。革命は不信心から起こったという考えから、改めて教会が重視されるようになり、典礼のあるべき姿を求めるなかで、中世のゴシックが見直された。ケンブリッジ・カムデン・ソサエティはゴシック建築を研究し、様式を精密に分類、ついに、最も適した様式は装飾式だという結論に達した。そして、その推奨に従った建築家たちは、教会堂の修復の際、建物全体を装飾式にまとめるようになった。

これに対して、ジョン・ラスキンやウィリアム・モリスは、歴史的建造物が歳月を経て獲得した姿にこそ価値を見出し、様式的統一を旨とする修復を根本から否定した。

だが、一方で崩壊の危機に陥る教会堂も後を絶たず、セント・オルバンズでは大聖堂への昇格をにらんで、ジョージ・ギルバート・スコットによる修理が始まった。そして、彼の死後は資金面から援助を申し出た地元の富裕者のベケット卿に復工事のデザインを任せることになった。その結果、セント・オルバンズでは工事前後で別物と見紛う姿が立ち現れることとなった。

18世紀末の建築家ジェイムズ・ワイヤットはデストロイヤーと呼ばれたが、19世紀の修復はさらに苛烈であった。ワイヤットの不名誉は他人の所業を肩代わりさせられているところもあり、再評価も必要だ。

本章では19世紀イギリスにおけるゴシック・リヴァイヴァルの流れのなかで行われた「修復」事業に着目する。ここでいう修復とは、当時レストレーションと呼ばれた行為で、単に壊れたところを修理するだけでなく、より理想的な状態に戻そうとする行為である。

それは、宗教運動であるだけでなく、一種の国民運動として推進された。

そんななか、恣意的な修復をジョン・ラスキンは断固、拒否する態度を示した。

激しい論争の末、批判の矢面に立たされることの多かったジョージ・ギルバート・スコットからは保全（コンサベーション）の概念が呈示された。

だが、古建築保護協会はそれよりさらに進んで、あらゆる改変を認めない保護（プロテクション）こそ肝要と主張するに至った。

イギリスにおける国家、宗教、建築

1) イングランド国教会の樹立

　14世紀半ばから15世紀にかけての百年戦争はイギリス・フランス両国の国家主義的意識を醸成し、イングランドにおいては特に、ローマ教皇権を排除する機運が高まることになった。その背景には、教皇庁分裂によるローマ・カトリックの権威の失墜があったほか、教皇のアヴィニョン捕囚に見られるように、フランス王権の教皇に対する影響力が増大するなかで、イングランドから納められる教会の十分の一の税が百年戦争の際にフランス軍に流出していることに対する反発という実際的な問題もあった。

　時の国王ヘンリー8世は、青年期にはむしろマルティン・ルター*¹の宗教改革には否定的でプロテスタントには興味を持たなかったといわれるが、前述のような機運の高まりを受け、自身の離婚問題を直接的な原因として、イングランド国教会を樹立することになった。1534年に発布された国王至上法は、イングランド国王を「イングランド国教会の地上における唯一最高の首長」と宣言したものである。

　とはいえ、16世紀、17世紀半ばまではカトリック勢力が巻き返しを図る事件も相次ぎ、また、「議会」というもう一つの勢力は、国教会以外のプロテスタント信者を中心として王権に対峙する姿勢を強め、オリバー・クロムウェル*²が清教徒革命を起こすなど、混乱が続いた。

　1660年の王政復古時に発布されたブレダ宣言は、国王と議会による国家樹立を宣言することとなり、一応の決着を見た。そして、宗教面においては、1661年のクラレンドン法は、カトリックはもちろんのこと、国教会以外のプロテスタント信者を自治体の公職から追放することとした。さらに1673年の審査法はカトリックをすべての官職から追放した。

　その後、1688年から89年にかけての名誉革命の後「権利章典」が発布され、議会権力が神授権的王権に対して優位となることを確認し、国王と議会による立憲君主制が成立した。1689年の寛容法は、カトリックとユニタリアン以外のプロテスタント諸派の信者に対しては一定の条件のもとで公職につけることとする譲歩を見せた。イングランドにおいては、17世紀を通して、国王と議会による立憲君主制の体制が、宗教的には国教徒を優位としつつ、築かれていったのである。

　建築においては、当初、国教会の教会は資金不足もあり、壮麗な建築をつくることは難しかったといわれる。だが、1666年のロンドン大火後、クリストファー・レン*³がセント・ポール大聖堂（図1）の再建を担うなかで、それまで、もっぱらゴシック様式で建設されていた教会堂が、古典様式によって建てられるようになった。これらの教区教会堂は小さいながら、それぞれの敷地条件を考慮した多様な造形がなされた。たとえば、ウォールブルックのセント・スティーブン教会堂（図2）は、中央に円形ドームをいただく集中式の教会堂であるが、幾何学的な操作によって光の取り入れ方に特徴のある教会堂である。また、ジュエリーのセント・ローレンス教会

*1 Martin Luther
1483–1546年

*2 Oliver Cromwell
1594–1658年

*3 Christopher Wren
1632–1723年。イギリス最大の建築家と称される。天文学者から建築家となる。大陸に渡り、イタリア・バロックの建築家ジャン・ロレンツォ・ベルニーニ*⁴にも会うなどして、当時の流行であったルネサンスおよびバロックの建築を学んだ。彼の提案したロンドン大火の復興計画は実現しなかったものの、セント・ポール大聖堂、50余りの教会堂の再建にかかわった。

*4 Gian Lorenzo Bernini
1598–1680年。当初、彫刻家としての名声を得て、その後、絵画や建築、都市空間、演劇空間にも活動範囲を広げた。代表作に楕円平面を持つサンタンドレア教会堂、サン・ピエトロ大聖堂の広場、遠近法によるスカラ・レジア（王の階段）などがある。

図1　セント・ポール大聖堂

図2　ウォールブルックのセント・スティーブン教会堂

図3　ジュエリーのセント・ローレンス
教会堂

＊5　James Stuart
1713-88年
＊6　Nicholas Revett
1721-1804年。ステュアートとレヴェ
ットは、ギリシャにおいてパルテノン神
殿などの実地調査を行う。著作『アテネ
の古代遺跡』(1762)

＊7　Horace Walpole
1717-97年。政治家・著述家。ゴシック
小説の代表作に『オトラント城奇譚』が
ある。

＊8　Thomas Gray
1716-71年

図4　ストロウベリ・ヒルのギャラリー

＊9　William Thomas Beckford
1760-1844年。著述家。ゴシック小説
の代表作に『ヴァセック』がある。

＊10　James Wyatt
1746-1813年。経歴・業績については
章末参照

図5　フォントヒル・アベイ

＊11　John Carter
1748-1817年。建築家、優秀なドラフ
トマンとして、古物愛好家協会の信頼を
得た。各地の大聖堂や教会堂、記念物の
実測図を作成した。

堂 (図3) は、古典主義のファサードを持つ教会堂本体に、鐘塔のついた教
会堂である。

2) ゴシック・リヴァイヴァル

　イングランドにおいては、ゴシック様式については、宗教改革後、しば
らくの間、下火になっていた。だが、離島のイギリスでは、大陸のカトリ
ック諸国のように反宗教改革の一端を担うものとして、目のくらむような
壮麗な教会堂をつくる差し迫った必要もなかったため、レン以降、バロッ
ク様式は特に目立った発展を見せず、ジェームズ・ステュアート＊5やニ
コラス・レヴェット＊6によるギリシャにおける建築の実地調査を通して、
より実証的・理性的に古典の建築を解明しようとする新古典主義の建築が
模索され始めた。

　一方で、バロックに続いて現れたロココ趣味のなかで、シノワズリ（中
国風）、ムーリッシュ（イスラム風）、エジプシャン（エジプト風）などが取
り入れられたが、これらは距離的に遠いものへの憧れを基底にしたものだ
った。それに対して、今度は時間的に隔たったものとして、ゴシック様式
がロマン主義の風潮とともに、18世紀中頃から再び注目されるようにな
った。

　ホレス・ウォルポール＊7は、政治家、著述家で、ストロウベリ・ヒル
の自邸をつくるに当たり、友人の詩人、トマス・グレイ＊8の影響もあり、
ゴシック様式を随所に用いることにした。しかし、ウォルポールにとって
は、ゴシック様式の採用は、あくまでも趣味的なものであり、後にゴシッ
クを語る上で重要な要素となる、材料の真実性にはあまり執着はなかっ
た。ギャラリーの天井（図4）は、バース修道院を思わせる扇状ヴォールト
となっているが、これは、石でも木でもなく、パピエマーシェという紙粘
土でつくられた。

　ウィリアム・トマス・ベックフォード＊9もまた、ウォルポールと気質
を同じくする自邸フォントヒル・アベイ（図5）を建設した。この自邸は、
高さ87mもある塔を有し、住宅としてのスケールを完全に逸したもので
あった。しかも、工事の手抜きがあり、数十年後には崩壊してしまい、跡
形もなくなってしまった。金持ちの道楽といえばそれまでだが、あくまで
文人の趣味でつくられたストロウベリ・ヒルに対し、フォントヒル・アベ
イの設計には、ジェイムズ・ワイヤット＊10というれっきとした建築家が
携わっていた。専門家が関与したことで、ゴシック・リヴァイヴァルは新
たな局面に入った。

　このJ.ワイヤットは、章末(p.126〜)に紹介するように、後に「デストロ
イヤー（破壊者）」と呼ばれるようになる人物である。彼はリッチフィー
ルド、ソールズベリー、ダラム、ヘレフォード大聖堂の工事を担当したり、
改修案を提案したりしたが、それらは、かなり大規模な改変を含むものも
あった。

　彼の計画案に対しては、当時から大きな批判があった。ジョン・カータ

一*[11]は特に舌鋒鋭くワイヤットを攻撃した人物である。カーターの作成したダラム大聖堂の立面図(図6)とワイヤットの計画案(図7)を見比べると、後者には中央交差部に巨大な尖塔がついており、西正面にピナクルが取り付けられていることなどがわかる。ワイヤットの提案は、ダラム大聖堂がかつてあった姿ではない。あくまでも、ワイヤットがかくあるべし、と考えたダラム大聖堂の壮麗な姿であった。結局、この案は実現されなかったが、このような創造的改修案が、19世紀になると各地で提案されるようになった。

※3

図6　ダラム大聖堂　J. カーター実測図

3) 教会堂不足に伴う修復事業の進行

　当時、産業革命の進行するイギリスでは、人口の増加に伴い教会堂が不足する地域も出てきていた。また、時の政府は、隣国フランスで起こった革命を不信心と結びつけて考えるようになっており、1818年には、教会堂建設法が発布され、国家予算を投じるかたちで新たな教会堂の建設および教会堂の修理に予算がつけられた。

　カトリック教徒に対する差別的な扱いも、徐々に廃止されてゆく。1828年には自治体法、審査法が廃止され、1829年のカトリック解放法により、カトリック教徒も公職および国会議員への就任が可能となった。教育面でも1854年からいわゆるオックスブリッジ、パブリックスクール入学を国教徒に限定する規定がなくなった。

　そして、教会のほうでも、典礼にふさわしい教会堂の形を模索するなかで、特に、ジョン・ヘンリー・ニューマン*[12]に主導されたオックスフォード運動は、英国国教会にふさわしい典礼を模索し、教会堂建築に復古を促した。

　一方、ケンブリッジ・カムデン・ソサエティは『イクレジオロジスト』誌を発行し、「教会建築と、古代の遺物の研究と、これまでに台無しにされた建築的な残存物の修復を推奨すること」を目標に掲げ、活動を展開する。彼らはゴシック建築の研究にも勤しみ、ゴシックには、「初期イングランド式」「装飾式」「垂直式」の3段階(図8)があったが、最も良いもの

※3

図7　ダラム大聖堂　J. ワイヤット修復案

*12　John Henry Newman
1801–90年。イングランドの神学者。英国国教会司祭として、聖典礼の理想を追求し、オックスフォード運動でトラクトと呼ばれる小冊子を発行した。しかし、次第にローマ・カトリックへ傾倒し、1843年にローマ・カトリックに改宗。枢機卿にまでなった。

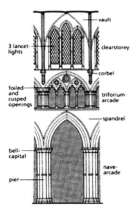

初期イングランド式　　　　　装飾式　　　　　　　　垂直式　　　　　　　　図8　ゴシックの三つの様式

＊13　修復
当時、イギリスの論壇で使われていた restorationに対する訳語として、本章では修復を使う。修理のみならず、過去のある状態、あるいは創建当初をはじめとしたある理想的な状態にそれを戻そうとする行為を含む。

＊14　Jon Ruskin
1819–1900年。美術評論家・社会思想家。主な著作『近代画家論』ではターナーを評価し、ラファエル前派の支持者となった。社会思想の面では独自の倫理・政治理念を持ち、『この最後の者にも』を執筆した。修復に対する態度は確たるものがあり、1874年、王立建築家協会からゴールド・メダル受賞の知らせを受けたが、当時の建築界が歴史的建造物への破壊に対して無策であることを批判し、受賞を辞退した。

＊15　George Gilbert Scott
1811–78年。数多くの大聖堂・教会堂の修復を手がける。そのほか、新築の代表作としては、ハンブルクの聖ニコラウス大聖堂、セント・パンクラス駅がある。

＊16　Augustus Welby Northmore Pugin
1812–52年。ゴシック建築への傾倒から、カトリックに改宗。『対比』（1836年）は中世と当時のイギリスの様子を対比的に描いた作品。中世は当時に比べて倫理的・社会的にも優れていることを示し、ゴシック建築の再興を促した。代表作にチャールズ・バリー（Charles Barry 1795–1860年）との共同作の国会議事堂がある。

図9　スタッフォードのセント・メアリー教会堂　上：修復前　下：修復後

は「装飾式」であると結論づけた。

　ケンブリッジ・カムデン・ソサエティは、うち捨てられた教会堂を修復するとき、もし少しでも「装飾式」の要素があるときは、すべてを装飾式に合わせてつくり替えることを推奨したばかりでなく、もしも「装飾式」の要素がない場合には、教会堂を建て直したほうがよいとまで推奨するようになった。

　だが、イギリスの教会堂の多くは、増築に増築を重ね、一つの教会堂の中にさまざまな時代の様式が混在しているものがほとんどである。ケンブリッジ・カムデン・ソサエティの薦めに従えば、かなりの部分をつくり直さなくてはならなくなる。

　これらの工事は、「修復（レストレーション）＊13」という言葉で、イギリス各地で進められていたが、大幅な改造工事に対しては、1840年代から批判の声が上がるようになった。

修復をめぐる議論

1）ジョン・ラスキン

　1849年、ジョン・ラスキン＊14は『建築の七燈』を発表し、「修復」を根本的に否定する態度を明らかにする。その第6章「記憶の燈」において、「いわゆる『修復』それは「破壊」の中でも最悪の方法である」と糾弾した。

　本来、restore という言葉には、何かを「取り戻す」という意味がある。だが、ラスキンは、

　　「この重要なことについて、自分に嘘をつかないようにしよう。かつて壮大で美麗であった建築のいかなるものも、それを取り戻そうとすることは、死者を甦らせることと同じくらい不可能なことなのだ。前述のように、私が全体として命をかたちづくるものと主張したもの、すなわち、職人の手と目によってのみ授けられる精神は、決して、呼び戻すことはできないのだ。他の時代の精神は、他の時代によって授けられるものであろう。その時それは、新しい建物なのである。しかし、死んだ職人に命令して、他人の手や他人の考えを導かせようとしても、それはできないことだ」＊5

と述べた。死者を蘇らせることが不可能なように、建築も蘇らせることはできないはずだと言うのである。

2）ジョージ・ギルバート・スコット

　ジョージ・ギルバート・スコット＊15は生涯に730以上の建築を手がけたといわれるヴィクトリア時代を代表する建築家で、オーガスタス・ウェルビー・ノースモア・ピュージン＊16の著した『対比』（1836年）に感銘を受け、ゴシック主義者となった。スコットは、新築の建物をゴシック様式で建設するのみならず、数多くの教会堂・大聖堂の修復を行った。たとえば初期の修復作品としては、スタッフォードのセント・メアリー教会堂（図

9) がある。修復前の教会堂を見ると、南翼廊は垂直式のステンドグラスが入れられ、屋根はパラペットの内側に納まる緩い勾配のものであったことがわかるが、修復後の南翼廊には急勾配の屋根が架けられ、ステンドグラスも入れ替えられて、中央塔にはピナクルが付加されている。修復前の図を見ると、確かに南翼廊には急勾配の屋根が架かっていた痕跡が見える。しかし、その他の部分はどこまで証拠があったかは不明である。彼はわずかの痕跡から当初の形を推測して修復をしていったのである。

　こうした行為を、スコットのみならず多くの建築家が行っていたために、ラスキンは上述の『建築の七燈』を著したのである。

　ラスキンの批判に対してスコットは1850年、『わが国古教会の忠実なる復原のための請願』*17を発表した。この時点でスコットは、ラスキンの全面的な「修復」否定には懐疑的であった。彼は、ラスキンの『建築の七燈』について、単なるモニュメントについてはラスキンの意見に従うが、すでにダメージを受けている建物については扱いが異なるはずだと述べ、破壊的修復あるいは過修復は否定しながらも、ある程度の修復は必要と主張した。

*17
"A plea for the faithful restoration of our ancient churches"

　確かに、建物の崩壊を防ぎ、社会の要求に応じるというのは建築家にとって重要な任務である。そして、「どこまで直し、どこで止めるか」というバランスを取るのは最も注意深い方針決定が必要とされるところである。

　さらに1862年、スコットはより理論を精緻化し、英国王立建築家協会の講演会で発表した「古い建築的モニュメントと遺跡の保全について」*18で「保全（コンサベーション）」理論の構築を行った。この論文で、スコットは「修復（レストレーション）」は誤りであり、「修復」という言葉を世の中から消し去ったほうがよい、とまで自らの理論を変化させている。彼は建造物の種類について、1850年に比べさらに細かな分類を行った。

*18
'On The Conservation Of Ancient Architectural Monuments And Remains'
この講演におけるconservationは「保全」、repairは「修理」と訳している。

1. 単なる古跡：ストーンヘンジ、支石墓、ローマ時代の建物のさまざまな遺構、美術品、モザイク、敷石を含む
2. 廃墟となった建物：宗教的・世俗的／修道院、城など
3. 使用中の建物：教会、住宅、人の住んでいる城など
4. 現代的な建物に包含された部分的な建物：大聖堂の境内やカントリー・ハウスに含まれるもの

以下、スコットは各項目に関して取り扱い方法を詳しく述べている。たとえば「2. 廃墟となった建物」については

　　「修理の目的は、まず、雨水の壁内浸透防止。基礎部分、接地部分の欠陥から雨水の浸入を防ぐこと。そして最後に可能であれば、耐久性を上げて劣化を食い止めることによって建築的な詳細を保存すること、である。これらの作業は慎重に行われれば、実質的にも永久に、廃墟の絵画性に影響を及ぼすことはない」※7

この考察は、当時、カンタベリーのセント・オーガスティン修道院が1722年に塔が半崩壊、1822年に残りを引き倒したことや、1830年に塔が崩壊したウィットビー修道院の事例を挙げ、廃墟にも適切な手当てが必要

だということを訴えたものである。

　また「3. 使用中の建物」については、自分自身「過修復」をしたことを反省し、より慎重な工事をすることを提案している。

　　「鉄則の第一は、出来る限り多くの古い仕事をそのままに残すことである。必要なくしてある特別な部分を新しく作り変えず、むしろ、オリジナルデザインの価値を総体として壊さない程度の傷みのところはすべて残すようにすべきである。新しいものは必ずオリジナルの形態の痕跡にぴったり調和するように付け加える。新しいものと調和させるために古いものに手を加えすぎたり、小綺麗にしたりしない。彫刻や彫像は決して『修復』をせず、それらに自発的に語らせるようにする。全般的に、古い時代の作品を扱う際には、もっとも貴重なものを扱うように取り扱うこと。古い時代の作品は、我々が何よりも重要と考える高潔性・真正性を持つものとして扱うことが重要である」[※7]

さらに実務経験に基づき、次の7点を提案している。

1. 現場担当者、職人に向けたガイドラインづくり
2. 施工契約は一括請負よりも小さな契約が適当である
3. 屋根の葺替えは一度に行わない
4. トレーサリー窓は外側の傷みが激しくても内側はそれほど傷んでいないことがある。内側半分のみでも残す
5. 剝ぎ当てや部分補修は全体を取り替えるより好ましい
6. 熟練工のみを信頼すること
7. 古い部分が一部壊れているときには、周縁から適当な形が確実にわかるまでは「修復」をしないこと

これらの提言はきわめて注意深く、現代の建築保存哲学にも通用する示唆に富むものである。スコットの理論は、長い論争を経て確実に進化していったことが窺える。

　そんなスコットがもう少し長生きしていたら、彼の評価は少し変わっていたかもしれない。ここで、晩年のスコットもかかわったセント・オルバンズ大聖堂をめぐる状況を見ていきたい。

セント・オルバンズ大聖堂

1）設立から修道院解体まで

　ローマ統治時代のヴェルラミウム市においてキリスト教に改宗したオルバンはそのことによって209年処刑され、イギリスにおける最初の殉教者となった。その後、マーシアのオファ王がその地に修道院を設立し、1077年にはローマ時代に使われたタイルを再利用したノルマン様式の教会堂の建設が始まった。1115年に献堂されたその教会堂は当時イギリス最大級（図10）のものとなった。内装は、ローマン・タイルの柱は彫刻するには堅すぎたため、漆喰塗りの上に彫刻に代わる模様やキリストの磔刑、マリアの物語等が柱の西面に描かれていた（図12）。13世紀初めに彫刻に

※8

- Plan of the Cathedral -

■ Norman
■ Early English
■ Decorated
■ Perpendicular
■ 19th & 20th Centuries

1　Entrance
2　Nave Sanctuary
　　Nave Screen
3　Carved Heads
4　Tower Ceiling
5　Bishop's Throne
6　Presbytery
　　High Altar Screen
7　Exhibition Area
8　Ramryge Chantry
　　De La Mare Brass
9　Shrine of St Amphibalus
10　Shrine of St Alban
11　Tomb of Humphrey
　　Duke of Gloucester
12　Poor Box
13　Abbot's Doorway
14　Bookshop
15　Abbot's Kitchen
　　Library

図10　セント・オルバンズ大聖堂
平面図

118

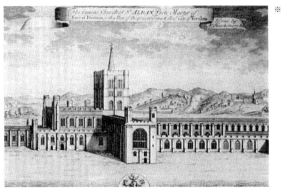

図11　セント・オルバンズ大聖堂　中央に針尖塔があった時代

図12　漆喰塗りの上に描かれた聖画　教区教会時代は塗りつぶされていたが、19世紀に洗い出された。

適した石材がトッターンホーから採掘され、教会堂の西側が尖頭アーチを用いたゴシック（初期イングランド様式）で建設されることとなった。1323年に身廊の5柱間分が崩壊する事故があり、その部分は装飾式ゴシックで再建された。15世紀にかけて、セント・オルバンズ修道院はイングランド国内でも屈指の繁栄を誇った。

　しかし、ヘンリー8世が1534年にイングランド国教会を樹立し、修道院解体に乗り出したため、セント・オルバンズ修道院も1539年に閉鎖となった。

2）教区教会堂時代

　1553年、元修道院の教会堂は市民に購入され、教区教会堂となるとともに、東端のレディ・チャペルは教会堂から切り離されて学校となり、教会堂と学校の間には通り抜けのできる公道まで設置された（図13）。また、大門は監獄として使われることとなり、世俗化の波を受けた。

図13　教区教会堂時代　レディ・チャペルとの間に設けられた公道

　一方、教会堂内部では主要祭壇の影像が撤去されるとともに（図14）、柱の聖画も白く塗りつぶされ、偶像礼拝を戒める動きが進んだ。礼拝は内陣のみで行われ、長大な身廊はほとんど使われなくなった。

　また、教区がロンドン教区に編入されている時分には、クリストファー・レン風のデザインの流行に従い、交差部に天蓋が設けられたり（図15）、快適さに配慮した中産階級用のボックス席がつくられるなど、規範の弛緩も見られた。

　だが、全体として、一教区の収入で巨大な建物群を適切に維持することはできず、1797年の嵐の災害もあり、19世紀を迎える頃にはかなり荒廃した状態となっていた。

図14　教区教会堂時代　主要祭壇の影像が取り払われた状態

3）19世紀初頭から半ば

　前述の通り、大陸で起こったフランス革命の余波がイギリスに伝わると、不信心が革命を惹起したという考えから、教会堂の維持保全および新築が国家レベルで企図されることとなり、セント・オルバンズ教区にも1818

*19 Lewis William Wyatt
1777–1853年。ジェームズ・ワイヤットの甥

*20 Lewis Nockalls Cottingham
1787–1847年

※10

図15 交差部の塔の天井に敷設されたレン風の内部ドーム 奥に見えるのは身廊の天井

*21 John Chapple
1826–87年。G. G. スコットの現場監督としてハンブルクのニコライ教会堂の地盤沈下による修理工事を担当。セント・オルバンズの修復にも携わる。1879年にはセント・オルバンズ市の市長に就任。

年に修理資金が交付された。しかし、なんとも不幸なことに、ヘンリー・スモール師がその資金を着服してしまい、建築家ルイス・ワイヤット[19]の修理案は提出されたものの実施されずじまいだった。そして、ついに1832年2月3日には身廊南壁が崩落し、側廊の屋根を突き破って胸壁が落下する事故が起きてしまった。ルイス・ノッカルス・コティンガム[20]の調査によって、壁は垂直から12インチも傾いていることが判明した。急遽、ヴェルラム卿の主導で4,000ポンドが集められたが、13世紀につけられた塔の針尖塔およびレン風の内部ドームが取り除かれただけで、それ以上の工事はなされなかった（図11・15）。そして、スモール師がまたもや資金を持ち逃げする不祥事が起こった。この事件は、国教会内部の腐敗を世に知らしめることとなった。

1835年に後任となったニコルソン師は修理を積極的に主導した。彼は、修理資金を集めるために、教区民以外の教会堂への立入りに入場料を課すこととしたが、同時に壁画を洗い出し、ガイドブックを書いて教会堂の価値を一般に知らしめるとともに、教区で不足していた墓地を整備することによって評判を上げた。ニコルソン師は、世俗の要望にも応えつつ教会堂の維持に奔走したが、その一つの手段として、壁画の復活およびそれによってもたらされる入場料が大きな役割を果たしたことになる。

4）スコットの修復建築家就任

1856年に、G. G. スコットが修復建築家に任命された。セント・オルバンズ教区はこの頃から大主教区への昇格が検討されており、スコットは、同年に提出した修復工事提案書の中で、この教会堂が主教座大聖堂として使用するのにふさわしい規模と威厳を備えていると述べ、必要な修復を始めることとなった。当時、彼は「第一にすべての部分を健全かつ安全にせねばならない」[12]と述べつつも、「主要な構造体は頑強でしっかりしており、屋根もよく修理されている」[12]という認識で、根本修理の必要はあまり感じていなかったらしい。

けれども、1870年8月1日、塔の北東の柱に大きな亀裂が走る大事故が起こった。このことは、現場を担当していたジョン・チャップル[21]によって、すぐさまロンドンのスコットに報告され、13日にはスコットの息子が現場の検分に訪れた。スコットは問題の柱を東側アーチの補強によって支えるよう指示した。また、驚くべきことに、修理の途中で、南東柱の基礎には大きな穴が空いていることが発見された。その穴には木片が詰められており、それに点火すると木片が燃え、木片が燃え尽きると柱が崩壊するという、恐るべき計画がおよそ16世紀半ばに企まれていたことが明らかとなった。この穴は、セメントと煉瓦、そして液体グラウトで補修された。

その後、翌年1月13日にはプレスビテリー北壁で新たな崩壊が起こるなど修理は一進一退を繰り返したが、ようやく塔の沈下が止まり、その後は、基礎から上層までセメントや鉄製繋ぎを使って塔全体が修理されていった。塔の中で床が挿入されているところには鉄のボルトも敷設され、32

のボルトは左右16組のナットで繋がれて、職人たちによって一気に緊結された（図16）。1871年12月21日には約40年ぶりに新たに設置された鐘がセント・オルバンズの街に鳴り響いた。

またこの頃、新たに赴任したローレンス師の主導で、監獄を駅近の場所に出し、学校をレディ・チャペルから大門に移す事業が敢行され、レディ・チャペルを再び聖堂の一部に繋げる工事が行われることになった。

1872年に始まったその工事では、チャペルを切り離していた壁には以前のセント・オルバンに捧げられた聖廟の部材が使われていたことがわかり、それらの部材を組み直す作業が始まった（図17）。この時、そもそも聖人崇拝には否定的な教会の低教会派の人々は、再建事業は資金の無駄だと批判したのに対し、ジョン・ラスキンは、必要とあらば自分が資金を出す、と言って事業を擁護したという。

図16　中央塔

図17　壁の中から発見されたセント・オルバンズの聖廟の部材

※10

＊22　Edmund Beckett（1st Baron Grimthorpe）　1816-1905年

※13

ベケット本人

5）大聖堂への昇格とグリムソープ卿の修復

1877年5月4日、セント・オルバンズ大主教区が誕生した。そして、すべての教会関係者とヴェルラム卿および近隣在住の紳士5名からなる委員会が設置され、この委員会の監督のもと、修復工事は進められることとなった。そこでスコットは、同年9月頃から身廊南側の壁の建て起こし準備に入ったが、支持機構の設置はあまりはかばかしくなかった。そんななか、1878年3月27日、スコットが急逝した。

スコットの死後、いきおい、発言力を強めることになったのが、エドムンド・ベケット（後のグリムソープ卿）＊22である（図18）。彼はグレート・ノーザン鉄道を有する国会議員であった父を持ち、法律家で、ビッグ・ベンの時計機構を設計したエンジニアであるが、1875年頃からセント・オルバンズに住み始め、修理工事に資金を提供していた。彼は機械に精通していたため、スコットの死後、機械機構を見直し、スコットが完工できなかった壁の建て起こしを完了した（図19）。

セント・オルバンズ大聖堂入り口に設置されている天使の姿のベケット像

図18　スコットの後の修復に資金も口も出したエドムンド・ベケット

※10

6）屋根論争

その直後、1878年7月頃から、屋根の修理をめぐる議論が始まった。当

図19　壁の建て起こし作業の様子

＊23　John Oldrid Scott
1841–1913年

＊24　セルビー修道院
ノース・ヨークシャーに1069年に創建
された修道院。G.G. スコットは1850年
に調査に入り、1852年から修復工事を
開始。1873年から身廊屋根を急勾配に
架け直し、西正面に破風をつくる。
1906年に火災があり、J.O. スコットが
再建工事を行った。さらに息子のチャー
ルズ・マリオット・オルドリッド・ス
コットが西塔を高くしたデザインで1935
年に再建工事を完了させた。

※14

図20　急勾配屋根の検討作業

＊25　Henry Howard Molyneux
Herbert, 4th Earl of Carnarvon
1831–90年。保守党国会議員。1878–85
年、古物協会の会長を務める。

＊26　James Neale
1850または51–1909年。ロンドン生ま
れの建築家。G.E. ストリートの事務所
で修業、ピュージンの名を冠した奨学金
を得て実測図制作。セント・オルバンズ
の実測を1875年に行い、1878年に図集
を出版。

＊27　George Edmund Street
1824–81年。ゴシック・リヴァイヴァル
の代表的な建築家。事務所にはP. ウェッ
ブ、W. モリスも所属していた。代表作
に王立裁判所がある。

初、スコットの息子のジョン・オルドリッド・スコット＊23は、屋根は現
状のまま緩勾配のものでよいとしていたが、8月に入って意見を変え、急
勾配のものに架け直すよう提案した。実のところ、この教会堂には以前は
急勾配の屋根が架けられていたのだが、1440年頃、ウィサムステード大
修道院長の時代に緩勾配のものに架け直されていた。J.O. スコットは、
父は可能であればセルビー修道院＊24でしたように、急勾配屋根を架ける
ことに賛成であったろう、と述べた。ベケット卿も工事施工者のロングミ
アからの報告を引用して、屋根の大梁の傷みが激しいことを考慮し、また、
塔に残っている当初の屋根勾配の跡を参照して、急勾配の屋根を架けるこ
とを提案した。修復委員会はこれらの意見を受けて、急勾配屋根を架ける
ことを決定した(図20)。

　これに対して、古物協会のカーナヴォン卿＊25をはじめとして、建築家
で教会堂の実測図集を刊行していたジェームズ・ニール＊26や、建築界の
重鎮ジョージ・エドムンド・ストリート＊27らから反対の声が巻き起こっ
た。だが、10月には施工者に急勾配屋根を架ける工事の発注もなされ、
決定は覆されることはなかった。

　そして1879年末、急勾配の屋根を架ける工事が完了近くなると、当然
のことながら、西正面壁面との整合性をどう取るかが問題となってきた。
そこで、2名による西正面のデザイン案を無記名で掲示し、どちらの案が
良いかを投票することとなった。図21の案は、西正面の垂直式ステンド
グラスを装飾式のバラ窓に入れ替えるもので、狭間飾りも新しいものにし
ている。図22の案は、西正面の垂直式ステンドグラスを残しているが、図21
の案と同様、小塔を左右につけるなど、大規模な改変であることには変わ
りはなかった。2案への投票結果を開けてみたところ、ベケット案(図21)
がJ.O. スコット案(図22)より圧倒的多数票を得たことがわかった。また
ベケット卿自身が自費で西正面工事を行うとの申し出があったため、この
提案に対して許可を与えることが附議されることになった。これに対し、
修復反対者たちからは反発の声が上がり、1880年5月の公判では、ベケッ
トがまだ図面や見積り、契約内容を記したものを提出していないことなど
を理由に、許可を与えないよう申し立てが行われた。だが、結局、10月
にはベケットが提出した図面が承認され、西正面はベケットの自費で工事
が行われることとなった。

　西正面の工事は急ピッチで進められ、1882年7月にはおよその完成を見
た。そして、1884年6月18日(水)、工事がほぼ完成した身廊において最
初に行われたのが、ベケット卿による"説教"だった。ベケットはこの日、
オックスフォードの建築歴史協会のメンバー40人の来訪を受け、修復工
事について解説を行ったのである。

　以上がセント・オルバンズ大聖堂の西正面修復にかかる経緯である。西
正面のビフォー・アフターは図23、図24に見られる通りである。

　垂直式のステンドグラスはなくなり、新たにバラ窓が挿入された。その
上部は、かつてのパラペットはなくなり、急勾配屋根の端部となる切妻壁

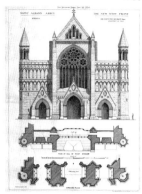

図23　修復前

図24　修復後

図21　E.ベケット（グリムソ
ープ卿）案

図22　J.O.スコット案

が載っている。中央入り口のほか、両脇に二つの入り口が設置された。壁
面全体にはニッチ飾りが全面につけられた。また、西正面両端には小塔が
つけられた。

7）セント・オルバンズ、その後

　このような工事は、現在の感覚からすれば、「修復」というよりはかな
り大規模な「改変」というべきであろう。しかし、ベケットによる工事は、
屋根の架け替えや西正面で終わらず、さらに、南翼廊、北翼廊の全面再建
にまで及んでいった（図25～30）。

　これに対して、反対派の最後の抵抗ともいうべき論争は1889年に繰り
広げられた。ヘンリー・ハックス・ギッブス[28]（後のアルデナム卿）は、
建築家アーサー・ブロムフィールド[29]の監修のもと、祭壇の彫像再設置
の工事と、レディ・チャペルを修復する許可を求めた。これは、ベケット
の修復が屋根や西正面にとどまらず、教会堂全体に及んでいくことに危機
感を抱いたからであった。ギッブス自身はベケットと同じく建築専門家で
はなかったが、ブロムフィールドの監修が入ることが重要で、ベケットの
ようなアマチュアが国家的モニュメントを恣意的に修復することが許され

*28　Hucks Gibbs, 1st Baron
Aldenham
1819–1907年

*29　Arthur Bromfield
1829–99年

図25　南翼廊修復前

図26　南翼廊修復後　小塔、ステンドグラスが新しくされている

123

*30 Hugh Roumieu Gough
1843–1904年

てはならない、と考えたのであった。これに対し、Arsというペンネームの人物（その横柄な物言いからベケット自身ではないかと憶測された）や建築家のヒュー・ロミリュー・ゴフ*30らを巻き込み、激しい論争が繰り広げられた。だが、1889年11月の裁判では、ベケットが1880年に取得した許可は、大聖堂全体に及ぶもので、それに重複するような許可は与えることはできないとして、ギッブスがレディ・チャペルを修復する許可は与えられないこととなった。一方で、祭壇の彫刻に関しては、建物とは切り離して考えることができるとして、新たに許可を申請すればよい、という裁定となった。ベケットはさらに工事を進め、1890年にギッブスは祭壇の修復の許可のみ得ることとなった。

　最後に、ビルディング・ニュース紙1889年6月7日号に掲載されたI.H.シュタインメッツによる南北翼廊ほかの修復前後を比較したイラスト（図31）を挙げる。南翼廊・北翼廊のステンドグラスが入れ替えられ、バットレスがかつてのクロイスターを無視して設置され、美しい鉄細工で飾られた扉がうち捨てられている様子が描かれている。

※14

図27　修復工事前

※14

図28　急勾配屋根施工後

※18

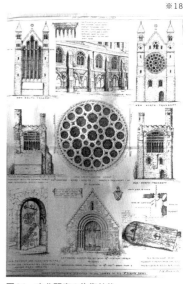

※14

図29　西正面施工後

※14

図30　南翼廊改変後

図31　南北翼廊の修復前後

古建築保護協会

*31 William Morris
1834–96年。アーツ・アンド・クラフツ運動を主導したデザイナー、詩人、社会改良運動活動家。著書『ユートピアだより』、『民衆の芸術』など。ラスキンに影響を受け、後に自ら興したケルムスコット・プレスからラスキンの『ヴェネツィアの石』第2巻第6章「ゴシックの本質」を刊行。

*32 The Society for the Protection of Ancient Buildings

　ウィリアム・モリス*31が古建築保護協会*32を設立したのは、まさにセント・オルバンズで大規模な「修復」が本格化する直前の1877年であった。同会の設立趣旨文には次のような言葉が書かれている。

　　「ここ50年で得られた古記念物に対する知識やそれに対する注目は、これまで数世紀の間にあった革命や暴力、さまざまな毀損行為がなした破壊よりもなお大きな破壊を行ったと我々は考えている。」※19

　これは、19世紀に教会建築学が発達した結果、ケンブリッジ・カムデン・ソサエティが装飾式ゴシックを至上とし、様式の統一を目指した過修復が

至るところで行われていたことを指している。セント・オルバンズでグリムソープ卿が過去の痕跡を理由に、身廊屋根に急勾配屋根を架けたり、西正面を装飾式ゴシックでつくり変えてしまったりしたような行為は、セント・オルバンズ以前にも広く行われていたのである。

そして、古建築保護協会宣言は、末尾で次のように述べる。

「それゆえ、これらのすべての建物、すなわち、あらゆる時代、様式の建物のために、私たちは嘆願し、それらを扱う立場にある人たちに『修復（レストレーション）』の代わりに『保護（プロテクション）』をしていただきたいと呼びかける。日々の手入れによって荒廃を阻止し、傾いた壁にはつっかい棒をしたり、雨漏りのする屋根は繕う、そういった支えや覆っているものだと明らかに目で見てわかるもので、何か別種の芸術のようなふりをせず、むしろ、建物の構造体にしても装飾にしても、それが建っているそのままにして手をつけたくなるのをがまんしてほしい。もし、建物が今の使用に不便になったのなら、古いものを改変（alter）したり拡張（enlarge）したりするより、もう一つ別の建物を建てるようにしてほしい。要するに、私たちにのこされた古の建物は、在りし日の芸術の記念碑で、在りし日の作法によって作られたものとして扱ってほしい。そうしたものに、今の時代の芸術は破壊することなしに手出しすることはできないのだ」[20]

上記の引用の後半に書かれる、改変や拡張をも認めない古建築保護教会の態度は、原理主義に過ぎる、あるいは、現代の建築家や芸術家は必ず中世の職人よりも劣っているとすることについては受け入れがたい、という反発もあった。セント・オルバンズの過修復について議論になったとき、古建築保護協会は、「中世の人々の仕事を、現在の人間が再現できるというのは極めて不合理」[21]という意見を提出したが、ビルダー紙の1884年4月5日の社説では、古建築保護協会を「なんでも反対する団体」だと批判した。

だが、「つっかい棒や覆い」以上のことをするなという同会の主張の背景には、セント・オルバンズ大聖堂で見られたような、その時々の機能要求や、予算の多寡、発言力の強い人の意見によって、過剰な改変がなし崩し的に行われることに、断固反対せねばならぬという強い危機感があったことを忘れてはならない。

ジェイムズ・ワイヤットの大聖堂修復

　本文で紹介した通り、ジェイムズ・ワイヤット（1746–1813年）は、建築保存の世界では"デストロイヤー"の悪名がつけられた人物として知られる。しかし、これは、ほとんど名誉毀損ともいうべきものであって、彼の業績を実証的に明らかにした上で、評価をし直すべきであるという考えが、歴史学者のアントニー・デール[*1]から提示された。デールは1936年にワイヤットについての評伝を著し、同書は1956年に大幅な加筆修正をして再版された。ここで、デールによる既往研究を主に参照しながら、ワイヤットの大聖堂修復事業について見ていきたい。

　そもそも、ワイヤットという人物についてであるが、『オックスフォード建築事典』によれば、彼は、1762年から6年間イタリアで修業して帰国、実務を始めた。新古典主義のデザインを習得し、アダム兄弟と並び称されるようになった。代表作の一つ、ロンドンのオックスフォード・ストリートにあった「パンテオン」という名の公会堂は、ローマのパンテオン風のドームをいただくロトンダを中心に、各種の小部屋が回廊で接続されたものであった。ワイヤットは新古典主義においてもただ重厚なだけではなく、「動き」を重視したところが同時代人と違うところで、ワイヤットのスタイルを「クラシカ

ル・ロココ」とニコラス・ペヴスナー[*2]は評したそうである。ロココには、エジプシャン、ムーリッシュ、シノワズリなど、地理的に離れた場所を参照したデザインがあったが、クラシカルは時間的に離れた過去を参照したものである。そして、ワイヤットは古典様式のみならず、イギリスにおいてはしばらくの間下火になっていたゴシックを参照して、フォントヒル・アベイ（ウィルトシャー、1796–1812年）やアシュリッジ・パーク（ヘレフォードシャー、1802–13年）、リー・プライオリー（ケント、1785–90年）などのゴシック・リヴァイヴァル作品を手がけていった。なお、ゴシック・リヴァイヴァルの初期の立役者であるH.ウォルポールは、ワイヤットと親しい関係にあったが、ワイヤットの「パンテオン」をも絶賛していたことから、当時、新古典主義もゴシックもファッションの一つであったことが窺われる。有力者の支持を得たワイヤットは王室の信頼も篤く、1796年には、バーリントン卿の後を継いでジョージ3世の建築担当官にまで上り詰めた。

　ワイヤットが携わった大聖堂（カテドラル）修復は4件。リッチフィールド大聖堂、ソールズベリー大聖堂、ヘレフォード大聖堂、ダラム大聖堂である。

*1　Antony Dale
1912–93年。歴史家。1945年、リージェンシー協会を設立。ブライトンの歴史を著し、保存運動にも携わった。

*2　Nikolaus Pevsner
1902–83年。ドイツ出身の建築史家。イギリスへ移住。主著に『モダン・デザインの展開　モリスからグロピウスまで』『ラスキンとヴィオレ・ル・デュク　ゴシック建築評価における英国性とフランス性』『十九世紀の建築著述家たち』など。

※21

J.ワイヤット設計
パンテオン

リッチフィールド大聖堂

　リッチフィールドはワイヤットの出身地であった。ワイヤットは、大聖堂の塔のすぐ東のクワイヤと、東端のレディ・チャペルを一体化し、クワイヤの後ろにあった祭壇仕切り（レレドス）を取り壊し、高祭壇をレディ・チャペルの東端に移設した（図1）。当時のリッチフィールド大聖堂では、クワイヤと身廊が厳格に分断されており、クワイヤ席の人は、説教を聞くために身廊に移動し、その後、聖体拝領を受けるためにまたクワイヤに戻るという進行になっていた。だが、これは、クワイヤ席の聖職者たちからはすこぶる評判が悪かった。そこで、大聖堂の首席司祭と参事会員からの強い要望で、クワイヤとレディ・チャペルを一体化して、会衆も内陣に収容できるようにし、説教と聖体拝領を一つの場所で執り行えるようにした。

　また、クワイヤと側廊の間のアーチを塞いで壁としたのも、クワイヤ席に適度な暖かさを提供することが目的だったとのことである。

　構造的な面については、石の天井はクリアストーリーに荷重をかけ過ぎていたので、漆喰塗りの天井に取り替えたのであり、南翼廊に巨大なバットレスを二つ建造したのも、構造補強以上の意味は持たなかった。

　ワイヤットの行ったことは、主に大聖堂の聖職者と参事会員からの機能改善についての指示と要望に応じたものであった。ワイヤットはそのデザインを遂行しただけだった。

　ちなみに、現在のリッチフィールド大聖堂の西正面のステンドグラスは、ワイヤットのものではなく、19世紀にG.G.スコットによって入れ替えられたものである（図2）。また、スコット時代には、西正面には多くの彫像が入れられたが、その際には、市民に寄付を募っている。領域ごとの寄付者の名前を記した図が大聖堂の文書館には残されており、これが一種の資金確保の手段となっていたことがわかる。修復の「施主」はあくまでも聖職者と参事会であり、彼らの影響力は相当強く、資金繰りに応じて事業は決定されるものだったようである。反対に建築家は尊重されたとはいえ、あくまで雇われ人にすぎなかったと思われる。

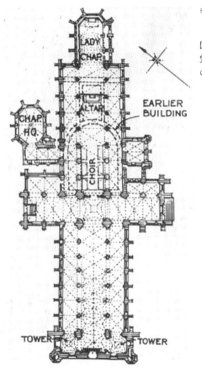

※22

図1　リッチフィールド大聖堂平面図　レディ・チャペルの東端に高祭壇を移設した。

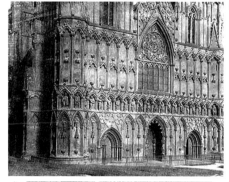

※23

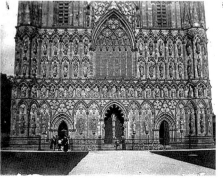

※23

図2　西正面ファサード下部
上：ワイヤットの修復後、G.G.スコットの修復前
下：G.G.スコットの修復後　壁面の格間に彫像が設置され、中央のステンドグラスが入れ替えられた。

ソールズベリー大聖堂

　ここでも、リッチフィールド大聖堂で行ったのと同じく、レディ・チャペルとクワイヤを一体化する工事が行われた。これについては、ワイヤットは当初、むしろ両者を隔てるアーチをトレーサリーで埋めることを提案していたようである。だが、大主教の友人であったウィリアム・ギルピン[*3]が、むしろクワイヤからレディ・チャペルの柱が見えるようにしたほうがよいとの意見を出したことを受けて、ワイヤットが自案を取り下げて実行したという。

　また、東端のレディ・チャペルには隣接して垂直式ゴシックで建てられたハンガーフォードとビュシャンのチャペルがあったが（図1）、これらのチャペルは取り除かれた（図2）。これらのチャペルが建造された時、フライング・バットレスを取り除いてしまったため、構造的に弱くなっていたからであった。当時すでに、垂直式は装飾式ゴシックの堕落したものという考えはあったようで、人々は、費用のかかる修復よりも取壊しを望んだという。これに関して、H. ウォルポール

は取壊しを残念に思っており、友人のワイヤットに話をしようとしていたらしい。しかしウォルポールは、この件を話したところでワイヤットは工事に関して発言権は持っていないだろうと述べていた。

　そのほか、境内の北西に建っていた鐘楼の取壊しも批判されたが、この鐘楼はすでに上2層分と尖塔が、ワイヤットが来る以前に取り除かれていた（図3）。ステンドグラスの廃棄や、古い墓石を敷石に転用することも、一部は、すでにワイヤットが来る前から行われていた。

　ソールズベリーでもやはり、ワイヤットが行ったことは他者からの指示によるもので、一部はすでにワイヤットが来る前から始まっていた。デールはむしろ、ワイヤットが雨水排水設備を地下に設置し、それまでぬかるんでいた境内の水はけをよくした功績を評価すべきではないかとしている。ちなみに、ソールズベリー大聖堂の西正面の彫像群を整備したのもG. G. スコットである。

＊3　William Gilpin
1724-1804年。『主としてピクチャレスク美に関してワイ川および南ウェールズの幾つかの地形その他の1770年夏になされた観察』によってピクチャレスク理念を導入し、イギリス風景式庭園の興隆に影響を与えた。

図1　ワイヤットが取り除いたハンガーフォードとビュシャンのチャペル

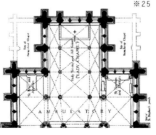

図2　レディ・チャペル平面図
点線部が左記チャペルの位置。ワイヤットはチャペルを撤去し、バットレスを復活させた。

図3　鐘楼はワイヤット以前に取り壊されていた
上：1671年 W. ホラーのエッチングに見える鐘楼（画面左）
下：1768年 J. I. リチャーズの水彩に見える鐘楼

ヘレフォード大聖堂

ヘレフォード大聖堂（図1）は、1786年に西正面と塔が崩壊するという事故があり、ワイヤットが呼ばれたのはその2年後だった。ワイヤットは身廊を一格間分縮めた上で西正面をごくシンプルな形で、塔なしで再建し、構造上の理由から、中央塔の尖塔は取り壊した（図2）。また、クリアストーリーとトリフォリウムは損傷を受けていたので、建て直すこととなったが、彼は、当時、仕事をしていたソールズベリーの様式をより良いものと思ったのであろうか、もとあったノルマン式でなくソールズベリーと同じ初期イングランド式で再建した。これはノルマン式のアーケードと不調和

を来たし、大変不評だった。だが、レディ・チャペルとクワイヤを繋げることについては、現場監督が設置した足場が悪く、レディ・チャペルとクワイヤの間のアーチを補修しようと石を外したらすべてが倒壊してしまうという事故が起こったため、やむを得ず、両者をリッチフィールドやソールズベリーでやったのと同じように一体化することになったのだという。

ヘレフォード大聖堂の現在の西正面（図3）は、1908年にG. G. スコットの息子のJ. O. スコットによって、ワイヤットの西正面を取り壊して再建されたものである。

図1　ワイヤットの修復前のヘレフォード大聖堂
中央に尖塔があった。

図2　ワイヤットの修復後　シンプルな初期
イングランド式のステンドグラスを入れる。

図3　J.O.スコットにより新しくされた西正面

ダラム大聖堂

最後に、ダラム大聖堂はソールズベリー大主教だったシュート・バリントンが異動して来たことからワイヤットが招聘されたようで、その時期はおよそ1791年から1795年頃であったと考えられている。東正面は、一度建て直されたが評判が悪く、再度建て直された。また、チャプター・ハウスは老朽化を理由に取り壊されたが、これはノルマン時代に建てられたもので、その時代のものはブリストルを除いて他にはないものだった。西端のガリレー・チャペルについては、境内から大聖堂へのアクセスのために取り壊す計画をワイヤットは提出し、一度は、聖職者らにも承認された。しかし、J. カーターが古物愛好家協会に呼びかけて、その破壊計画を激しく非難した。その結果コーンウォリス司教は計画を却下し、ガリレー・チャペルの救済者と呼ばれることになった。しかし、同司教は、チャ

プター・ハウスの取壊しについてはその承認会議に不在だったと弁明したが、実際には会議に出ていた記録があり、またガリレー・チャペルの件も一度は承認をしており、取下げは古物愛好家協会からの非難を受けてのものだったそうである。ワイヤットの計画は実施されなかった。だが、ワイヤットの死後、G. G. スコットが中央塔のデザイン案を提出しており、19世紀を通して「修復」の嵐は吹き荒れた（スコットの計画も実行はされなかったが）。デールは、「デストロイヤー」の呼び名は、18世紀の所業を批判したがる19世紀人によって過剰につくられたものだとする。また、ワイヤットは、聖職者や参事会員の決定したことまで罪を負わされているという。"過修復"への先鞭をつけた人物であるのは確かだとしても、彼一人にすべての罪をなすりつけるのは不当であろう。

第 8 章

建築が紡ぐ人々の意志

建築遺産：現代への問いかけ

　これまで見てきたように、西洋建築史に登場する記念的造物には、創建時のみならず後代のさまざまな手が加えられていた。本章では、今日まで存在し続ける記念的造物の転用および活用のあり方を整理した上で、近現代のリノベーションの諸相を概観してみたい。

　「記念的造物のサバイバル」では、建築を保存する意識の低い時代に、いかにして建築が受け継がれてきたかを、移動可能な装飾物、移動不可能な構造体、都市スケールの大規模計画の諸相に分けて整理してみる。規模の違いによって、既存物を活用する手法は当然異なるが、組積造文化の場合、建築単体から都市スケールまで、先代の痕跡の上に新しい時代の創意が上乗せされ、結果として、全体があらゆる時代を映し出す複合的な建築遺産になっている例が数多く確認できる。

　「継承すること、創造すること」では、とりわけ20世紀に入り、記念的造物に対する修復・保存の基本方針をめぐる国際的な議論が活発化したこと、その一方で、戦争による甚大な損傷をいかに受け止め対処するかが戦後の課題となり、継承のあり方、復旧のあり方をめぐってさまざまな試みがあったことを紹介する。失われた部分をどのように回復させるかについては、復古・復元的な手法から、最新の材料と技術を積極的に用いる手法まで事例の幅はかなり広いことが理解できよう。

　「拡大・成長する文化施設」では、文化遺産意識の高まった20世紀を象徴するビルディングタイプ、とりわけ美術館に注目し、増築・改築の挑戦的試みと問題点について見ていく。収蔵品の増加、展示内容の変化に伴い、美術館自体のあり方が常に変化する。建築にはこの変化に対応しながら、建築自体を魅せる工夫が求められる。

　「建築遺産の拡大と多様性」では、建築自体があらゆる時代の証言者、歴史遺産であるという認識の定着、建築遺産の社会的意義の再検証のなかから、リノベーションの範囲が大きく広がったことを確認する。比較的芸術的価値が低いとされる産業遺産が保存の対象となり、社会の資産として活用される例は増加の一途をたどる。これら新しい建築材料や構法を導入する劇的なコンバージョンは、建築家に新たな創造の可能性を示した。いまや建築遺産が示す範囲は20世紀の名建築をも対象とするほどに拡大し、近現代建築を継承する試みは、現代の建築家の活動領域とますます重なってくるのである。

人の寿命をはるかに超えて存在してきた建築には、
これまでに建築とかかわりを持ったすべての人々の意志が反映されているといえよう。
すなわち、われわれが歴史的な建築と何らかのかかわりを持つことは、
われわれが先人たちに向き合い、そこに何らかの関係を構築することにほかならない。
これはなにも記念的造物に限ったことではない。先ごろ新築された建築作品も
いずれ新しい時代の建築遺産となり、新旧の関係を紡いでゆくことになるのだ。
本章では、記念的造物に向き合う近現代の姿勢のみならず、
近現代建築の設計自体に過去と現在の関係が問われるケースについても幅広く検討してみよう。

記念的建造物のサバイバル

　建築が長期にわたって、まったく変わらずに存在し続けること、これは決して当たり前のことではない。移動可能な装飾物は遠く場所を移すことがあったし、移動不可能な構造体の場合、新たな時代の要素と共存しつつ一体的な建築物、あるいは、都市景観を形成することがあった。

1）装飾の象徴性

　建築は通常不動産であり、移動しない。しかし、建築を彩る装飾物は、いつの時代も、素朴に美しい芸術品として注目を集めた。高度な装飾性や表現力はもちろん、歴史的な由緒、材料の稀少性のゆえ、異なる文化背景を持つ者にとっても魅力的であり、ときに引き剥がされ、持ち去られた。たとえば、古代エジプトのオベリスク[*1]は、巨大な一本石の造形物として貴重であった。二本一対で神殿前に据えられるのが本来の姿だが（図1）、その多くがいまやローマやパリといったヨーロッパ都市の広場の中心に据えられている（図2・3）。エジプトで神の象徴であった垂直エレメントは、都市美を目指すバロック都市計画[*2]、近代都市計画の中で、広場の中核として新たな役目を与えられたのである。ローマ建築の特徴でもある円柱（とりわけ装飾的柱頭）も、ローマ帝国衰退後にキリスト教建築を彩る貴重な装飾エレメントとして珍重された（図4）。ムッソリーニ時代にエチオピアからローマへ持ち出されたオベリスクは、2005年に現地へ返還されアスクムの遺跡として整備されることになった。イタリアとエチオピア両国の外交に建築遺産が寄与した例である。

＊1　オベリスク
エジプト神殿の正面に設置された一本石の四角柱で、表面にはヒエログリフ（神聖文字）が刻まれ、頂部はピラミッド状に成形される。ローマ皇帝アウグストゥスの時代より、ローマに移設されるようになった。

＊2　バロック都市計画
ローマの美観が、モニュメントを配した広場と、直線道路の見通し（ヴィスタ）によってつくられるようになるのが17世紀からである。歴代教皇は宗教改革対抗の施策として都市の魅力向上に尽力した。こうしたバロック都市計画の中で、オベリスクや記念円柱にはヴィスタを受け止めるアイ・ストップとしての役割が期待され、広場の中心に再配置されるようになったのである。

図1　ルクソール神殿とオベリスク
エジプト新王国の都市テーベの神殿。第一塔門の前には高さ25mのオベリスクが1本だけそびえている。

図2　サン・ピエトロ広場とオベリスク
ベルニーニ設計の広場の中央には、教皇シクトゥス5世の命によりオベリスクが配置された。

図3　コンコルド広場とオベリスク
セーヌ右岸の中心的広場。19世紀に設置されたオベリスクはルクソール神殿にあったもの。

図4　サンタ・マリア・イン・トラステヴェレ聖堂
身廊両側に据えられたイオニア式円柱、コリント式円柱は、ローマ建築からの再利用。

2) 建築の重層性

　組積造の建造物は大規模なものになればなるほど、完成までに数世紀を要した。解体撤去もまったく同じで、作業には高度な技術とそれなりの年月を要した。したがって、近現代のようにスクラップ・アンド・ビルドを繰り返すことはなかった。結果、主構造を担う躯体部分を活かしながら、表面素材の取換えや付加によってリニューアルを図る事例が多くなる。こうして古い部分が躯体に残り、転用される新たな用途に従って新しい部分が加えられる。一棟の建物にいわば地層のように異なる時代のエレメントが積み重なる。この重層性は、石造建築にこそ見られる特徴である。

　ローマ時代の大規模建築の中には、円形闘技場が住宅に、ローマ神殿や浴場がキリスト教教会堂に、皇帝霊廟が城塞に転じた（図8）例があるが、逆にいえば、こうした転用により、建築が完全な消失を免れたともいえる。ローマ建築最大級の構造物であるコロッセウム（図7）は、一時期、都市の石切場と化したことでかなりの部分を失ったが、それでも記念的威容を現在まで保つ幸運な例である。

　中世キリスト教教会堂においても、創建時の様式だけでなく、献堂後にデザインの主流となった様式が用いられた（図5・6）としてもきわめて自然なことだった。こうした建築の重層性は、新しい建築のあり方、既存建築の修理・改修手法をめぐる議論の中で浮上してきた折衷主義の可能性、様式の対立[*3]といった問題とも無関係ではない。特に19世紀に大々的に進められた建築修復では、創建時に用いられた様式を基準として様式統一を目指す傾向が強かったが、修復・保存の議論が進展するなか、少しずつ後世の増改築部位にも文化的・歴史的価値が認められるようになる。

＊3　様式の対立
様式という概念は、建築分野では過去の多様な歴史的建造物を整理・分類する手法として19世紀以降に用いられるようになった。したがって建築様式は、特定の時代や場所に共通する表現や特徴ごとに定められる。建築家の設計も、こうした様式による過去の理解を反映し、新しい時代に見合った様式の選択やアレンジが行われた。これをリヴァイヴァリズムと呼ぶ。長い年月をかけて建てられたモニュメントの中には、異なる様式が混在する作品があり、その様式を統一すべきか否かについては、建築家の間で激しく議論された（第7章「修復をめぐる議論」参照）。

図5　フィレンツェ大聖堂
13世紀末に着工された建物は、14世紀中頃に後陣の規模を大幅に拡大。この設計変更の延長上にブルネレスキの巨大クーポラが実現された（p.143参照）。

図6　ミラノ大聖堂
創建を14世紀に遡るゴシック大聖堂。ナポレオン時代に一応の完成を見るも、ファサードの開口部には17世紀の古典様式が残る。

図7　コロッセウム
ローマ帝政期につくられた円形闘技場。中世には採石場となり、キリスト教教会堂の建材のために大理石が剝がされ、再利用された。

※1

図8　サンタンジェロ城
ローマ皇帝ハドリアヌスの霊廟として139年に完成。5世紀初頭になると要塞化し、その後も、歴代教皇によって居城、また牢獄としても利用された。20世紀初頭に、博物館となった。

3) 都市の持続性

　単体の建築物が完全に建て替えられるとしても、もっと大きなスケールで見れば都市の部分的な更新と見ることができよう。こうした建築プロジェクトの継起的繋がりが都市の持続的発展そのものであり、一面では都市の歴史性を示しつつ、別な面では都市の個性を浮き彫りにする。

　ローマのナヴォーナ広場（図9）はバロック時代に壮麗な都市空間として整備されたが、細長いU字形の形状はドミティアヌス帝がつくらせた競技場フィールドの名残である。ミケランジェロ設計のカンピドリオ広場も、古代ローマの公文書館タブラリウムの躯体を利用しつつ計画された事実を考えれば、フォルム・ロマヌム*4の都市構造によってガイドされたプロジェクトといえる。この地は、ローマ市街にとっても要所であったため、近代イタリアを象徴するヴィットーリオ・エマヌエーレ2世記念堂が隣接して計画された。都市計画的にいえば、記念堂はポポロ広場から発するコルソ通りの終着点、アイ・ストップとしての役目も果たす（図11）。

　シャンゼリゼ通りが示すパリの都市軸も、テュイルリー宮殿からの軸線が段階的に延伸されることで生まれた。軸線上には、コンコルド広場のオベリスクのほか、ナポレオンの戦勝を記念し19世紀につくられたカルーゼル凱旋門、エトワール凱旋門、20世紀末の新凱旋門（グラン・ダルシュ）までが並ぶ（図10）。新凱旋門を核とするラ・デファンス地区はパリの新しい顔として、この記念的都市軸の端部に計画されたのである。

*4　フォルム・ロマヌム
古代ローマ帝国首都の中枢にして、政治・宗教の中心地。歴代皇帝の名を冠した広場（フォルム）は、神殿やバシリカといった重要建造物に囲まれ形成される。新しいフォルムは前代までの遺産を引き継ぎ、拡充し、敷地全体を更新していった。現在もローマ市旧市街に広大な考古学遺跡として保存され、往時の威容を誇っている。

図9　ナヴォーナ広場
86年にローマ皇帝ドミティアヌスによってつくられた戦車競技場だったが中世以降に廃墟化。15世紀末に市場広場として重要性を取り戻す。17世紀半ば、教皇インノケンティウス10世の治世下にバロック空間として整備され、広場中央にベルニーニ設計の噴水が設置された（第1章p.19参照）。

図10　パリの都市軸
現在のルーヴル美術館より西側に延びる一直線街路には、17世紀の王政時代から現代に至るパリの歴史的モニュメントが並ぶほか、近代都市計画の発展を示す中心軸になっている。右は新凱旋門（グラン・ダルシュ）

図11　ローマ都心部（カピトリヌスの丘）
古代ローマの要所に、中世のサンタ・マリア・イン・アラチュリ教会堂、カンピドリオ広場が造営され、やがて近代国家記念堂の敷地となる。

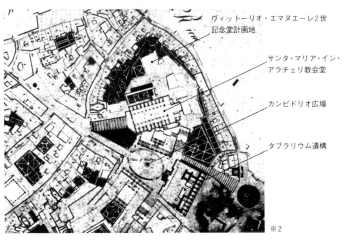

ヴィットーリオ・エマヌエーレ2世記念堂計画地

サンタ・マリア・イン・アラチェリ教会堂

カンピドリオ広場

タブラリウム遺構

※2

継承すること、創造すること

19世紀後半より20世紀にかけて、記念的建造物を後世に残していくためのさまざまな試みがあったが、その基本方針は、欠損・不備を補い完全な建築の姿を目指す《修復》から、欠損・不備すら歴史的事実として保持する《保存》へ徐々に転換していった。この推移のなかで、各国の個別的な取組みが国際的に議論され、国際憲章として共有され、精査されるようになった*5。たとえば、1931年のアテネ憲章では、修復手法として鉄筋コンクリート等の近代的材料の使用を認めていたのに対し、1964年のヴェニス憲章になると、より慎重な姿勢が求められた。やむを得ず付け足される新しい部分には全体的な調和と、オリジナル部との明確な区別が求められた。また、建造物の維持のみならず、建造物自体を貴重な史料とみなす態度が鮮明になった。したがって、あらゆる時代の痕跡を等しく敬い、憶測によるつくり込みを避け、建造物維持のための介入は必要最小限にとどめるのが基本路線となった。

一方で、ヨーロッパを戦場とした2度の世界大戦で、数多くの歴史的建造物が被災するという憂き目にもあった。戦後復興において、こうした建築の損傷が都市スケールで元通りに修復されることがある。たとえば、ワルシャワ旧市街は、国民のアイデンティティを取り戻す目的で国を挙げて再建工事を進めた。主に建物の外観について（建物内部はその限りではない）、写真等の確実な情報を用いて往時の姿が取り戻されたのである（図12）。

ドレスデンのフライエン・キルヒェは、爆撃で半壊した教会堂の姿を長らく戦争の爪痕として保存してきたが、東西ドイツの統一後に再建された。再建に当たっては、残存する破片を可能な限り用い、オリジナルの形状を再現した。斑模様の外観がかつての戦災の傷跡を色濃く示している

＊5　建築修復・保存の国際的議論
19世紀ヨーロッパ各国における建築修復の試行錯誤は20世紀に入り、国際的に議論され、情報共有され、より良い修復・保存のあり方がなお模索されている。ヴェニス憲章で示された基本方針を推進すべく1965年に国際記念物遺跡会議（ICOMOS）が設立されたほか、1972年にはユネスコ総会において世界遺産条約が採択された。その後も、修復・保存の国際憲章、宣言、決議を重ねているが、日本では1996年に奈良会議が開かれ、修理や保存の方法、遺産の持つ価値の文化的背景、多様なあり方が確認された。

図12　ワルシャワ旧市街
13世紀より発展したワルシャワ旧市街は第二次世界大戦のなかでドイツ軍によって徹底的に破壊された。戦後、市民の強い願いにより、材料と形態の両面で、可能な限り破壊前の姿に近づけるよう努力がなされた。こうして、少なくとも建築の外観は忠実に復元された。ただし内部については、まったく別の平面や設備に変更された建物も多い。

図13　ケルン大聖堂
創建を13世紀半ばに遡るゴシック大聖堂。長らく未完成のままだったが、19世紀半ばに工事を再開し、身廊屋根と西側の塔をようやく完成させた。第二次世界大戦で空襲による損壊が著しかったものの、戦後に復元した。失われたステンドグラスは、2007年に著名なゲルハルト・リヒターの現代的な作品を含め、新しいものに置き換えられている。

図14　フライエン・キルヒェ
18世紀前半に建てられた後期バロック教会堂。第二次世界大戦で半壊し、半世紀の間そのままだったが、1993年より復元工事が開始され、2005年に完成した。

（図14）。ヨーロッパ主要都市の大聖堂は、完全な倒壊には至らなかったとしても、少なからず損傷したものが多い。これらの修復に当たっては、作業記録は残すものの、建築の姿として戦争の傷跡を強調することはない。オリジナルに復するのが基本だ。ただ、ステンドグラスの再制作に当たっては、現代のアーティストに委ねることが多く、ケルン大聖堂のように、新しい作品が伝統空間にふさわしいか否かが議論された例もある（図13）。

コヴェントリー大聖堂は、第二次世界大戦の空襲により、尖塔と外壁以外のほとんどが破壊されたが、現在も復元されずに破壊の様をそのままに保存している（図15）。教会機能は隣接する敷地に新築された戦後の建築によって補われている。コンペで選ばれた建築家バジル・スペンスの教会堂は、現代の建築様式でオリジナルの大聖堂に寄り添っている。ジェノヴァのカルロ・フェリーチェ劇場も空襲によって半壊したが、再建案をめぐっては戦後に長らく議論が続いた。最終的に建築家アルド・ロッシらが担当し、とりわけ舞台装置部分は、都市の記憶を呼び起こすような抽象的ボリュームとして再生された（図16）。ミラノのスカラ座も同様に戦災を被ったものの、こちらは戦後に復元された。ただ、劇場機能を強化する目的で、2004年に建築家マリオ・ボッタによって舞台装置を中心に大幅なリニューアルが図られた。

ミラノのカ・グランダ（創建時は病院）は、戦後より30年余りの年月を要し、大学施設として再生された。建築家による積極的な創造力は戦災による欠損部に対して行われ、オリジナルの組積造の躯体に対して、鉄、コンクリート、ガラスといった材料が対比的に用いられた（図17）。これら戦災復興プロジェクトは、建築修復・保存の基本方針、現代の介入がいかにあるべきかを考えさせる重要な転機でもあった。

図15　コヴェントリー大聖堂
大聖堂は14世紀末から15世紀初頭につくられたゴシック建築である。第二次世界大戦の最中、1940年にコヴェントリーはドイツ軍の空襲を受け、大聖堂を含む市街に甚大な被害がもたらされた。1950年にコンペが行われ、200以上もの再建案の中から、半壊した大聖堂はそのままに保存し、隣接する敷地に現代的な教会堂を併置させるバジル・スペンスの案が当選した。新しい教会堂は現代的な様式によるが、外観に使用された赤褐色の砂岩が保存対象となった教会との調和を強調している。半壊した大聖堂はオープンスペースとして市民の憩いの場になっている。

図16　カルロ・フェリーチェ劇場
カルロ・フェリーチェ劇場は、1828年にカルロ・バラビーノが手がけた新古典主義の作品である。第二次世界大戦の空襲により、屋根や舞台が破壊されたため、戦後に再建のコンペが行われ、建築家パオロ・アントニオ・ケッサが勝利した。しかし、ケッサの案はなかなか実施されず、1963年に再建はいったんカルロ・スカルパの手に委ねられたものの、スカルパの死により中断。最終的にアルド・ロッシ、イニャツィオ・ガルデッラ、ファビオ・ラインハルトらの手によって完成した。ドリス式のポルティコおよび背後の外壁が保存された一方、内部は一新された。

図17　カ・グランダ
カ・グランダは、創建を15世紀半ばに遡るルネサンス期の大病院であり、フィラレーテの作品として知られている。その後、何度も増改築を重ね、19世紀初頭に建物はおおむね完成し、第二次世界大戦前まで病院として使われた。1943年の空襲で建物は甚大な被害を受け、戦後にミラノ大学として再生されることが決められた。リリアーナ・グラッシの修復指導のもと、貴重な歴史的遺構を保存しながら、大学施設として機能するように現代的な改変が加えられた。半壊した列柱廊がそのままに保存された一方、鉄骨やガラスによって欠損した屋根や床が補われている。

拡大・成長する文化施設

＊6　モダニズムの合理性と持続性
20世紀モダニズムで推奨されてきた建築の機能性、合理性、効率性、経済性は、とりわけ新築設計に力強い説得力を与えてきた。しかしながら、そうした強みが必ずしも建築の長期的な存在に貢献するわけではない。機能性や合理性は創建時の想定であり、想定外の状況が訪れた際、たとえば創建時には想定されなかった用途に転用されるに当たって、効率的で経済的な建築の仕様がかえってネックになることがあるからだ。逆に、モダニズムが攻撃した歴史的建築のゆったりとした空間が、新しい設備や機能を付加する際に功を奏することがある。

＊7　グッゲンハイム美術館
グッゲンハイム美術館は、アメリカの鉱山王ソロモン・グッゲンハイムの美術品コレクションを維持管理するために設立された。その最初の美術館がニューヨークのもので、設計はフランク・ロイド・ライトに依頼され、1959年に落成した。吹抜けのアトリウムを螺旋状スロープが取り巻く独特の空間構成は、美術館として当時ものすごく斬新だった。螺旋の造形は、外観表現としても力強い印象を与え、この作品の重要な個性となり得ている。

近代のビルディングタイプの中で、とりわけ美術館は、増加の一途をたどる収蔵品を収めるスペースの確保に常に対処しなければならない＊6。20世紀の建築潮流に幾度となくコミットしてきたニューヨーク近代美術館（MoMA）は、建物自体がリニューアルを繰り返している。建築家フィリップ・グッドウィンとエドワード・ストーンによる最初の建物（1937年）には、MoMA初の建築展で扱ったインターナショナル・スタイルが再現されている。その後、建築家フィリップ・ジョンソンによる増築、シーザー・ペリによる高層棟付加を経て、全体的な再整備の任が谷口吉生に託され2004年に完成した（図18）。同じニューヨークにあるグッゲンハイム美術館＊7はフランク・ロイド・ライトの名作の一つであるが、同様に増築を余儀なくされた。ここではライトの完結した螺旋の造形をいかに増築するかが問われ、グワスミー＋シーゲル事務所によってシンプルな直方体の高層ボリュームが付け足された（図19）。この解決方法を示唆するライト自身のスケッチが残されていたことがヒントになった。

1983年、ミッテラン大統領が主導したパリの建築プロジェクトの一つに、ルーヴル美術館のリニューアルが含まれていた。もともとルーヴル美術館自体が、フランス革命後に宮殿から大転換を遂げたわけだが、それ以来の大きな改変である。建築家イオ・ミン・ペイはナポレオン広場にガラスのピラミッドを設け、その地下空間を巨大なエントランス空間に変えた（図20）。歴史的建造物の外観に現代的なデザインを付加するプロジェクトだけに、竣工当時は賛否両論があった。2000年の大英博物館のリニューアルは、外観こそロバート・スマークの新古典主義（1847年）を残しているが、図書館部門の移転に伴い、中庭が屋根に覆われた屋内空間グレート・コートとして生まれ変わった（図21）。

図18　左上：MoMA
ニューヨーク近代美術館は1929年に創設され、アメリカにおける近代芸術の重要な情報発信地となってきた。フィリップ・ジョンソンが企画した「国際様式」展（1932）は、直近のヨーロッパの近代建築運動を様式として捉え評価する視点の登場として重要である。

図19　右上：グッゲンハイム美術館
フランク・ロイド・ライトの建物が手狭になったことから美術館の増築が検討され、ライト自身が残したスケッチを手がかりに、背後に直方体のボリュームが追加された。増築棟の外観は、ライトの白色と対比的にライムストーンで覆われた。

図20　左下：ルーヴル・ピラミッド
新設されたガラスのピラミッドは、多数の入場者を広大な地下空間へスムーズに誘導する導線変更として画期的だった。高さ20mのガラスのピラミッドは美術館の古典的外観と対比的表現になり得ている。

図21　右下：大英博物館グレートコート
博物館中庭にあった図書館機能を別施設に移したことにより、中庭空間の再編が可能となった。建築家ノーマン・フォスターは中庭をガラス屋根で覆うことにより、博物館内の移動をダイナミックに変更してみせた。

建築遺産の拡大と多様性

　産業革命後に出回るようになった鉄、ガラス、コンクリート、これらが20世紀の主要な建材となり、組積造建築のリノベーションにおいても、トップライトの大屋根を備えた広々とした内部空間が次々に創出されるようになった。パリのオルセー美術館は、鉄道駅舎（ヴィクトール・ラルー設計、1900年）を転用したものである（図22）。1978年に建物の保存が決まり、展示空間は建築家ガエ・アウレンティに任された。オルセーの成功以降、比較的新しい時代の産業遺産が文化施設、商業施設に転用されるトレンドが加速する。もともと凝った建築意匠を持たない産業施設だけに、組積造の壁を残しつつ内部を大胆に刷新する外科手術的なものが数多く登場する。

　ウィーンのガソメーターは、19世紀末につくられた4基のガスタンク施設であり、煉瓦外壁を保存しながら、内部の巨大な円筒空間をいかにリニューアルさせるかが問われたプロジェクトである（図23）。著名な建築家が1基ずつ再生を担当することで、それぞれのアイデアが広大な敷地全体に変化を与え、各エリアに独自色をもたらした。一方、ロンドンのテート・モダンは、20世紀の火力発電所（1947年）を活用した現代美術館である（図24）。ヘルツォーク＆ド・ムーロンにより、巨大な産業施設が現代のアート・スペースとして華麗なる変貌を遂げた（2000年）例である。2016年には同作家による新館が調和的外観によって完成した。

　21世紀に入り、歴史的建造物に対する現代の建築家の介入プロジェクトは、リノベーション作品として、新築作品とは一味違った新しいジャンルを確立した感がある。それらの多くが、遺産として保存される19世紀の煉瓦壁の躯体に対し、鉄とガラスによる透明感のあるボリュームを付加し、必要な機能を補っている点に共通の姿勢が窺える。

図22　オルセー美術館
オルセー美術館の建物は、1900年のパリ万博に合わせて建設された鉄道駅に由来する。装飾に彩られた駅舎部分はボザール教育の成果を映し出している。一方で、何本ものプラットフォーム全体を覆うトンネル状の大屋根は、産業革命後の技術的成果の反映である。後年、鉄道駅としては手狭になったことから建物の存続が危ぶまれたが、美術館への転用が決定された。美術館への再生を手がけた女性建築家ガエ・アウレンティは、駅の無柱の一体的な大空間と要所に残された装飾を活かしつつ、近代の絵画、彫刻、工芸品のための展示空間をつくりあげた（1981年）。

図23　ガソメーター
産業革命の成果を象徴する19世紀のガスタンク施設が、2001年に商業・文化・居住機能を複合させた巨大施設として再生した。直径65mのガスタンクを支えた煉瓦壁体は都市発展を支えた産業遺産として保存され、煉瓦壁の内部および外部に現代的素材によるボリュームを付加することでウィーンの新しい魅力発信地にもなり得ている。4基のガスタンク再生に当たっては、ジャン・ヌーヴェル、コープ・ヒンメルブラウ、マンフレート・ヴェードルン、ウィルヘルム・ホルツバウアーが1基ずつ独自のアプローチを果たし、敷地全体で相乗効果を高めている。

図24　テート・モダン
第二次世界大戦後にジャイルズ・ギルバート・スコットが手がけた火力発電所が機能停止したのが1981年、以降いつ取り壊されてもおかしくない状況だった。だが、1994年にテート・ギャラリーが発電所を近現代美術館として転用することを決定、国際コンペによってヘルツォーク＆ド・ムーロンの再生案が選ばれた。既存の長大なボリュームの頂部にガラス張りの空間が追加されたことが外観における一番の変更である。内部も可能な限り壁体が残され、巨大な発電機械が置かれていたタービン・ホールは大規模な美術作品のための展示空間に変貌を遂げた。

＊8　ロンシャン礼拝堂
ル・コルビュジエの後期作品として知られるロンシャン礼拝堂は、第二次大戦で倒壊した先代施設に代わって計画された。1955年に完成した礼拝堂は、反り上がった屋根、湾曲した壁が外観の特徴で、鉄筋コンクリートによる個性的な造形はあたかも彫刻物のようである。南側の壁には、現代的なステンドグラスとして小さな開口がランダムに穿たれ、光と造形の両面で内部空間を独特の雰囲気としている。

＊9　DOCOMOMO
Documentation and Conservation of buildings,site and neighbourhoods of the Modern Movement
近代運動に関連する建築作品の記録と保存を目指す国際組織で、1988年の創設時は、オランダの建築家フーベルト・ヤン・ヘンケットが代表を、ヴェッセル・デ・ヨングが事務局長を務めた。本部と40カ国以上にある支部から成り、近代運動の歴史的・文化的重要性を発信し活動を続けている。日本支部は2000年の総会で正式承認された。

今後ますます、著名な20世紀建築家の作品に再生の手を入れる機会も増えてくるだろう。2006年に、ル・コルビュジエ後期の名作として知られるロンシャン礼拝堂[8]の敷地に新たな施設を付加する計画が持ち上がり、建築家レンゾ・ピアノが時代を超えたル・コルビュジエの共演者として選ばれた。ピアノの建築は既存のランドスケープになじみ、礼拝堂のアプローチとしてきわめて控えめなデザインである。こうした新旧の関係、それに付随する表現の違いは、これからも常に問われていく難題であろう（図25）。

一般に、近現代には多種多様なビルディングタイプが大量に存在するがゆえ、希少性の認識も薄く、歴史的価値、文化的価値は認識されにくい。結果、建築に取壊しの話が持ち上がったとしても、保存の声が上がる作品は限られている。立ち止まって考える時間的猶予も許されないのが現状だ。ただ、これらの中にいずれ記念的建造物になり得る作品が含まれているのも確かである。失われた後では遅い。1988年に創設されたDOCOMOMO[9]は、こうした危機的な近代建築の状況改善と保存に向け、活動をしている。

極論すれば、建築が竣工し、われわれの生活環境の一部をなした時点で、建築保存の問題は始まっている。時の流れに従って、建物の機能性、耐久性、安全性、周辺環境や社会、建築を取り巻く人々、すべてが移り変わる。こうした宿命的変化をいかに受け止め、どれだけ良質の可能性を未来へ繋ぐことができるか。建築遺産の拡大とともに、リノベーションもますます重要度を増している。

図25　ロンシャン礼拝堂下に佇む聖クララ修道院
ロンシャン礼拝堂の北西には鐘楼がある。とはいえ、ミサの時刻を知らせるための鐘はむき出しのまま、背の低いシンプルな鉄骨のフレームに取り付けられている。礼拝堂とはまったくスタイルの異なる鐘楼もル・コルビュジエのアイデアによるもので、彼の死後、1975年にジャン・プルーヴェが設置した。2006年に礼拝堂の足下に別の建物の建設が決定された。修道院建設の話はル・コルビュジエの生前にもあったのだが、具体的な進展はなかった。修道院建設はレンゾ・ピアノに依頼されたが、20世紀を代表する大建築家の名品への介入はさすがにインパクトが大きく、複数の建築家たちから強い建設反対の声が上がった。2011年に完成した聖クララ修道院は、ロンシャン礼拝堂の西側斜面の等高線に沿うように配置された。また、南側斜面にも、訪問者を迎えるゲートハウスがコンクリートの躯体をできるだけ目立たせないよう配慮をもって設置された。

あらゆる建築は過去と対話する

　21世紀は、かつてないほど高いレベルで建築遺産への意識を持ち、既存の環境や先人たちの業績に対して配慮するようになった時代である。近現代に試みられた新旧建築のコラボレーションは、今後の建築のあり方を考える上でも有効な指標となるだろう。

　世界遺産になるような伝統都市や建築作品に対して、外観の大幅な変更は避けることが基本である。景観規制の厳しい伝統都市における新しいデザインの可能性は、当然、内部空間に向けられるだろう。歴史的名作の保存において、地下に免震装置を組み込み、なるべく現状変更がないようにする方針も同様の意図で採用されている。

　戦争という負の記憶を記念する手法も近現代のリノベーション・プロジェクトである。破壊された建造物は巨大な彫刻と化し、新たな建築がそれを補完する。廃墟との距離感はプロジェクトによってさまざまで、新旧が隣り合い対比的な一体性を見せるものもあれば、別な敷地から計画軸の焦点を廃墟に合わせるものもある。戦後の復旧において、新旧の表現をあえて強調する手法は、残存部の歴史性や真正性に配慮する場合と、補完部にまったく新しい創造力が発揮される場合に大別される。当初の機能を存続させるための再生もあれば、かつての産業遺産を保存することで場所の記憶を繋ぎつつ、新たな機能をまとうことで地域再生に一役買うようなプロジェクトもある。

　時間の経過の中で、さまざまな新旧の対話がある。建築単体が時代ごとに装いを改め、ときに歴史的由緒を求め、技術や表現をアップデートさせていく例は少なくない。街路は建物以上に都市の長期的存在であり、周囲の建築群を巻き込んで、力強く場の記念性や重要性を表現することができる。都市発展の中で更新されていく建造物は多いけれど、中には作家性が世代を超えて尊重される例、あるいは、一人の建築家が持続的に作品を手がけたり、一つの街区を段階的に計画したりする例もある。同一の作家性の内側で展開される新旧の対話といえよう。近代化のうねりの中で建築の移築や復元が求められる場合もある。世界的な記念的建造物が国土開発や経済発展の中で危機に瀕し、やむを得ず移築されることもあるし、博覧会パヴィリオンのように一時的な建築として建てられ、いったんは取り壊されたものの、その後、記念的作品としての価値が訴えられ復元された例もある。

　多種多様な建築がさまざまな文化背景のもと、地域に根ざして存在している。それらを見つめるわれわれの目も、新旧建築のかかわり方も、常に時代の進展とともにある。

外観の保持

プンタ・デラ・ドガーナ

　ヴェネツィア大運河の出口に当たる陸の切っ先に、17世紀末の税関が残っている。三角形の敷地を占める簡素な古典様式の建物は決して有名な建築作品とはいえないが、ヴェネツィアの都市景観の要所をなす。したがって、2009年にピノー財団の美術館となった際も、外観には変更を加えず、内部空間のみが安藤忠雄によってリニューアルされた。既存の煉瓦や木の構造と、現代的材料であるコンクリートとガラスが互いの存在を引き立て合っている。

国立西洋美術館

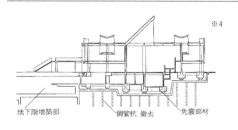

※4

地下階増築部　　鋼管杭 撤去　　免震部材

　上野の国立西洋美術館はル・コルビュジエが基本設計をし、1959年に竣工した貴重な近代建築遺産である。無限成長美術館というコンセプトを体現する全体構成、ピロティで持ち上げられる直方体ボリュームは作品の重要な構造であり表現でもあった。オリジナルの構造と意匠をできるだけ維持し、高い耐震性を確保するために、1998年に地下の基礎部分を刷新、免震装置が導入された。免震レトロフィット工法の導入例として日本初の作品である。

悼みの表象

カイザー・ヴィルヘルム記念教会堂

　初代ドイツ皇帝を記念し19世紀末に建てられた教会堂。第二次世界大戦で半壊した。戦後、残存部分の完全撤去か保存かで意見が分かれたが、最終的に、頂部が破損した大尖塔のみの保存が決定された。建築家エゴン・アイアーマンは外壁をすべてステンドグラスで構成した八角柱の新教会堂を、大尖塔と対峙するように配置した。

広島ピースセンターと原爆ドーム

　被爆都市広島の復興計画の中で行われた平和記念公園コンペは、丹下健三の輝かしいキャリアの出発点でもある。丹下案最大の特徴が、公園入り口の建築群、そこから延びる中央軸線上に慰霊碑、さらに川向こうの原爆ドームまでを記念の空間として捉えた点にある。ピロティで持ち上げられた平和記念資料館は、敷地の記念的ゲートの役割を果たしている。

機能の存続

ドイツ国会議事堂

　ベルリンに立つドイツ国会議事堂は19世紀末に創建され、第二次世界大戦で激しい空襲にさらされた。戦後東西分裂したドイツが再び統一されたのが1990年。これを機に議事堂の再生が決まった。設計者ノーマン・フォスターは、内部を大幅にリニューアルするとともに、中央ドームを透明ガラス張りとし、環境制御と市街展望の機能を付加した。

アルテ・ピナコテーク

　ミュンヘンのアルテ・ピナコテークはバイエルン王家の美術品を展示する施設として、1936年に完成した。設計者のレオ・フォン・クレンツェは長大なファサードをイオニア式のアーケードとしてまとめた。第二次世界大戦で破壊された箇所の修復においては、アーケード全体の連続性のみ再現し、細部装飾の復元は避けている。

産業遺産の活用

ファン・ネレ工場

　ロッテルダムのファン・ネレ工場は、1931年の竣工以来1995年まで、煙草、珈琲、紅茶の製造業務を行った。製造工程を建築の配置に対応させた機能主義、ガラスを多用した明るい内部空間によって、当初からモダニストたちに絶賛された。現在は、工場部分を保存し、残りをオフィス空間として使用している。

フォンダツィオーネ・プラダ

　ミラノ郊外のフォンダツィオーネ・プラダは、20世紀初頭に建てられた蒸留酒製造工場を現代アートの発信施設に転用させた再生建築である。設計を担ったOMA（レム・コールハース）は敷地内の既存建築を残しつつ、三つの新しいボリュームを加えることで全体を活性化させた。随所に建築素材の使い分け、こだわりが見て取れる。

化粧直し

ロイヤル・パヴィリオン

　イギリス南東部の都市ブライトンに建つジョージ4世の離宮。当初は新古典主義の建物であったが、1815年以降にジョン・ナッシュによりインド風様式に大改修された。異国情緒あふれる玉ねぎ形ドームは、産業革命の成果である鋳鉄によって実現された。内部には当時の流行であるシノワズリー（中国趣味）の部屋も用意された。

ジョン・ソーン自邸

　新古典主義の建築家ジョン・ソーンは、リンカーン・インフィールズに面する3棟の建物を自邸として少しずつ買い増し、生涯にわたり改修し続けたことで知られる。ドーム天井のある部屋、採光を工夫した廊下など、内部に見どころが多い。生前よりの、自邸を博物館に、というソーンの意志は現在も受け継がれている。

歴史的由緒への信頼

クロイスターズ

　ニューヨーク、マンハッタン島北端部に位置する
メトロポリタン美術館の分館。中世美術コレクショ
ンの展示空間は中世ヨーロッパの修道院を模して
1930年代に建てられた。美術館を構成する回廊、列
柱、開口部、ステンドグラス等のさまざまな建築部
位が、実際にフランスの五つの修道院より移設された。

ヴァルハラ神殿

　レーゲンスブルク近郊、ドナウ川を見下ろす高台
に建てられたドイツ著名人を称える殿堂で、バイエ
ルン王国皇太子ルートヴィヒ1世の構想による。設計
者レオ・フォン・クレンツェは、民族的記念性にふ
さわしい建築表現として、ヨーロッパ文明の原点とさ
れたパルテノン神殿の外観を用い、忠実に再現した。

都市街路の記念化

ガレリア・ヴィットーリオ・エマヌエーレ2世

　19世紀後半、ミラノ市の都市整備計画の中で、
大聖堂とスカラ座を繋ぐ街路に、建国を記念し中心
市街を活性化するような壮麗な表現が要求された。
建築家ジュゼッペ・メンゴーニは、産業革命の成果
と新しい時代に求められる建築の記念性を、鉄とガ
ラスによる巨大な半屋外空間として誕生させた。

リンク・シュトラーセ沿いの建築群

　ヨーロッパの近代都市計画において、不要となっ
た城壁は撤去され、その跡地は新しい記念的街路、
都市の重要な交通インフラへ姿を変えた。ウィーン
の場合、記念的環状道路（リンク）沿いに、国家の
威容を発信すべく壮麗な公共建築（国会議事堂、宮
殿、博物館、劇場、市庁舎など）が次々に建設された。

継承される作家の意志

サグラダ・ファミリア教会堂

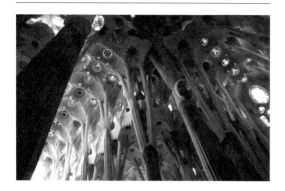

バルセロナ市街に建つサグラダ・ファミリア教会堂は、1882年に着工したカタロニア・モデルニスモの代表作である。1926年に設計者ガウディが没した後も、残された完成ドローイング図に基づき、最新の構造解析、建設工法、建材を積極的に導入することで、今なお完成に向けた努力が続けられている。

フィレンツェ大聖堂ファサード

ブルネレスキが巨大クーポラを架けたことで知られるフィレンツェ大聖堂のファサードは、19世紀まで未完のままであった。イタリアが国家統一を果たした19世紀後半に、ファサード完成のためのコンペが行われ、建築家エミリオ・デ・ファブリスが勝利した。中世の聖堂建設に携わったアルノルフォ・ディ・カンビオやジョットの意匠との調和を考慮したファサードである。

同一作家による更新

ゲーテアヌム

バーゼル近郊ドルナッハにあるゲーテアヌムは、神秘思想家／建築家のルドルフ・シュタイナーが設計した人智学協会施設で、同じ建築家による初代施設の焼失後に設計された二代目である。求心的なホール空間を堅持しつつも、初代作を特徴づけた丸っこい木造屋根は、幾何学的な線を駆使した力強いコンクリートの造形に転じた。

代官山ヒルサイドテラス

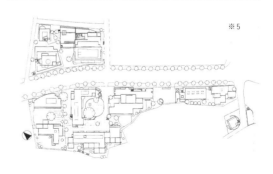

※5

代官山ヒルサイドテラスは、一人の建築家が30年もの歳月をかけ、エリア整備に尽力できた稀有な例である。1969年より開始されたプロジェクトは朝倉家住宅の東側、旧山手通り沿いを南から北へ少しずつ広がっていった。建築家槇文彦のデザイン・スタイルは時代とともに少しずつ変化するものの、エリア全体がまとまりのある作品群になり得ている。

モニュメントの移築

アブシンベル神殿

　紀元前13世紀、古代エジプトの王ラムセス2世によって造営された岩窟神殿。入り口の巨像は4体ともラムセス2世を示す。1960年代、アスワン・ハイ・ダムの建設により水没の運命にあったが、国際協力活動により、65m高所に移築された。ファサードは慎重に分割・再統合され、岩窟空間も鉄筋コンクリート構造により再現された。

帝国ホテル

　フランク・ロイド・ライトが日本で手がけた最大級の作品で、1919年に着工し、関東大震災の被害もなく1923年に竣工。アメリカ人モダニストの作品は戦災も乗り越えたが、東京都心部の建物が高層化する流れには抗えず、1968年に惜しまれつつ解体された。現地保存は叶わなかったが、玄関部のみ愛知県の明治村に移築されている。

万博建築の復元

バルセロナ・パヴィリオン

　1929年バルセロナ万博時にミース・ファン・デル・ローエが設計したドイツ館は、仮設建築であったために万博終了後に取り壊された。その後、作品の重要性が認められ、1986年に再建された。仮設建築を恒久建築にするために、クロムメッキをステンレスに仕様変更、雨仕舞の工夫が施された。

レスプリ・ヌーヴォー館

　1925年のパリ万博（アール・デコ博）でル・コルビュジエが手がけたパヴィリオン。新しい建築を目指した「新精神」を謳い、集合住宅の1ユニットを原寸で再現した。万博後に取り壊されたが、1977年に建築家グレスレーリ兄弟の尽力で近代建築の記念的作品としてボローニャに復元された。

図版出典・引用文献

本文および図版の※番号は、以下の文献からの転載・引用
特記のないものは著者提供

第1章

〈本文〉

※1　*EL CROQUIS 152/153*, EL CROQUIS editorial, 2010（p.95）

※2　*Norman Foster Works 6*, Prestel, 2013（p.251）

※3　*EL CROQUIS 65/66*, EL CROQUIS editorial, 1944

※4　Luca Mozzati, *Islam*, Electa, 2002（p.44）

※5　陣内秀信 編『プロセスアーキテクチュア 109　ヴェネト：イタリア人のライフスタイル』プロセスアーキテクチュア、1993 年（p.90）

※6　W. L. Leitch & W. B. Cooke, *The Pantheon in Rome*, around, 1835

※7　Giovanni Battista Nolli, *Nuova Pianta di Roma*, 1748

※8　Rodolfo Lanciani, *Forma Urbis Romae*, 1901

※9　Giovanni Battista Piranesi, *Teatro di Marcello in Veduta di Roma*, 1757

※10　当時の絵葉書

※11　現地の絵葉書

※12　Gianfranco Caniggia, *Strutture dello spazio antropico*, Alinea, 1976（p.89）

※13　Stefano Buonsignori, *Nova pulcherrimae civitatis Florentiae topographia accuratissime delineate*, 1584

※14　Richard Pococke, *A Description of the East, and Some other Countries*, London, 1745, Tav. XCV（p.208）

※15　Antonio Mazzarosa, "Piazza del Mercato", *Guida di Lucca e dei luoghi piu importanti del Ducato*, 1843（p.113）

〈章末事例〉

※16　*Museo Nazionale Romano. Crypta Balbi*, Ministero per i beni e le attività culturali soprintendenza archeologica di Roma, Electa, 2005（p.6）

第2章

〈本文〉

※1　Gabriel Ruiz Cabrero, *Dibujos de la Catedral de Córdoba: visiones de la mezquita*, Córdoba, 2009　に筆者加筆

※2　撮影：Javier Gómez Moreno

※3　Leopoldo Torres Balbás, "El arte hispano-musulmán hasta la caída del califato de Córdoba", *España musulmana. El califato, Historia de España dirigida por R. Menéndez Pidal*, V, Madrid, 1957

※4　Gonzalo M. Borrás Gualis, *El Islam : de Córdoba al mudéjar, Introducción al arte español*, Madrid, 1990

※5　Manuel Gómez-Moreno, *El arte árabe español hasta los Almohades ; Arte mozárabe*, Madrid, 1951

※6　Pedro Marfil Ruiz, *Las Puertas de la Mezquita de Córdoba durante el emirato omeya*, tesis doctoral, Universidad de Córdoba, 2010

※7　Christian Ewert, "La mezquita de Córdoba: santuario modelo del occidente islámico", in Rafael López Guzmán (coord.), *La arquitectura del islam occidental*, El legado andalusí, Barcelona-Madrid, 1995, pp.53-68 に筆者加筆

〈章末事例〉

※8　撮影：深見奈緒子

※9　*The Graphic*, December 2, 1893

※10　Henri Stierlin, *ENCYCLOPEDIA of WORLD ARCHITECTURE*,
Fribourg: Office du Livre, 1977

※11　撮影：山田大樹

※12　鈴木博之 編『世界の建築 第6巻　ルネサンス・マニエリスム』学習研究社、1983 年

第3章

〈本文〉

※1　Kenneth John Conant, *Carolingian and Romanesque Architecture 800-1200*, Pelican History of Art, Yale University Press, 1993（p.47）

※2　ibid.（p.151）

※3　Raoul Glaber, *Les cinq livres de ses histoires (900-1044)*, Paris, 1886（P.62）より筆者翻訳

※4　ヴォルフガング・ブラウンフェルス 著、渡辺鴻 訳『図説 西欧の修道院建築』八坂書房、2009 年（p.347）

※5　Branislav Brankovic, *La Basilique de Saint-Denis, Les étapes de sa construction*, Editions du Castelet, 1990（p.13, p.15, p.17, p.23, p.25, p.33）

※6　シュジェール著、森洋 訳編『サン・ドニ修道院長シュジェール──ルイ六世伝、ルイ七世伝、定め書、献堂記、統治記』中央公論美術出版、2002年（p.188, p.191, p.192, p.202）

※7　E. E. Viollet-le-Duc, *Dictionnaire raisonné de l'architecture française du XIe au XVIe siècle*, Tome I, Paris, 1854-1868（p.195）

〈章末事例〉

※8　Howard Covin, *Architecture and the After-Life*, Yale University Press, 1991（p.114）

※9　Ufficio Belle Arti- Restauro Urbano, *Recupero delle Murate*, Comune di Firenze, 2012

第4章

〈本文〉

※1　ワシントン・ナショナル・ギャラリー所蔵

※2　*L'architettura di Leon battista Alberti*. Tradotta in lingua fiorentina da Cosimo Bartoli, Firenze: L. Torrentino, 1550

※3　*Leon Battista Alberti e l'architettura*, a cura di M. Bulgarelli, A. Calzona, M. Ceriana e F. P. Fiore, Milano: Silvana, 2006（p.101）

※4　Angelo Turchini, *Il Tempio Malatestiano, Sigismondo Pandolfo Malatesta e Leon Battista Alberti*, Cesena: Il Ponte Vecchio, 2000（p.159, p.151, p.147, p.209, p.211）

※5　Robert Tavernor, *On Alberti and the Art of the Building*, Yale University Press, 1999（p.56）をもとに筆者加筆

※6　ベルリン美術館貨幣部所蔵

※7　Robert Tavernor, *On Alberti and the Art of the Building*, Yale University Press, 1999（p.61, p.65, p.76）

※8　Franco Borsi, *Leon Battista Alberti. Opera completa*, Electa, 1973（p.100）

※9　Basinio da Parma, *Hesperis*, c.1450.（ボドリアン図書館所蔵）

※10　Massimo Bulgarelli, "Bianco e colori. Sigismondo Malatesta, Alberti, e l'architettura del Tempio Malatestiano", in *Opus Incertum*, Vol. 4, 2018

※11　*Alberti, humaniste, architecte*, sous la direction de Françoise Choay et Michel Paoli, Paris: Musée du Louvre/École nationale supérieure des Beaux-Arts, 2006 (p.162)

※12　*La Roma di Leon Battista Alberti. Umanisti, architetti e artisti alla scoperta dell'antico nella città del Quattrocento*, a cura di Francesco Paolo Fiore con la collaborazione di Arnold Nesselrath, Milano: Skira, 2005 (p.356)

※13　ウフィツィ美術館素描版画室所蔵, 1A

※14　大英博物館所蔵

※15　ウフィツィ美術館素描版画室所蔵, 20A

※16　ストックホルム国立博物館 Collection Anckarvärd, n. 637

※17　Sebastiano Serlio, *Il terzo libro, nel qual si figurano e si descrivono le antiquità di Roma*, Venezia, 1540 (p.37)

※18　Etienne Dupérac, *Speculum Romanae Magnificentiae*, Roma, 1573-7

※19　*L'architettura della basilica di San Pietro. Storia e costruzione*, A cura di Gianfranco Spagnesi, Roma: Bonsignori, 1997 (p.255)

※20　大英博物館所蔵

※21　サン・ピエトロ聖堂造営局付属文書館所蔵

※22　ウフィツィ美術館素描版画室所蔵, 108Ar

〈章末事例〉

※23　Paolo Carpeggiani, "Corte e città nel secolo dell'Umanesimo. Per una storia urbana di Mantova, Urbino e Ferrara", in *Arte Lombarda*, Nuova Serie, No. 61 (1), 1982 (p.37)

※24　稲川直樹・桑木野幸司・岡北一孝 著『ブラマンテ：盛期ルネサンス建築の構築者』NTT出版、2014年 (p.52)

※25　Nicholas Adams, "The Acquisition of Pienza 1459-1464", *Journal of the Society of Architectural Historians*, Vol. 44, No. 2, 1985 (p.101, p.100)

※26　Andrea Palladio, *I quattro libri dell'architettura: libro III*, Venezia, 1570 (p.42, p.43)

※27　*Palladio*, a cura di Guido Beltramini e Howard Burns, Venezia: Marsilio, 2008 (p.80)

※28　メトロポリタン美術館所蔵

※29　Cristiano Tessari, *Baldassarre Peruzzi. Il progetto dell'antico*, Electa, 1995 (p.130, p.117, p.104)

※30　*Il settimo libro d'architettura di Sebastiano Serglio [sic] bolognese nel qual si tratta di molti accidenti che possono occorrer'al architetto in diuersi luoghi …*, Paris, 1575 (p.157)

※31　Sabine Frommel, *Sebastiano Serlio. Architecte de la Renaissance*, Paris: Gallimard, 2002 (p.324, p.325)

※32　Herbert Siebenhüner, "Santa Maria degli Angeli in Rom", *Münchner Jahrbuch der Bildenden Kunst*, Ser. 3, Vol. 6, 1955 (p.185, p.191)

第5章

〈本文〉

※1　E. E. Viollet-le-Duc, *Dictionnaire raisonné de l'architecture française du XIe au XVIe siècle*, Tome III, Paris, 1854

※2　Adolphe Berty, *Topographie historique du vieux Paris*, Paris, 1866

※3　Jacques-François Blondel, *Architecture française*, Tome IV, Paris, 1756, Liv. VI, No. I, (京都大学電子図書館所蔵)

※4　Archives Nationales, Paris, 01 17661 no 1. Alfred Marie, *La naissance de Versailles*, 2 vols., Paris: Éditions Vincent, Fréal et Cie, 1968

※5　Pierre Clément, *Lettres, instructions et mémoires de Colbert*, Tome V, *Fortifications. Sciences, lettres, beaux-arts, bâtiments*, Paris:

Imprimerie impériale, 1868

※6　ストックホルム国立博物館, Collection Tessin, no 2392. Alfred Marie, *La naissance de Versailles*, 2 vols., Paris: Éditions Vincent, Fréal et Cie, 1968

※7　Israël Silvestre, *Veue du chasteau de Versailles du costé du jardin*, 16/4

※8　André Félibien, *Description sommaire du chasteau de Versailles*, 1674

〈章末事例〉

※9　フランス国立図書館データベース Gallica (https://gallica.bnf.fr/)

※10　ピエール・サディ 著、丹羽和彦 訳、福田晴虔 編『建築家アンリ・ラブルースト』中央公論美術出版、2014年

第6章

〈本文〉

※1　陣内秀信 著『イタリア都市再生の論理』(SD選書147) 鹿島出版会、1978年

※2　Pierre Merlin et Françoise Choay, *Dictionnaire de l'urbanisme et de l'aménagement*, Puf, 1988 (2ème édition)

※3　世界歴史都市連盟 (League of Historical Cities)
http://www2.city.kyoto.lg.jp/somu/kokusai/lhcs/ (Last visited Feb. 20, 2020)
https://www.city.kyoto.lg.jp/sogo/page/0000112472.html (Last visited Feb. 20, 2020)

※4　*Plan des anciennes enceintes et limites de Paris*, par A. Grimault, complété en 1964 par M. Fleury. Retrieved from Pierre Lavedan, *Histoire d'urbanisme à Paris. Nouvelle Histoire de Paris. Supplement (1974-1993)*, par Jean Bastie, Hachette, 1993 をもとに筆者加筆

※5　J. A. Duraule, *Histoire civile, physique et morale de Paris*, Vol.11, 1825-1826 をもとに筆者作成

※6　Google,©2019 https://www.google.com/maps/ の画像に筆者加筆

※7　Institut Géographique National (IGN)

※8　*Plan parcellaire*, 1991, Mairie de Paris (筆者一部加筆あり)

※9　*Code Civil*, ART653-664, Juris Lasseur, Construction urbain 8, "Mitoyenneté"

※10　Françoise Boudon, "Tissu urbain et architecture: l'analyse parcellaire comme base de l'histoire architecturale", *Annales. Économies, Sociétés, Civilisations*, 30e année-No.4, Juillet-Août, 1975, p.773 を筆者翻訳

※11　Vasserot et Bellanger : [1827-36. A.N, F31 3-72, 77, 78, 82, 83. (ilot)], [1827-36. A.N, F31 5, 9, 10, 11, 12, 13,14, 72 etc. (pièce)], [1833. B.H.V.P , B.N. (quartier)] をもとに筆者作成

※12　*Plan parcellaire*, 1968, La Préfecture de la Seine - le Service du Plan de Paris をもとに筆者作成

※13　Le Corbusier, *Les Trois établissements humains*, Les éditions de minuit, 1959 (pp.180-181). Le Corbusier et Pierre Jeanneret, *Œuvre complète 1910-1929*, publiée par Willy Boesiger et Oscar Stonorov, Zurich: Les éditions d'architecture, 1995 (p.111). Le Corbusier et Pierre Jeanneret, *Œuvre complète 1938-1946*, publiée par Willy Boesiger, Zurich: Les éditions d'architecture, 1995 (p.144)

※14　Pierre Pinon, *Atlas du Paris haussmannien. La ville en héritage du Second Empire á nos jours*, Parigramme, 2002, p.39 および p.180

をもとに筆者作画

※15　Pierre Pinon, *Paris, biographie d'une capitale*, Hazan, 1999, pp. 184-190 を筆者翻訳

※16　Françoise Choay et Vincent Sainte Marie Gauthier, *Haussmann conservateur de Paris*, Arles: Actes Sud, 2013 (pp.14—15)

※17　Émile Maximilien Paul Littré, *Dictionnaire de la langue française*, Paris: Hachette, 1863-1872. (平尾浩一 著「リトレの辞典について、再考察されるべき3つの問題」『仏文研究：Etudes de Langue et Litterature Francaises』31、2000年参照)

※18　E. E. Viollet-le-Duc, *Dictionnaire raisonné de l'architecture française du XIe au XVIe siècle*, Paris, 1854-1868.

※19　"Extrait du Procès-Verbal de la séance du Conseil Municipal du 6 Décembre 1897", *Les Concours de façades de la ville de Paris 1898-1905*, Librairie de la Construction Moderne, Paris, s.d., p.5 を筆者翻訳

※20　図13と図14より筆者作成

※21　パリ市立古文書館 (Archives de Paris) VO11-2951をもとに筆者作成

※22　パリ市立古文書館 VO11-2960 をもとに筆者作成

※23　César Daly, *L'Architecture privée au XIXème siècle sous Napoléon III*, Paris: Morel et Cie, 1864 (p.186)

※24　フランス国立古文書館パリ館 (Archives Nationales, Paris) Vasserot et Bellanger, F31, quartier Montmartre îlot no-10

※25　パリ市立古文書館 11-Fi-3195

※26　パリ市立古文書館 VO11-2970

※27　フランス国立古文書館パリ館 Vasserot et Bellanger, F31, quartier Mail îlot no-7

※28　パリ市立古文書館 VO11-2604をもとに筆者作成

〈章末事例〉

※29　大澤昭彦 著『高さ制限とまちづくり』学芸出版社、2014年

※30　Philippe Mathieu (APUR：Atelier Parisienne d'urbanisme de Paris、パリ都市計画局の植樹プロムナード計画担当建築家) 提供

※31　"Bruxellisation". Gian Giuseppe Simeone, "Le façadisme ou l'amnésie de la ville. L'exemple bruxellois", *«Le Façadisme»*, Monumental, No.14, patrimoine, 1996.09, p.47, p.53 を筆者翻訳

※32　Pierre Pinon, "Les origines du façadisme", *Monumental*, No.14, patrimoine, 1996.09, pp.9-15 を筆者翻訳

第7章

〈本文〉

※1　Edward Edwards, *Gallery at Strawberry Hill*, 1784. Retrieved from John Iddon, *Horace Walpole's Strawberry Hill*, St Mary's University College, 1996 (p. 9)

※2　John Rutter, *Delineations of Fonthill and its Abbey*, London, 1823. Retrieved from Reginald Turnor, *James Wyatt*, London, 1950 (p. 90)

※3　ユッカ・ヨキレット 著、益田兼房 監修、秋枝ユミ・イザベル 訳『建築遺産の保存　その歴史と現在』(立命館大学歴史都市防災研究センター叢書) アルヒーフ、2005年 (p.163、p.159)

※4　*A Dictionary of Architecture*, Oxford University Press, 1999 (p.244, 602, 492)

※5　John Ruskin, *The Seven Lamps of Architecture*, London, 1849 を筆

者翻訳

※6　S. Tschudi-Madsen, *Restoration and Anti-Restoration*, Oslo, 1976 口絵

※7　G. G. Scott, *On the Conservation of Ancient Architectural Monuments and Remains*, Papers Read at RIBA, Session 1861-1862, London, 1862 を筆者翻訳

※8　*St. Alban's Cathedral Souvenir Guide* 扉裏 折込み (p.6)

※9　Eileen Roberts, *The Hill of the Martyr*, Dunstable, 1993 (p.182)

※10　The Fraternity of the Friends of St Alban's Abbey, *St Albans Cathedral & Abbey*, Scal Publishers Ltd., 2008 (p.97, 102-104)

※11　*A Pitkin Cathedral Guide St Alban's Cathedral*, 1992 (p. 14)

※12　G. G. Scott, *Proposed Restoration of Saint Alban's Abbey*, Report of a Public Meeting, 1856 を筆者翻訳

※13　St Alban's Cathedral Souvenir Guide (p.6)

※14　St Alban's Cathedral Archives

※15　*Building News*, November 26, 1880

※16　*Building News*, December 3, 1880

※17　*Builder*, September 22, 1888

※18　*Building News*, June 7, 1889

※19　*The SPAB Manifesto* を筆者翻訳

※20　*Builder*, February 16, 1884 を筆者翻訳

〈章末事例〉

※21　Antony Dale, *James Wyatt*, London: Basil Blackwell, 1956 （口絵 2）

※22　Dan Cruickshank (ed.), *Sir Banister Fletcher's A History of Architecture*, Architectural Press, 1996 (p. 456)

※23　Historic England Archive, DD67/00005, AA97/05879

※24　Peter Hall, *Picturesque Memorials of Salisbury*, Salisbury, 1834 (p. 120)

※25　Retrieved from "Essay on the Trinity Chapel", The Salisbury Project (http://salisbury.art.virginia.edu/) on Dec. 27, 2019

※26　Wenceslas Hollar, *West View of Salisbury Cathedral*, 1671. Retrieved from The Salisbury Museum (https://www.salisburymuseum.org.uk/) on Dec. 27, 2019

※27　John Inigo Richards, *Bell Tower, Salisbury*, 1768. Retrieved from TATE (https://www.tate.org.uk/) on Dec. 27, 2019

※28　Jane Fawcett (ed), *The Future of the Past,* New York: Watson Guptill Publications, 1976 (pp.76-77)

※29　*The American Architect*, February 7, 1903

第8章

〈本文〉

※1　Henner von Hesberg, Paul Zanker (ed.), *Storia dell'Architettura Italiana - Architettura Romana I Grandi Monumenti di Roma*, Electa, 2009 (p.223)

※2　Italo Insolera, *Le città nella storia dell'Italia - Roma*, Editori Laterza, 1980, Fig. 384

※3　Google,©2018 https://www.google.com/maps/ の画像に筆者加筆

〈章末事例〉

※4　『ディテール』139号 (1999年冬季号)、彰国社

※5　『建築文化』1992年6月号、彰国社

参考文献

第1章

1-1 黒田泰介 著「ポッツォーリ大聖堂の設計競技案に見る古代遺構の再生手法」、坂口明・豊田浩志 編『古代ローマの港町オスティア・アンティカ研究の最前』勉誠出版、2017年

1-2 日経アーキテクチュア編『世界のリノベーション 日経アーキテクチュア Selection』日経BP、2017年

1-3 黒田泰介 著「都市空間のなかの古代建築」、藤内哲也 編著『はじめて学ぶイタリアの歴史と文化』ミネルヴァ書房、2016年

1-4 黒田泰介 著『イタリア・ルネサンス都市逍遙──フィレンツェ：都市・住宅・再生』鹿島出版会、2011年

1-5 黒田泰介 著「オクタウィア回廊遺構の住居化について──ピラネージ版画との比較考察」『地中海学研究』XXXIV、2011年

1-6 黒田泰介 著『ルッカ 一八三八年──古代ローマ円形闘技場遺構の再生』編集出版組織体アセテート、2006年

1-7 斎藤裕 著『建築の詩人 カルロ・スカルパ』TOTO出版、1997年

1-8 Taisuke Kuroda, *LUCCA 1838. Trasformazione e riuso dei ruderi degli anfiteatri romani in Italia*, Lucca: Maria Pacini Fazzi Editore, 2008

1-9 *Building in Existing Fabric*, Detail, Basel: Birkhauser, 2003

第2章

2-1 伊藤喜彦 著『スペイン初期中世建築史論──10世紀レオン王国の建築とモサラベ神話』中央公論美術出版、2017年

2-2 伊藤喜彦 著「再利用・再解釈・再構成されるローマ──コルドバ大モスクにおける円柱」『西洋中世研究』Vol. 7、2015年

2-3 Sebastián Herrero Romero, *De lo original a lo auténtico. La restauración de la mezquita-catedral de Córdoba durante el siglo XX*, Córdoba, 2017

2-4 Pedro Marfil Ruiz, *Las Puertas de la Mezquita de Córdoba durante el emirato omeya,* tesis doctoral, Universidad de Córdoba, 2010

2-5 Antonio Peña Jurado, *Estudio de la decoración arquitectónica romana y análisis del reaprovechamiento de material en la Mezquita Aljama de Córdoba*, Córdoba, 2010

2-6 Antón Capitel, "La transformación de la Mezquita de Córdoba. Intervenciones en los grandes monumentos islámicos, I", *Metamorfosis de monumentos y teorías de la restauración*, Madrid: Alianza Forma, 2009

2-7 Antonio Fernández Puertas, "Excavaciones en la mezquita de Córdoba", *Arte y cultura. Patrimonio hispanomusulmán en al-Andalus*, Universidad de Granada, 2009

2-8 Gabriel Ruiz Cabrero, *Dibujos de la Catedral de Córdoba: visiones de la mezquita*, Córdoba, 2009

2-9 Manuel Nieto Cumplido, *La Catedral de Córdoba*, Córdoba, 2007 (1998)

2-10 Christian Ewert, "La mezquita de Córdoba: santuario modelo del occidente islámico", Rafael López Guzmán (coord.), *La arquitectura del islam occidental*, El legado andalusí, Barcelona-Madrid, 1995

2-11 Gonzaro M.Borrás Gualis, *El Islam : de Córdoba al mudéjar, Introducción al arte español*, Madrid, 1990

2-12 "Mezquita de Córdoba, Trabajos de su conservación"*Arquitectura*, núm.256, Colegio de Arquitectos de Madrid, 1985

2-13 Leopoldo Torres Balbás, "El arte hispano-musulmán hasta la caída del califato de Córdoba", *España musulmana. El califato, Historia de España dirigida por R. Menéndez Pidal*, V, Madrid, 1957

2-14 Maunel Gómez-Moreno, *El arte árabe español hasta los Almohades ; Arte mozárabe*, Madrid, 1951

第3章

3-1 加藤耕一 著『ゴシック様式成立史論』中央公論美術出版、2012年

3-2 ヴォルフガング・ブラウンフェルス 著、渡辺鴻 訳『[図説]西欧の修道院建築』八坂書房、2009年

3-3 アラン・エルランド＝ブランダンブルグ 著、池上俊一 監修、山田美明 訳『大聖堂ものがたり──聖なる建築物をつくった人々』創元社、2008年

3-4 シュジェール 著、森洋 訳編『サン・ドニ修道院長シュジェール──ルイ六世伝、ルイ七世伝、定め書、献堂記、統治記』中央公論美術出版、2002年

3-5 オットー・フォン・ジムソン 著、前川道郎 訳『ゴシックの大聖堂』みすず書房、1985年

3-6 アンリ・フォション 著、神沢栄三・加藤邦男・長谷川太郎・高田勇 訳『ロマネスク（上・下） 西欧の芸術 1』（SD選書）鹿島出版会、1976年

3-7 アンリ・フォション 著、神沢栄三・加藤邦男・長谷川太郎・高田勇 訳『ゴシック（上・下） 西欧の芸術 2』（SD選書）鹿島出版会、1976年

3-8 アンリ・フォション 著、神沢栄三 訳『至福千年』みすず書房、1971年

3-9 ジャン・ジェンペル 著、飯田喜四郎 訳『カテドラルを建てた人びと』（SD選書）鹿島出版会、1969年

3-10 Maria Fabricus Hansen, *The Spolia Churches of Rome, Recycling Antiquity in the Middle Ages*, Aarhus University Press, 2015

3-11 Dale Kinney, "Spoliation in Medieval Rome", Stefan Altekamp, Carmen Marcks-Jacobs and Peter Seiler (eds.), *Perspektiven der Spolienforschung 1*, Berlin, Boston: De Gruyter, 2013

3-12 Dale Kinney, "The Concept of Spolia", Conrad Rudolph (ed.), *A Companion to Medieval Art*, Willey-Blackwell, 2010

3-13 Bryan Ward-Perkins, "Re-using the Architectural Legacy of the Past, *entre idéologie et pragmatisme*", G.P. Brogiolo and Bryan Ward-Perkins (eds.), *The Idea of the Town between Late Antiquity and the Early Middle Ages*, Brill, 1999

3-14 Kenneth John Conant, *Carolingian and Romanesque Architecture 800-1200*, Pelican History of Art, Yale University Press, 1993

3-15 Howard Covin, *Architecture and the After-Life*, Yale University Press, 1991

3-16 Michael Greenhalgh, *The Survival of Roman Antiquities in the Middle Ages*, London: Duckworth, 1989

3-17 Erwin Panofsky, *Abbot Suger on the Abbey Church of St.-Denis and Its Art Treasures*, Princeton University Press, 1979

第4章

4-1 稲川直樹・桑木野幸司・岡北一孝『ブラマンテ：盛期ルネサ

ンス建築の構築者』NTT出版、2014年

4-2 福田晴虔 著『イタリア・ルネサンス建築史ノート〈2〉 ア
ルベルティ』中央公論美術出版、2012年

4-3 アンソニー・グラフトン 著、森雅彦・足達薫・石澤靖典・佐々
木千佳 訳『アルベルティ イタリア・ルネサンスの構築者』
白水社、2012年

4-4 クリストフ・ルイトポルト・フロンメル 著、稲川直樹 訳『イ
タリア・ルネサンスの建築』鹿島出版会、2011年

4-5 飛ヶ谷潤一郎 著『盛期ルネサンスの古代建築の解釈』中央
公論美術出版、2007年

4-6 コーリン・ロウ、レオン・ザトコウスキ 著、稲川直樹 訳『イ
タリア十六世紀の建築』六曜社、2006年

4-7 レオン・バティスタ・アルベルティ 著、相川浩 訳『建築論』
中央公論美術出版、1982年

4-8 *Le Terme di Diocleziano: la Certosa di Santa Maria degli Angeli*, a
cura di Rosanna Friggeri e Marina Magnani Cianetti, Electa, 2014

4-9 Federica Goffi, *Time Matter(s): Invention and Re-Imagination in
Built Conservation: The Unfinished Drawing and Building of St.
Peter's, the Vatican*, Farnham: Ashgate, 2013

4-10 *Il tempio malatestiano a Rimini*, a cura di Antonio Paolucci,
Modena: Franco Cosimo Panini, 2010

4-11 *Palladio*, a cura di Guido Beltramini e Howard Burns, Venezia:
Marsilio, 2008

4-12 Lex Bosman, *The Power of Tradition: Spolia in the Architecture of St.
Peter's in the Vatican*, Hilversum: Uitgeverij Verloren, 2004

4-13 Sabine Frommel, *Sebastiano Serlio. Architecte de la Renaissance*, Paris:
Gallimard, 2002

4-14 Pier Giorgio Pasini, *Il Tempio Malatestiano Splendore cortese e
classismo umanistico*, Milano: Skira, 2000

4-15 Angelo Turchini, *Il Tempio Malatestiano, Sigismondo Pandolfo
Malatesta e Leon Battista Alberti*, Cesena: Il Ponte Vecchio, 2000

4-16 Robert Tavernor, *On Alberti and the Art of the Building*, Yale
University Press, 1999

4-17 *L'architettura della basilica di San Pietro. Storia e costruzione*, A cura
di Gianfranco Spagnesi, Roma: Bonsignori, 1997

4-18 Cristiano Tessari, *Baldassarre Peruzzi. Il progetto dell' antico*, Electa,
1995

4-19 Charles Hope, *The Early History of the Tempio Malatestiano, Journal
of the Warburg and Courtauld Institutes*, 55, 1992

4-20 Christine Smith, *Architecture in the Culture of Early Humanism
Ethics, Aesthetics and Eloquence 1400-1470*, Oxford University Press,
1992

第5章

5-1 田中久美子・栗田秀法・中島智章・矢野陽子・加藤耕一・大
野芳材 著『装飾と建築：フォンテーヌブローからルーヴシ
エンヌへ』（フランス近世美術叢書）、ありな書房、2013年

5-2 ジャン・クロード・ル＝ギユー 著、飯田喜四郎 訳『ヴェル
サイユ──華麗なる宮殿の歴史』西村書店、1992年

5-3 ジャン・クロード・ル＝ギユー 著、飯田喜四郎 訳『ルーヴ
ル宮──パリを彩った800年の歴史』西村書店、1992年

5-4 遠藤太郎 著「パリで用いられた建築論とその文脈──『騎
士ベルニーニのフランス旅行日記』に見られるベルニーニ

のルーヴル宮設計活動 その3」『日本建築学会計画系論文
集』683、2013.1 など

5-5 Jean-Claude Le Guillou, "Le château neuf ou enveloppe de Versailles.
Conception et du projet [automne 1668 – été 1670]", *Versalia,
Revue de la Société des Amis de Versailles*, N° 8, 2005

5-6 Jean-Claude Le Guillou, "Les châteaux de Louis XIII à Versailles",
Versalia, Revue de la Société des Amis de Versailles, N° 7, 2004

5-7 Robert W. Berger, *The palace of the sun: the Louvre of Louis XIV*, The
Pennsylvania State University Press, 1993

5-8 Charles Perrault, *Mémoires*, édition de P. Bonnefon, 1909, réédition
précédée d'un essai d'Antoine Picon: "Un moderne paradoxal",
Paris: Éditions Macula,1993

5-9 Hilary Ballon, *The Paris of Henri IV, Architecture and Urbanism*,
The Architectural History Foundation, New York, The MIT Press,
1991

5-10 Jean-Marie Pérouse de Montclos, *Histoire de l'Architecture Française,
De la Renaissance à la Révolution*, Paris: Éditions Mengès - Caisse
Nationale des Monuments Historiques et des Sites, 1989

5-11 Jacques Androuet du Cerceau, *Les plus excellents bastiments de
France*, Paris, 1576, 1579

5-12 Robert W. Berger, *Versailles : The Château of Louis XIV*, The
Pennsylvania State University Press, 1985

5-13 Paul Fréart de Chantelou, *Journal du cavalier Bernin en France*,
Paris: L. Lalanne, 1885

5-14 Fedor Hoffbauer, *Livret explicatif du diorama de Paris à travers
les âges: promenades historiques et archéologiques dans les différents
quartiers de l'ancien Paris*, Mesnil: impr. de Firmin-Didot, 1885

5-15 Jean-Claude Le Guillou, "Le château-neuf ou enveloppe de
Versailles. Conception et évolution du premier projet", *la Gazette
des beaux-arts*, VIe période, Tome CII, 1983.12

5-16 Anthony Blunt, *Art and Architecture in France 1500 to 1700*,
Penguin Books, 1953 (*Art et Architecture en France 1500-1700*,
traduit par Monique Chatenet, Revue par l'auteur, Paris: Éditions
Macula, 1983)

5-17 Jean-Claude Le Guillou, "Remarques sur le corps central du château
de Versailles à partir du château de Louis XIII", *la Gazette des beaux-
arts*, VIe période, Tome LXXXVII, 1976.2

5-18 Alfred Marie, *La naissance de Versailles, Le château - Les jardins*, 2
vols., Paris: Éditions Vincent, Fréal et Cie, 1968

5-19 Pierre Verlet, *Le Château de Versailles*, Paris: Librairie Arthème
Fayard, 1961, 1985

5-20 Fiske Kimball, "The Genesis of the Château Neuf at Versailles,
1668–1671, I, The Initial Projects of Le Vau", *la Gazette des beaux-
arts*, VIe période, Tome XXXV, 1949.5

第6章

6-1 中野隆生 編『二十世紀の都市と住宅──ヨーロッパと日
本』山川出版社、2015年

6-2 ハワード・サールマン 著、小沢明 訳『新装版 パリ大改造─
─オースマンの業績』井上書院、2011年

6-3 鈴木博之・石山修武・伊藤毅・山岸常人 編『都市・建築・歴
史 6──都市文化の成熟』東京大学出版会、2006年

6-4 松政貞治 著『パリ都市建築の意味−歴史性──建築の記号

論・テクスト論から現象学的都市建築論へ』中央公論美術出版、2005年

6-5 松井道昭 著『フランス第二帝政下のパリ都市改造』日本経済評論社、2003年

6-6 ピエール・ラヴダン 著、土居義岳 訳『パリ都市計画の歴史』中央公論美術出版社、2002年

6-7 吉田克己 著『フランス住宅法の形成——住宅をめぐる国家・契約・所有権』東京大学出版会、1997年

6-8 フィリップ・パヌレ、ジャン・カステス、ジャン・シャルル・ドゥポール 著、佐藤方俊 訳『住環境の都市形態』(SD選書220)鹿島出版会、1993年

6-9 レオナルド・ベネーヴォロ 著、佐野敬彦・林寛治 訳『図説都市の世界史4. 近代』相模書房、1983年

6-10 フランソワーズ・ショエ 著、彦坂裕 訳『近代都市——19世紀のプランニング』井上書院、1983年

6-11 陣内秀信 著『イタリア都市再生の論理』(SD選書147)鹿島出版会、1978年

6-12 Françoise Choay et Vincent Sainte Marie Gauthier, *Haussmann conservateur de Paris*, Arles: Actes Sud, 2013

6-13 Simon Texier, *Paris contemporain. Du Haussmann à nos jours, une capital à l'ère de métolopoles*, Paris: Parigramme, 2010

6-14 Pierre Pinon, *Atlas du Paris haussmannien. La ville en héritage du Second Empire á nos jours*, Paris: Parigramme, 2002.

6-15 Françoise Choay (edition établie par), *Baron Haussmann Mémoires*, Paris: Seuil, 2000.

6-16 Yutaka Matsumoto, "Mutation du tissu parcellaire" *LE SENTIER, BONNE NOUVELLE de l'architecture à la mode*, sous la direction de Werner Szambien et Simona Talenti, Paris: Action Artistique de la Ville de Paris, 1999

6-17 Françoise Boudon, André Chastel, Hélène Couzy, Françoise Hamon et Jean Blecon (dessins), *Système de l'architecture urbaine. Le quartier des Halles à Paris*, CNRS, Paris, 1977

6-18 Anthony Sutcliffe, *Autumn of Central Paris: Defeat of Town Planning, 1850-1970*, Hodder & Stoughton Educational, 1970

6-19 Saverio Muratori, *Studi per una operante storia urbana di Venezia*, Istituto Poligrafico dello Stato, Rome, 1960

第7章

7-1 大橋竜太 著『ロンドン大火——歴史都市の再建』原書房、2017年

7-2 ニコラウス・ペヴスナー 著、吉田鋼市 訳『十九世紀の建築著述家たち』中央公論美術出版、2016年

7-3 ジョン・ラスキン 著、川端康雄 訳『ゴシックの本質』みすず書房、2011年

7-4 ユッカ・ヨキレット 著、益田兼房 監修、秋枝ユミ・イザベル 訳『建築遺産の保存　その歴史と現在』(立命館大学歴史都市防災研究センター叢書) アルヒーフ、2005年

7-5 ケネス・クラーク 著、近藤存志 訳『ゴシック・リヴァイヴァル』白水社、2005年

7-6 ジョン・ラスキン 著、杉山真紀子 訳『建築の七燈』鹿島出版会、1997年

7-7 鈴木博之 著『ヴィクトリアン・ゴシックの崩壊』中央公論美術出版、1996年

7-8 Paul Jeffery, *The City Churches of Sir Christopher Wren*, London, 1996

7-9 George Gilbert Scott, Gavin Stamp (ed.), *Personal and Professional Recollections*, Stamford, 1995

7-10 S. Tschudi-Madsen, *Restoration and Anti-Restoration*, Oslo, 1976

7-11 Jane Fawcett (ed.), *The Future of the Past*, New York: Watson Guptill Publications, 1976

7-12 Antony Dale, *James Wyatt*, London: Basil Blackwell, 1956

第8章

8-1 鈴木博之 著『保存原論——日本の伝統建築を守る』市ヶ谷出版社、2013年

8-2 鈴木博之 編著、五十嵐太郎・横手義洋 著『近代建築史』市ヶ谷出版社、2008年

8-3 ジョアン・オクマン 著、鈴木博之 監訳『グラウンド・ゼロから——災害都市再創造のケーススタディ』鹿島出版会、2008年

8-4 陣内秀信・太記祐一・中島智章・星和彦・横手義洋・渡辺真弓・渡邊道治 著『図説　西洋建築史』彰国社、2005年

8-5 ユッカ・ヨキレット 著、益田兼房 監修、秋枝ユミ・イザベル 訳『建築遺産の保存　その歴史と現在』(立命館大学歴史都市防災研究センター叢書) アルヒーフ、2005年

8-6 テレンス・ライリー 著『谷口吉生のミュージアム——ニューヨーク近代美術館 (MoMA) 巡回建築展』中日新聞社、2005年

8-7 Lucia Allais, *Designs of Destruction: The Making of Monuments in the Twentieth Century*, University of Chicago Press, 2018

8-8 Susan Macdonald, *Conservation of Modern Architecture*, Routledge, 2017

8-9 William J. Murtagh, *Keeping Time: The History and Theory of Preservation in America*, John Wiley & Sons, Inc., 2006

8-10 Valter Vannelli, *Roma, Architettura: La città tra memoria e progetto*, Edizioni Kappa, 1998

8-11 Carlo Ceschi, *Teoria e storia del restauro*, Mario Bulzoni editore, 1970

著者略歴

伊藤喜彦（いとう よしひこ）
1978年生まれ。2000年、東京大学工学部建築学科卒業。現在：東京都立大学大学院都市環境科学研究科建築学域准教授。専門分野：西洋建築史（スペイン中世）
学歴：東京大学大学院修士課程・博士課程修了、マドリッド工科大学（2002-03年）・マドリッド・アウトノマ大学（2003-05年）留学。博士（工学）　職歴：慶應義塾大学ほか非常勤講師（2009-14年）、法政大学にて日本学術振興会特別研究員（PD、2010-13年）、マドリッド・アウトノマ大学客員講師（2011-12年）、東京理科大学ポストドクトラル研究員（2013-14年）、東海大学准教授（2014-20年）を経て現職。
著書：『スペイン初期中世建築史論―10世紀レオン王国の建築とモサラベ神話』中央公論美術出版 2017年／木下亮 編『西洋近代の都市と芸術 第6巻 バルセロナ―カタルーニャ文化の再生と展開』竹林舎 2017年（共著）／川成洋 編『スペイン文化読本』丸善出版 2016年（共著）　受賞：建築史学会賞（2019年）

穎原澄子（えばら すみこ）
1972年生まれ。1995年、東京大学文学部西洋史学科卒業。1997年、東京大学工学部建築学科卒業。現在：千葉大学大学院工学研究院准教授。専門分野：イギリス近現代建築史、建築保存論、近現代建築資料の保存活用
学歴：イギリス・ヨーク大学歴史的建造物保存学コース修了（2002年）、東京大学大学院工学系研究科博士課程修了（2007年）。博士（工学）　職歴：（株）宮本忠長建築設計事務所勤務（1997-2000年）
著書：『身近なところからはじめる建築保存』弦書房 2013年／『歴史文化ライブラリー 431　原爆ドーム―物産陳列館から広島平和記念碑へ』吉川弘文館 2016年

岡北一孝（おかきた いっこう）
1981年生まれ。2005年、京都工芸繊維大学工芸学部造形工学科卒業。現在：京都美術工芸大学工芸学部建築学科講師。専門分野：西洋建築史（15世紀イタリア）
学歴：京都工芸繊維大学大学院工芸科学研究科造形科学専攻修了、パリ国立高等研究員（2009-10年）留学。博士（学術）　職歴：大阪大学にて日本学術振興会特別研究員（PD、2016年）を経て現職。
著書：稲川直樹、桑木野幸司、岡北一孝 著『ブラマンテ―盛期ルネサンス建築の構築者』NTT出版 2014年／松原康介 編著『地中海を旅する62章―歴史と文化の都市探訪』明石書店 2019年（共著）／ヒロ・ヒライ 監修『ルネサンス・バロックのブックガイド―印刷革命から魔術・錬金術までの知のコスモス』工作舎 2019年（共著）／布野司 編『世界都市史事典』昭和堂 2019年（共著）

加藤耕一（かとう こういち）
1973年生まれ。1995年、東京大学工学部建築学科卒業。現在：東京大学大学院工学系研究科教授。専門分野：西洋建築史（フランス・ゴシック）
学歴：東京大学大学院工学系研究科修士課程・博士課程修了。博士（工学）　職歴：東京理科大学理工学部助手（2002年）、近畿大学工学部講師（2009年）、東京大学大学院工学系研究科准教授（2011年）を経て現職。
著書：『時がつくる建築―リノベーションの西洋建築史』東京大学出版会 2017年／『ゴシック様式成立史論』中央公論美術出版 2012年／『「幽霊屋敷」の文化史』講談社現代新書 2009年ほか　受賞：日本建築協会 第17回「建築と社会」賞 論考部門（2018年）／日本建築学会賞（論文）（2018年）／建築史学会賞（2018年）／サントリー学芸賞（芸術・文学部門）（2017年）／日本建築学会奨励賞（2004年）

黒田泰介（くろだ たいすけ）
1967年生まれ。1991年、東京藝術大学美術学部建築科卒業。現在：関東学院大学建築・環境学部教授。専門分野：レスタウロ（歴史的建築物の再生計画）、イタリア都市史
学歴：東京藝術大学大学院修士課程・博士課程修了、フィレンツェ大学（1992-94年）留学。博士（美術）　職歴：M.カルマッシ建築設計事務所勤務（1995-98年）。2000年-、関東学院大学工学部建築学科専任講師を経て現職。
著書：『ルッカ 一八三八年』アセテート、2006年／『イタリア・ルネサンス 都市再生 Firenze: Città, Casa e Restauro』鹿島出版会、2011年／"LUCCA

1838. Trasformazione e riuso dei ruderi degli Anfiteatri Romani in Italia"Maria Pacini Fazzi Editore, Lucca, 2008／"Lucca, l'Anfiteatro di carta" Maria Pacini Fazzi Editore, Lucca, 2008（共著）／"Giappone. Tutela e conservazione di antiche traduzioni" Pisan University Press, Pisa, 2010（共著）／建築の今 編集委員会 編『建築の今』建築資料研究社、2010年（共著）／"TWELVE HOUSES RESTORED IN JAPAN AND ITALY" Aracne editrice, Roma, 2011（共著）／『イタリア文化事典』丸善、2011年（共著）／建築学教育研究会 編『改訂新版 建築を知る』鹿島出版会、2014年（共著）／建築学教育研究会 編『新版 住宅をデザインする』鹿島出版会、2015年（共著）／藤内哲也 編著『はじめて学ぶイタリアの歴史と文化』ミネルヴァ書房、2016年（共著）／坂口明、豊田浩志 編著『古代ローマの港町 オスティア・アンティカ研究の最前線』勉誠出版、2017年（共著）　受賞：日本建築学会奨励賞（2003年）／地中海学会ヘレンド賞（2009年）／European Award for Architectural Heritage Intervention AADIPA出版部門（2018年）

中島智章（なかしま ともあき）
1970年生まれ。1993年、東京大学工学部建築学科卒業。現在：工学院大学建築学部建築デザイン学科准教授。専門分野：西洋建築史（フランス近世建築、ベルギー近世築城都市など）
学歴：ベルギー・リエージュ大学（1998-2000年）留学、東京大学大学院工学系研究科建築学専攻博士課程修了（2001年）。博士（工学）　職歴：2002年-、工学院大学工学部建築学科専任講師を経て現職。
著書：『図説 ヴェルサイユ宮殿―太陽王ルイ14世とブルボン王朝の建築遺産』河出書房新社 2020年／『図説 パリ―名建築でめぐる旅』河出書房新社 2019年／増田彰久（写真）・中島智章（解説）『英国貴族の城館』河出書房新社 2019年／『世界一の豪華建築バロック』エクスナレッジ 2017年／『図説 キリスト教会建築の歴史』河出書房新社 2012年／『図説 バロック』河出書房新社 2010年／澤田肇・佐藤朋之・黒木朋興・安川智子・岡田安樹浩 共編『《悪魔のロベール》とパリ・オペラ座―19世紀グランド・オペラ研究』上智大学出版 2019年（共著）／上智大学キリスト教文化研究所 編『宗教改革期の芸術世界』リトン 2018年（共著）／陣内秀信・太記祐一・中島智章・星和彦・横手義洋・渡辺真弓・渡邊道治 著『図説 西洋建築史』彰国社 2005年（共著）　受賞：日本建築学会奨励賞（2005年）

松本裕（まつもと ゆたか）
1966年生まれ。1991年、京都大学工学部建築学科卒業。現在：大阪産業大学デザイン工学部建築・環境デザイン学科准教授。専門分野：都市史（フランス近代）
学歴：京都大学大学院修士課程修了、同博士後期課程単位取得退学。フランス国立パリ建築大学ラ・ヴィレット校（1991-92年）、同大学ベルビル校（2000-01年）留学、DEA（フランス）取得。　職歴：1994年-、大阪産業大学助手を経て現職。
著書：『卒業設計コンセプトメイキング』学芸出版社 2008年／中野隆生 編『二十世紀の都市と住宅―ヨーロッパと日本』山川出版社 2015年（共著）／ジョルジュ・ポンピドー・センター 編、ジャック・リュカン監修、加藤邦男監訳『ル・コルビュジエ事典』中央公論美術出版社 2007年（共訳）／鈴木博之・石山修武・伊藤毅・山岸常人 編『都市・建築・歴史 6―都市文化の成熟』東京大学出版会 2006年（共著）／平尾和洋・末包伸吾 編著、大窪健之・藤木庸介・松本裕・山本直彦 著『テキスト建築意匠』学芸出版社 2006年（共著）／Philippe BONNIN, Masatsugu NISHIDA et Shigemi INAGA（sous la direction de）, Vocabulaire de la spatialité japonaise. CNRS, Paris, 2014.（共著）／Werner SZAMBIEN et Simona TALENTI（sous la direction de）, LE SENTIER, BONNE NOUVELLE de l'architecture à la mode, , Action Artistique de la Ville de Paris, Paris, 1999.（共著）

横手義洋（よこて よしひろ）
1970年生まれ。1994年、東京大学工学部建築学科卒業。現在：東京電機大学未来科学部建築学科教授。専門分野：西洋建築史（近代）
学歴：東京大学大学院修士課程・博士課程修了、ミラノ工科大学（1997-99年）留学。博士（工学）　職歴：2002年、東京大学助手・助教を経て現職。
著書：『イタリア建築の中世主義―交錯する過去と未来』中央公論美術出版 2009年／アンドリュー・リーチ 著、横手義洋 訳『建築史とは何か?』中央公論美術出版 2016年ほか　受賞：建築史学会賞（2010年）

151

リノベーションからみる西洋建築史 歴史の継承と創造性

2020 年 4 月 20 日　第 1 版 発 行

著　者	伊藤喜彦・頴原澄子・岡北一孝 加藤耕一・黒田泰介・中島智章 松本　裕・横手義洋
発行者	下　出　雅　徳
発行所	株式会社 彰 国 社

著作権者と
の協定によ
り検印省略

自然科学書協会会員
工学書協会会員

Printed in Japan

162-0067 東京都新宿区富久町 8-21
電話　03-3359-3231 （大代表）
振替口座　00160-2-173401

© 伊藤喜彦・頴原澄子・岡北一孝・加藤耕一・黒田泰介・
中島智章・松本　裕・横手義洋　2020 年

印刷：三美印刷　製本：中尾製本

ISBN 978-4-395-32147-6　C3052　https://www.shokokusha.co.jp